プリント形式のリアル過去問で本番の臨場感！

岐阜県公立高等学校

2025年春受験用　解答集

本書は，実物をなるべくそのままに，プリント形式で年度ごとに収録しています。
問題用紙を教科別に分けて使うことができるので，本番さながらの演習ができます。

■ 収録内容

・解答集（この冊子です）

書籍ＩＤ番号，この問題集の使い方，最新年度実物データ，教科別入試データ解析，
解答例と解説，ご使用にあたってのお願い・ご注意，お問い合わせ

・2024（令和６）年度 ～ 2022（令和４）年度　学力検査問題

・リスニング問題音声《オンラインで聴く》　詳しくは次のページをご覧ください。

○は収録あり	年度	'24	'23	'22		
■ 問題(第一次選抜)		○	○	○		
■ 解答用紙		○	○	○		
■ 配点		○	○	○		
■ 英語リスニング音声・原稿		○	○	○		

全教科に解説
があります

注）問題文等非掲載：2024年度社会の1と3

資料の非掲載につきまして

著作権上の都合により，本書に収録している過去入試問題の資料の一部を掲載しておりません。ご不便をおかけし，誠に申し訳ございません。

JN131767

教英出版

■　書籍ＩＤ番号

リスニング問題の音声は，教英出版ウェブサイトの「ご購入者様のページ」画面で，書籍ＩＤ番号を入力してご利用ください。

入試に役立つダウンロード付録や学校情報なども随時更新して掲載しています。

書籍ＩＤ番号　163520

（有効期限：2025年9月30日まで）

【入試に役立つダウンロード付録】

「ラストチェックテスト（標準／ハイレベル）」

「高校合格への道」

【リスニング問題音声】

オンラインで問題の音声を聴くことができます。

有効期限までは無料で何度でも聴くことができます。

■　この問題集の使い方

年度ごとにプリント形式で収録しています。針を外して教科ごとに分けて使用します。①片側，②中央のどちらかでとじてありますので，下図を参考に，問題用紙と解答用紙に分けて準備をしましょう（解答用紙がない場合もあります）。

針を外すときは，けがをしないように十分注意してください。また，針を外すと紛失しやすくなりますので気をつけましょう。

①　片側でとじてあるもの　　②　中央でとじてあるもの

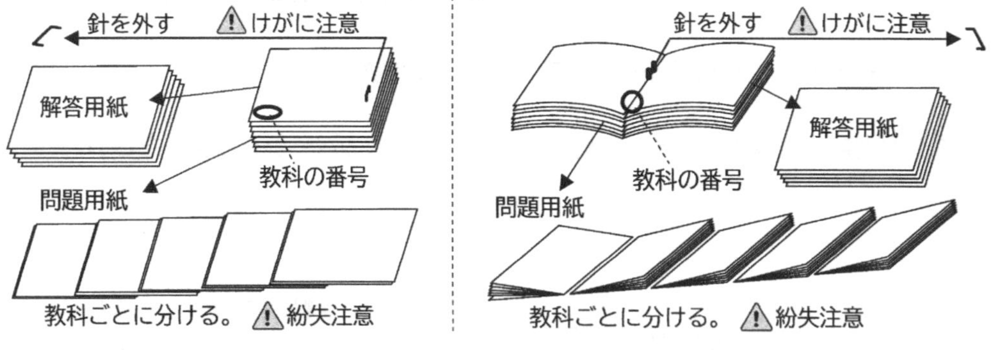

※教科数が上図と異なる場合があります。
解答用紙がない場合や，問題と一体になっている場合があります。
教科の番号は，教科ごとに分けるときの参考にしてください。

■　最新年度　実物データ

実物をなるべくそのままに編集していますが，収録の都合上，実際の試験問題とは異なる場合があります。実物のサイズ，様式は右表で確認してください。

問題用紙	Ａ４冊子（二つ折り）
解答用紙	Ａ３片面プリント

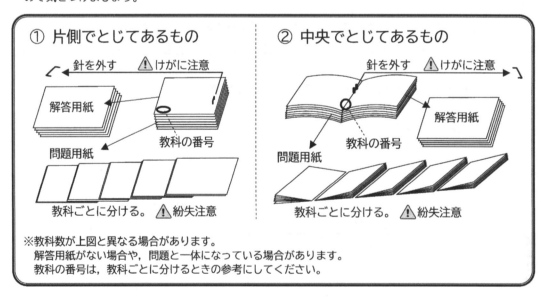

岐阜県 公立高校入試データ解析 国語

分野別データ			2024	2023	2022
大問の種類	長文	論説文・説明文・評論	○	○	○
	長文	小説・物語	○	○	○
	長文	随筆・紀行文			
	古文・漢文		○	○	○
	詩・短歌・俳句				
	その他の文章				
	条件・課題作文		○	○	○
	聞き取り				
漢字・語句	漢字の読み書き		○	○	○
	熟語・熟語の構成		○	○	
	部首・筆順・画数・書体				○
	四字熟語・慣用句・ことわざ				
	類義語・対義語				
文法	品詞・用法・活用		○	○	○
	文節相互の関係・文の組み立て				○
	敬語・言葉づかい		○		○
文章の読解	長文	語句の意味・補充	○	○	
	長文	接続語の用法・補充		○	
	長文	表現技法・表現の特徴			
	長文	段落・文の相互関係			○
	長文	文章内容の理解	○	○	○
	長文	人物の心情の理解	○	○	○
	古文・漢文	歴史的仮名遣い	○	○	
	古文・漢文	文法・語句の意味・知識			○
	古文・漢文	動作主			
	古文・漢文	文章内容の理解	○	○	○
	詩・短歌・俳句				
	その他の文章		○	○	○

形式データ	2024	2023	2022
漢字の読み書き	10	10	10
記号選択	7	6	9
抜き出し	6	8	2
記述	5	5	5
作文・短文	1	1	1
その他			1

2025 年度入試に向けて

漢字の読み書き，文学的文章，説明的文章，古典(古文・漢文・漢詩など)，作文の大問５題構成。長文の設問は，キーワードとなる言葉を押さえながらていねいに読むことで，答えられるものが多い。記述問題は，指定された書き出しにどうつなげるか，指定された言葉をどのように使うかが，答える内容のヒントにもなる。設問をしっかり読んで，落ち着いて答えよう。文法などの知識もきちんと復習して，得点源にしよう。

岐阜県 公立高校入試データ解析 数学

分類		2024	2023	2022	問題構成	2024	2023	2022
式と計算	数と計算	○	○	○	小問	[1](1)～(3)計算問題	[1](1)～(3)計算問題	[1](1)～(3)，(5) 計算問題
	文字式	○	○	○				
	平方根	○	○	○				
	因数分解				大問	[2]1次方程式，連立方程式の文章問題	[2]2次方程式 [6]自然数の各位の数の和を利用した思考力問題	[2]2次方程式 [6]規則的に並ぶ自然数
	1次方程式	○						
	連立方程式	○		○				
	2次方程式		○	○				
統計	データの活用	○	○	○	小問	[1](5)箱ひげ図		
					大問		[3]箱ひげ図	[3]ヒストグラム
	確率	○	○	○	小問		[1](4)2個のさいころ	[1](4)2個のさいころ
					大問	[3]5枚のカード		
関数	比例・反比例	○			小問	[1](4)反比例の性質	[1](5)2乗に比例する関数の性質	
	1次関数	○	○	○				
	2乗に比例する関数	○	○	○				
	いろいろな関数							
	グラフの作成	○		○	大問	[4]文章問題 2乗に比例する関数，1次関数と速さの利用	[4]文章問題 1次関数と速さの利用	[4]文章問題 2つの動点と三角形の面積の関係
	座標平面上の図形	○						
	動点，重なる図形			○				
図形	平面図形の性質	○	○	○	小問	[1](6)回転体の体積	[1](6)垂直二等分線の作図	[1](6)投影図
	空間図形の性質	○	○	○				
	回転体	○						
	立体の切断							
	円周角	○	○		大問	[5]平面図形 平行四辺形，三角形 [6]座標平面上の三角形が直角三角形，鋭角三角形になる場合の数	[5]平面図形 円，三角形	[5]平面図形 三角形
	相似と比	○	○	○				
	三平方の定理			○				
	作図		○					
	証明	○	○	○				

2025年度入試に向けて

大問6は問題文が非常に長いことが多いが，しっかり読んで問題文に書かれている手順をふまえて考えれば解ける問題である。また，関数や方程式の文章問題も問題文が長いので，要点を素早く整理できるように，類題で練習して慣れておこう。大問の中の最後の小問に時間をかけすぎないように注意しよう。

岐阜県　公立高校入試データ解析　英語

分野別データ		2024	2023	2022
音声	発音・読み方			
	リスニング	○	○	○
文法	適語補充・選択	○	○	○
	語形変化			
	その他			
英作文	語句の並べかえ	○	○	○
	補充作文	○	○	○
	自由作文	○	○	○
	条件作文			
読解	語句や文の補充	○	○	○
	代名詞などの指示内容		○	○
	英文の並べかえ			
	日本語での記述			
	英問英答	○	○	○
	絵・表・図を選択	○	○	○
	内容真偽	○	○	○
	内容の要約	○	○	○
	その他	○	○	○

形式データ			2024	2023	2022
リスニング	記号選択		6	6	6
	英語記述		3	3	3
	日本語記述				
文法・英作文・読解	読解	会話文	1	1	
		長文	1	1	2
		絵・図・表	2	2	2
	記号選択		11	11	10
	語句記述		5	5	6
	日本語記述				
	英文記述		5	5	5

2025 年度入試に向けて
作文問題は基本的なものが多いので，与えられた条件を守り，自信のある表現で書こう。英語が苦手な人は，基本的な単語や連語表現を覚え，確実に得点できるものを増やすことを目標にしよう。 長文は毎年，図や表を使った問題が出題される。全体的に英文の量が多いので，速く正確に読み取る力が必要である。過去問は必ずやって慣れておこう。

岐阜県 公立高校入試データ解析 理科

分野別データ		2024	2023	2022
物理	光・音・力による現象		○	○
	電流の性質とその利用	○	○	
	運動とエネルギー	○		○
化学	物質のすがた	○	○	○
	化学変化と原子・分子	○		○
	化学変化とイオン		○	
生物	植物の生活と種類	○	○	
	動物の生活と種類		○	○
	生命の連続性と食物連鎖	○		○
地学	大地の変化		○	○
	気象のしくみとその変化	○		
	地球と宇宙	○	○	○

形式データ	2024	2023	2022
記号選択	18	23	20
語句記述	6	3	9
文章記述	2	1	1
作図	2	1	1
数値	9	5	6
化学式・化学反応式	2	2	1

2025 年度入試に向けて

解答数はそれほど多くなく，また，教科書に載っている内容を理解していれば，十分に対応できるだろう。その分，1つのミスが大きな差につながってしまうので，普段から緊張感をもって問題に取り組むようにしよう。上の表からもわかるように，4分野の基本的な内容の問題がまんべんなく出題されるので，苦手な分野がある場合は早目に克服しておくとよい。苦手な分野の教科書に載っている重要語句を覚え，公式を使えるようにし，練習問題を繰り返し解いて練習しておこう。

岐阜県　公立高校入試データ解析　社会

	分野別データ	2024	2023	2022	形式データ	2024	2023	2022
地理	世界のすがた	○	○	○	記号選択	6	6	6
	世界の諸地域 （アジア・ヨーロッパ・アフリカ）	○	○	○	語句記述	4	4	5
	世界の諸地域 （南北アメリカ・オセアニア）	○	○	○	文章記述	1	1	1
	日本のすがた	○	○	○	作図			
	日本の諸地域 （九州・中国・四国・近畿）	○		○	計算	1	1	
	日本の諸地域 （中部・関東・東北・北海道）	○	○	○				
	身近な地域の調査			○				
歴史	原始・古代の日本	○	○	○	記号選択	7	6	6
	中世の日本	○	○	○	語句記述	4	5	5
	近世の日本	○	○	○	文章記述	1	1	1
	近代の日本	○	○	○	並べ替え	1	2	1
	現代の日本	○	○	○				
	世界史	○	○	○				
公民	わたしたちと現代社会	○	○	○	記号選択	5	6	6
	基本的人権	○	○	○	語句記述	5	5	6
	日本国憲法	○	○	○	文章記述	1	1	1
	民主政治	○	○	○	計算	2		
	経済	○	○	○				
	国際社会・国際問題	○	○	○				

2025 年度入試に向けて

全体を通して空欄補充問題が多い。空欄の前後をしっかり読んで適切な語句を選択したり，書いたりする練習をしたい。日本地理・世界地理ともに，狭い範囲にとらわれない学習を心がけよう。歴史は古代から現代まで幅広く出題され，並べ替え問題は頻出である。歴史の流れをしっかりと理解するための学習をしたい。公民は特に空欄補充問題が多い。語句の意味をしっかりと理解するための学習をしたい。記述問題は指定語句があるので，重要事項のキーワードをうまく盛り込む練習をしたい。

2024 解答例 令和6年度 岐阜県公立高等学校

《2024 国語 解答例》

一 ①あわ　②きょだく　③たくえつ　④はんぼう　⑤いこ　⑥似　⑦演　⑧警察　⑨勤勉　⑩束

二 問一．エ　問二．エ　問三．ウ　問四．自分の走りを楽しそうと感じてくれていることを思い出し、足に勇気が宿ったような　問五．A．二度と経験できないかもしれない　B．味わわないともったいない

三 問一．ア　問二．イ　問三．A．一方的　B．人間的なかかわり　C．科学の対象　D．いつくしむ
問四．ウ　問五．相手の自分に対する「態度」を読み取り、さまざまな接触的動作に移行する

四 問一．いわれけり　問二．ア　問三．A．過ぎゆく秋　B．趣がある

五 問一．くださった
問二．〈作文のポイント〉
・最初に自分の主張、立場を明確に決め、その内容に沿って書いていく。
・わかりやすい表現を心がける。自信のない表現や漢字は使わない。
さらにくわしい作文の書き方・作文例はこちら！→https://kyoei-syuppan.net/mobile/files/sakupo.html

《2024 数学 解答例》

1 (1)6　(2)$x+7y$　(3)$4\sqrt{3}$　(4)20　(5)イ，エ　(6)72π

2 (1)$(6x+8)$　(2)(ア)22　(イ)14

3 (1)$\frac{2}{5}$　(2)$\frac{4}{25}$　(3)$\frac{8}{25}$

4 (1)$\frac{1}{2}$　(2)ア．50　イ．600　(3)$20x-200$　(4)右グラフ　(5)24

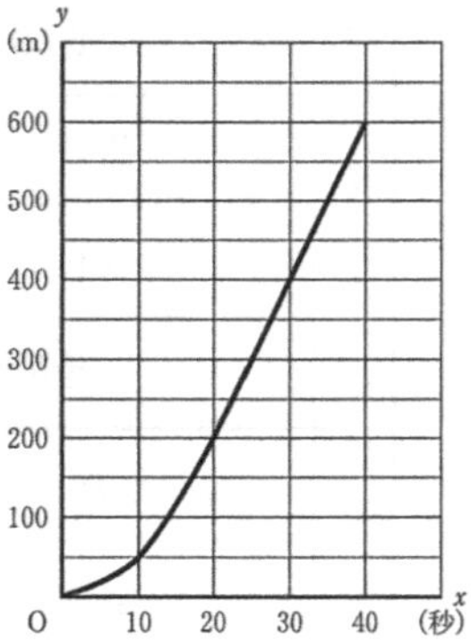

5 (1)△ABGと△FBEで，
仮定から，∠ABG＝∠FBE…①
仮定から，∠BAG＝∠DAG…②
AD//BFより，平行線の錯角だから，∠DAG＝∠BFE…③
②，③から，∠BAG＝∠BFE…④
④から，△ABFは二等辺三角形だから，AB＝FB…⑤
①，④，⑤から，1組の辺とその両端の角がそれぞれ等しいので，△ABG≡△FBE
(2)(ア)4　(イ)$\frac{8}{3}$

6 (1)80　(2)ア．8　イ．5　ウ．3　エ．5　(3)37

《2024　英語　解答例》

1　1．(1)ウ　(2)イ　(3)ア　(4)エ　(5)イ　　2．(1)①father　②slept　③interesting　(2)エ

2　1．call　　2．イ　　3．(1)ウ　(2)ア

3　1．イ　　2．ア　　3．イ

4　1．エ　　2．X．ア　Y．ウ　　3．エ　　4．(1)Yes／was　(2)unique／realize　　5．イ
6．③cultural　④attractive

5　1．was your dream when you　　2．think he will help you

6　1．(1)How did you go　(2)is spoken in　　2．we can laugh or cry without worrying about the people around us

《2024　理科　解答例》

1　1．(1)b　(2)カ　　2．(1)40　(2)6　　3．(1)0.2　(2)CuO　　4．(1)カ　(2)オ

2　1．イ　　2．葉緑体　　3．組織　　4．ウ，オ　　5．(1)道管　(2)ア
6．蒸散をおさえるため。　　7．イ

3　1．(1)溶質　(2)溶媒　　2．33　　3．イ　　4．$NaCl \rightarrow Na^{+} + Cl^{-}$　　5．イ
6．物質…硝酸カリウム　理由…温度によって溶解度が大きく変わるから。　　7．9.2

4　1．ウ　　2．右図　　3．83　　4．70　　5．エ　　6．ア　　7．ア

5　1．2.2　　2．右図　　3．ウ　　4．88　　5．イ　　6．エ　　7．ウ

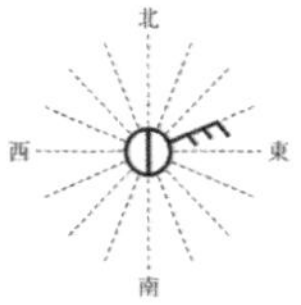

4 2の図

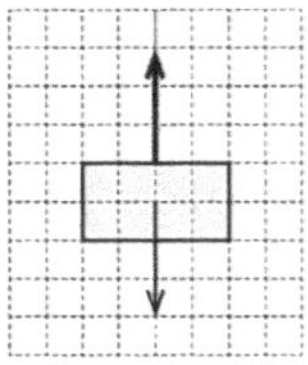
5 2の図

《2024　社会　解答例》

1　1．ウ　　2．ウ　　3．院政　　4．六波羅探題　　5．ア　　6．イ→ウ→ア　　7．徳川吉宗　　8．ア
9．エ　　10．横浜　　11．イ　　12．公共事業をおこし，失業者を減らす　　13．エ

2　1．変動帯　　2．イ　　3．エ　　4．ア　　5．原油の価格が変動しやすく，安定した国の収入を得る
6．AU　　7．イ　　8．山陰　　9．エ　　10．ア　　11．(関東)ローム　　12．ウ

3　1．民事　　2．モンテスキュー　　3．(1)イ　(2)ウ　　4．過半数は国会議員の中から選ぶ
5．世界人権宣言　　6．イ，ウ，エ　　7．エ　　8．労働基準法　　9．イ　　10．(1)ア　(2)ウ　　11．18

《2024 国語 解説》

二 **問一** 傍線部１とエは、２つの動作を同時に行う意味を表す接続助詞。 ア．両立しにくい２つの事がらが同時に成り立つ意味を表す。逆接の接続助詞。 イ．副詞の「さながら」の一部。 ウ．そのまま変化しない状態で続くという意味を表す接続助詞。

問二 傍線部２とエは、「寸(＝わずかに)前」「若い者」という意味で、上の漢字が下の漢字を修飾している。 ア．同じような意味の漢字の組み合わせ。 イ．反対の意味の漢字の組み合わせ。 ウ．「会を開く」のように、下の漢字から上の漢字に返って読むと意味がわかる。

問三 留学生の選手がタスキを受けて出発していった姿を見た、「私」の様子である。続く部分にあるように、留学生の選手は「今まで見たことがない走りのフォーム」で、「跳ねるように地面を蹴る～何て楽しそうに走るんだろう」と感じさせる、「ほれぼれしてしまうフォーム」だった。そんな彼女が「あっという間に走り去」るまで、「私」は見つめていた。その内容をまとめた、ウが適する。

問四 「どのようなことを思い出し」たかについて、問三で確認した、留学生の選手の残像を思い浮かべながら、「私」は、朝食時に咲桜莉《さおり》に「私は好きだよ、サカトゥーの走り方。大きくて、楽しそうな感じがして」と言われたことを思い出したのであった。よって、傍線部４の３～４行前の内容をまとめる。次に、傍線部４の１～２行前の「不思議なくらい勇気が～足裏に宿ったように感じた」から、「足にどのような感じを受けた」のかをまとめる。

問五 「緊張のしすぎで、身体をどこかに置き去りにしてしまった」ような状態であった「私」であったが、問四で確認したように、咲桜莉の言葉を思い出すことで「不思議なくらい勇気が」自らの足のすみずみにまで「宿ったように感じ」、「私も楽しまないと――」と気付く。傍線部４の後のから傍線部５までの間に、「私」のその心情が具体的に語られている。 A 「都大路《みやこおおじ》のような大舞台」に対して、「私」は「こんな大舞台、二度と経験できないかもしれない」と思っている。だからこそ、「この瞬間をじっくりと楽しまないと」と感じているのである。
B 「図々しい気持ち」という語句は傍線部５の４行前にあり、その直前に具体的な心情が語られている。そのうち、「この瞬間をじっくり楽しまないと」は設問の文章にあるため、それに続く「都大路を味わわないともったいないぞ、サカトゥー」から抜き出す。

三 **問一** 傍線部１とアの「ない」は打ち消しの助動詞である。打ち消しの助動詞は、動詞の未然形に接続し、「さわれぬ」「くじけぬ」のように、「ない」を「ぬ」に置きかえることができる。イ「欠点がない」の「ない」は、直前に助詞の「が」が入る(文節に分けることができる)ので、形容詞。ウとエは、「少ない」「頼りない」で一語の形容詞。

問二 「抽象的」の対義語は「具体的、具象的」である。よって、イが適する。

問三 A 下段の「相互的」と対をなす語を入れる。すると、傍線部３の６行後に「『ふれる』が相互的であるのに対し、『さわる』は一方的である」とある。 B 上段の「物的なかかわり」と対をなす語句を入れる。すると、坂部《さかべ》恵《めぐみ》の主張を言い換えた部分に「『ふれる』は人間的なかかわり、『さわる』は物的なかかわり」とある。
C 傍線部４を含む段落の直前の段落で、医師を例に挙げて「さわる」という表現について説明している。
D 傍線部４を含む段落の前半で、「一点物のうつわ」の例を用いて「ふれる」という表現について説明している。

問四 直前の一文を手がかりにする。筆者は、「対象が気体である場合には、ふれようとするこちらの意志だけではなく、実際に流れ込んでくるという気体側のアプローチが必要」であると述べている。人は気体にふれようとはたらきかけ、気体は流れ込むという働きかけをする。人と気体が互いに働きかけているので、筆者はこれを「出会いの相互性」と述べている。この内容をまとめた、ウが適する。

問五　最後から２番目の段落に「あらためて気づかされるのは、私たちがいかに、接触面の～うちに、相手の自分に対する『態度』を読み取っているかということです」、「『さわる』『ふれる』はあくまで入り口であって、そこから～さまざまな接触的動作に移行することもあるでしょう」とある。ここに、接触面から読み取ることと、そこから、どのようにすることがあるかについて書かれているので、この２点を解答欄に合わせてまとめる。

四　**問一**　古文で言葉の先頭にない「はひふへほ」は、「わいうえお」に直す。

問三　A　家隆《いえたか》が持っていた、定家《ていか》の歌について説明した部分。歌の現代語訳に「傾く名月が惜しいだけではない。過ぎゆく秋も惜しいのだ」とある。　B　家隆があらかじめ後京極摂政《ごきょうごくのせっしょう》の問いかけを想定していたとは考えられないことから家隆は「もとよりおもしろくて(もともと、この歌を趣があると思って)」定家の歌を書いた紙を持ち歩いていたのだろうと推察している。

【古文の内容】

最近の歌仙には、民部卿《みんぶきょう》定家、宮内卿《くないきょう》家隆といって、(この二人を) 一対にして言われていた。その頃、「私も、私も」と好んで歌に打ちこむ人は多いけれど、どの人も、この二人には及ばなかった。

ある時、後京極摂政が、宮内卿(家隆)をお呼びになって、「この世に歌人が大勢知られる中で、どの人がすぐれているか。思っていることを、正直にお話しなされ」とお尋ねがあったが、(家隆は)「どの方も優劣のつけようがございません」と申して、心に思っていることがありそうなのを、(後京極摂政は)「さあ遠慮なく、遠慮なく」と、ひたすらにお尋ねになったので、(家隆は) ふところから畳紙《たとうがみ》を落として、そのまま退出してしまった。(後京極摂政が) その紙をご覧になると、

「明けばまた秋のなかばも過ぎぬべし　かたぶく月の惜しきのみかは」

(この十五夜が明けると、秋の半ばが過ぎてしまうだろう

傾く名月が惜しいだけではない。過ぎ行く秋も惜しいのだ)

と(いう歌が)書いてあった。

この歌は民部卿(定家)の歌である。前々から、このようなお尋ねがあるとは (家隆に) どうして分かろうか (いや、分かるわけがない)。(家隆は) もともと、(定家の) この歌を趣があると思って、紙に書いて持っていたのだろう。

五　**問一**　「くれる」の尊敬語は、「くださる」。過去形なので、「くださった」となる。

《2024　数学　解説》

1　(1)　与式＝８－２＝**６**

(2)　与式＝$3x+y-2x+6y=$ $\boldsymbol{x+7y}$

(3)　与式＝$\sqrt{3}+\dfrac{9\sqrt{3}}{3}=\sqrt{3}+3\sqrt{3}=$ $\boldsymbol{4\sqrt{3}}$

(4)　**【解き方】反比例の式は$y=\dfrac{a}{x}$，または$xy=a$と表せる。**

$xy=a$に$x=-6$，$y=10$を代入すると，$-6\times10=a$より$a=-60$となる。よって，$-3y=-60$より，$y=$**20**

(5)　ア．ケーキの最大値は21個，プリンの最大値は22個だから，正しくない。

イ．中央値はともに15個だから，正しい。

ウ．四分位範囲は箱ひげ図の箱の長さで表す。よって，四分位範囲はケーキの方が大きいので，正しくない。

エ．第３四分位数は，31÷２＝15.5，15÷２＝7.5より，大きい方から８番目の値である。ケーキの第３四分位数は20個だから，19個以上売れた日は少なくとも８日ある。プリンの第３四分位数は18個だから，19個以上売れた日は７日以下である。よって，ケーキの方が19個以上売れた日は多いので，正しい。

以上より，正しいものは**イ**，**エ**である。

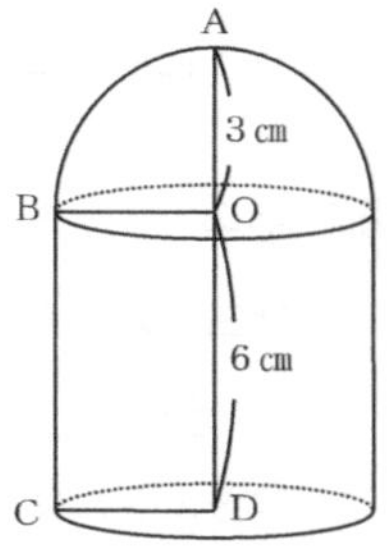

⑹ **【解き方】回転体は右図のような，半球と円柱をつなげた立体になる。**

半球の半径は３㎝だから，体積は$\frac{4}{3}\pi\times3^3\times\frac{1}{2}=18\pi$（㎤）

円柱の底面の半径は３㎝，高さは６㎝だから，体積は$3^2\pi\times6=54\pi$（㎤）

よって，回転体の体積は$18\pi+54\pi=$ $\mathbf{72\pi}$（㎤）

$\boxed{2}$ ⑴ １つのテーブルごとに６人ずつ座らせると，８人が座れないから，参加者の人数は**$(6x+8)$**人である。

⑵(ア) １つのテーブルごとに７人ずつ座らせると，テーブルが２台余るから，参加者の人数は$7(x-2)$人と表せる。$6x+8=7(x-2)$を解くと，$x=22$となるから，テーブルは**22**台ある。

(イ) 【解き方】６人のテーブルの台数をａ台，７人のテーブルの台数をｂ台として，連立方程式を立てる。

テーブルの台数の合計について，$a+b=22$…①

参加者の人数は$7(22-2)=140$(人)だから，参加者の人数について$6a+7b=140$…②

②－①×６でａを消去して，$7b-6b=140-132$　$b=8$

$b=8$を①に代入して，$a+8=22$　$a=14$　これらは条件に合う。

よって，６人のテーブルは全部で**14**台になる。

$\boxed{3}$ ⑴ １回目の操作後にＰがＡにあるのは，$\boxed{0}$か$\boxed{3}$を取り出す場合だから，確率は$\mathbf{\frac{2}{5}}$である。

⑵ １回目に取り出したカードは袋に戻すので，２回の操作によるカードの取り出し方は$5\times5=25$(通り)ある。

１回目，２回目の操作後にどちらもＰがＡにあるのは，どちらも$\boxed{0}$か$\boxed{3}$を取り出す場合だから，$2\times2=4$(通り)あるので，求める確率は$\mathbf{\frac{4}{25}}$である。

⑶ **【解き方】１回目に取り出したカードで場合分けをして考える。**

１回目に$\boxed{0}$か$\boxed{3}$を取り出した場合に２回の操作後にＰがＡにある取り出し方は，⑵より４通りある。

１回目に$\boxed{1}$か$\boxed{4}$を取り出した場合に２回の操作後にＰがＡにあるのは，２回目に$\boxed{2}$を取り出すときだから，このような取り出し方は$2\times1=2$(通り)ある。

１回目に$\boxed{2}$を取り出した場合に２回の操作後にＰがＡにあるのは，２回目に$\boxed{1}$か$\boxed{4}$を取り出すときだから，このような取り出し方は$1\times2=2$(通り)ある。

よって，条件に合うのは以上の$4+2+2=8$(通り)なので，求める確率は$\mathbf{\frac{8}{25}}$である。

$\boxed{4}$ ⑴ 関数$y=ax^2$の式に$x=20$，$y=200$を代入すると，$200=a\times20^2$より$a=\mathbf{\frac{1}{2}}$

⑵ 関数$y=\frac{1}{2}x^2$の式に$x=10$を代入すると，$y=\frac{1}{2}\times10^2=$ **50**となる。

電車が出発してから20秒後以降の速さは一定であり，電車は20秒後から30秒後の10秒間に，$400-200=200$(m)進んだ。よって，$x=40$のときのyの値は，$x=30$のときのyの値より200大きいので，$y=400+200=$ **600**である。

⑶ **【解き方】$20\leqq x\leqq40$のときの電車の速さは一定だから，yはxの１次関数として表せる。**

⑵より，$20\leqq x\leqq40$のときの１次関数の傾きは$200\div10=20$だから，$y=20x+b$と表せる。この関数の式に$x=20$，$y=200$を代入すると，$200=20\times20+b$より$b=-200$だから，$y=$ **$20x-200$**となる。

⑷ $0\leqq x\leqq20$のとき，⑴より，放物線$y=\frac{1}{2}x^2$のグラフを，$20\leqq x\leqq40$のとき，⑶より，直線$y=20x-200$のグ

ラフをそれぞれかけばよい。

(5)　**【解き方】電車の先頭が太郎さんに追いついてから，電車と太郎さんの進んだ距離の差が，電車の長さの160mとなったとき，太郎さんが完全に電車に追い越される。**

(2)より，電車は出発してから 10 秒後までに 50m進むから，太郎さんの速さは 50÷10＝５(m/秒)である。

よって，太郎さんが出発してからx秒後の，Ａ地点から太郎さんまでの距離について，y＝５xと表せる。

電車と太郎さんが出発してから 20 秒後，電車は 200m，太郎さんは５×20＝100(m)だけ進んだので，電車の先頭は太郎さんより 200－100＝100(m)だけ前にあるから，完全に追い越されるのは 20 秒後以降だとわかる。

出発してからｔ秒後に完全に追い越されるとすると，ｔ秒後に電車は(20ｔ－200)m，太郎さんは５ｔm進んでいて，その差が 160mだから，(20ｔ－200)－５ｔ＝160

これを解くと，ｔ＝24 となるので，出発してから **24** 秒後である。

5　(1)　まず，問題文の仮定を図にかきこんで，証明のために必要な条件を探そう。条件が足りない場合は，問題の内容に応じて，図形の性質，平行線の同位角・錯角などからわかることもかきこんでみよう。

(2)(ア)　ＣＦ＝ＢＦ－ＢＣ＝５－４＝１(cm)

△ＥＤＡ∽△ＥＣＦで，相似比はＤＡ：ＣＦ＝４：１だから，ＡＥの長さはＥＦの長さの**４**倍である。

(イ)　**【解き方】△ＢＥＧ＝Ｓとし，△ＡＢＥ→平行四辺形ＡＢＣＤの順に面積をＳの式で表していく。**

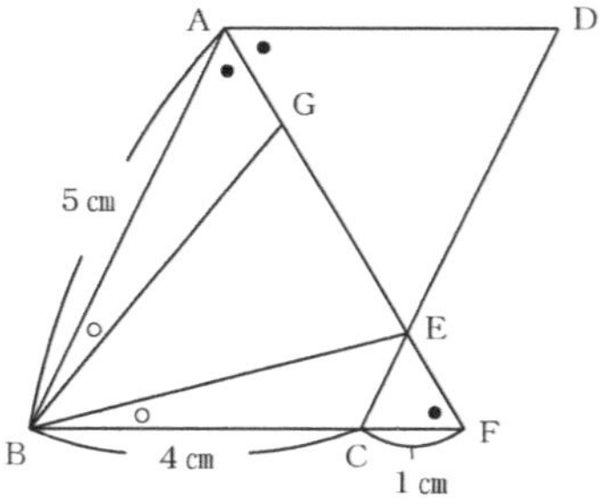

(ア)より，ＡＥ＝４x，ＥＦ＝xとする。

△ＡＢＧ≡△ＦＢＥよりＧＡ＝ＥＦだから，

ＧＥ＝ＡＥ－ＧＡ＝ＡＥ－ＥＦ＝４x－x＝３x

△ＢＥＧと△ＡＢＥは，底辺をそれぞれＧＥ，ＡＥとしたときの高さが等しいから，面積比はＧＥ：ＡＥ＝３x：４x＝３：４なので，

△ＡＢＥ＝$\frac{4}{3}$△ＢＥＧ＝$\frac{4}{3}$Ｓ

ＡＢ//ＤＣだから，△ＡＢＥ＝△ＡＢＣである。つまり，△ＡＢＥの面積は平行四辺形ＡＢＣＤの面積の$\frac{1}{2}$なので，平行四辺形ＡＢＣＤの面積は，２△ＡＢＥ＝２×$\frac{4}{3}$Ｓ＝$\frac{8}{3}$Ｓ

よって，平行四辺形ＡＢＣＤの面積は△ＢＥＧの面積の$\frac{8}{3}$倍である。

6　(1)　Ｐのx座標の取り方は 10 通り，y座標の取り方は８通りあるので，全部で 10×８＝**80**(通り)ある。

(2)　**【解き方】∠ＯＰＡ＝90°となるときについて，ＰがＯＡを直径とする円の円周上にあればよい。**

∠ＯＡＰ＝90°となるとき，ＰはＡの真上にある，つまりＰのx座標は 10 である。よって，Ｐのy座標の取り方が８通りあるから，全部で**８**通りある。

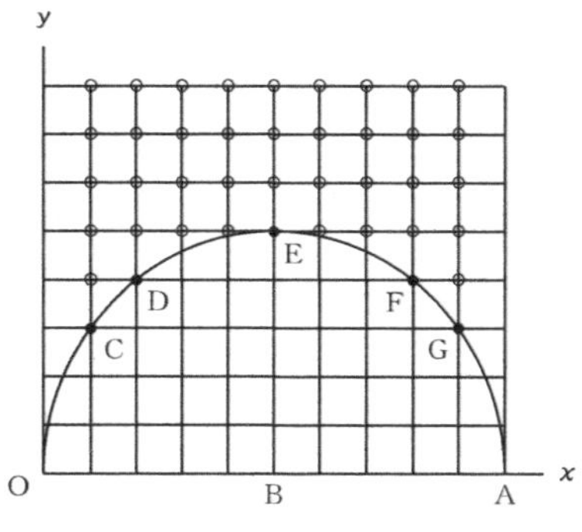

∠ＯＰＡ＝90°となるとき，ＯＡの中点をＢとすると，Ｂのx座標は$\frac{(\text{ＯとＡの}x\text{座標の和})}{2}$＝$\frac{0+10}{2}$＝５，$y$座標は０だから，Ｂ(５，０)であり，座標平面上に右図のような半径５の半円がかける。

このとき，半円の弧の上にあり，x座標，y座標がともに整数である点は，Ｏ，Ａを除くとＣ，Ｄ，Ｅ，Ｆ，Ｇの５個あることがわかり，

Ｅ(５，**５**)，Ｃ(１，**３**)である。

したがって，∠ＯＰＡ＝90°となるＰの取り方は全部で**５**通りある。

(3)　**【解き方】Ｐが(2)の半円の円周上にあれば∠ＯＰＡ＝90°になり，**

Ｐが半円の内側にあれば∠ＯＰＡは鈍角に，Ｐが半円の外側にあれば∠ＯＰＡは鋭角になる。

∠ＯＡＰ＝90°となる場合を除けば，∠ＯＡＰは常に90°より小さくなる。∠ＡＯＰは常に90°より小さくなる。

∠ＯＰＡは，(2)で作図した半円の外部にＰがあるとき，90°より小さくなる。

以上より，Ｐが(2)の図の○印をつけた点であれば，△ＯＡＰの内角がすべて鋭角となるので，全部で**37**通りある。

《2024　英語　解説》

1　1(1)「これは祖母からのプレゼントです。温かいので寒い日にこれを着るのが好きです。私のお気に入り服の１枚です」より，ウが適切。

(2)　ボブ「加奈，昨日家族でハイキングに行ったらしいね。天気はどうだった？」→加奈「午前中の天気はくもっていたけど，山登りにはちょうどよかったよ。昼食を食べている時に晴れたよ。昨日は雨は降らなかったよ」→ボブ「それはよかったね」より，イが適切。

(3)　恵美「マーク，あなたはどの部活に参加するの？」→マーク「テニス部に参加したいよ」→恵美「わあ，私はテニス部の部員だよ。何か質問はある？」→マーク「うん。１つ質問があるよ。どのくらいの頻度で練習するの？」→恵美「普段は(　　)」より，ア「週に４回だよ」が適切。

(4)　【放送文の要約】参照。

【放送文の要約】

こんにちは，サム。真紀だよ。今週の土曜日にエグリーンパークで行われる夏の清掃活動の情報を入手したよ。活動は午前９時からだから，エ午前８時45分に学校に集合して一緒に行こうよ。ゴミ用のビニール袋は公園で提供されるから，持参する必要はないよ。当日は暑くなりそうだから，エ帽子と飲み物を忘れないでね。じゃあ，土曜日に。バイバイ。

(5)　【放送文の要約】参照。イ「音楽部のメンバーは若者の間で人気の曲を歌う予定だ」が適切。

【放送文の要約】

みなさん，こんにちは。私は音楽クラブに所属しています。私たちは今日，今年初めての音楽コンサートを開催します。イピアノとギターに合わせて歌を歌います。若者に愛されている曲をたくさん選んで一生懸命練習してきました。きっと楽しんでいただけると思います。コンサートは４時に始まり，５時に終わります。放課後体育館に来て，コンサートを楽しんでください！そこで会いましょう！

２【放送文の要約】参照。

(1)①　質問「ブラウンさんが小さいころ，誰が彼女を動物園に連れて行きましたか？」…ブラウンさんの最初の発言より，「父親(＝father)がよく彼女を動物園に連れて行ってくれた」である。　・take＋人＋to＋場所「(人)を(場所)に連れて行く」　②　質問「タロウが赤ちゃんのころ，ブラウンさんは彼のために何をしましたか？」…ブラウンさんの３回目の発言より，「彼女は彼と水遊びをしたり，夜は添い寝をしたり(＝slept with him)した」である。　③　質問「ブラウンさんによれば，どうして生徒は動物園に行くとよいのですか？」…ブラウンさんの４回目の発言より，「彼らは本やテレビからは学ぶことができない，面白い(＝interesting)動物の事実をたくさん見つけることができるから」である。

(2)　ア「ブラウンさんは×動物園で働き始めた後，ゾウの大ファンになった」　イ「ブラウンさんは，タロウが生まれた時，母ゾウが×上手に授乳していることに気づいた」　ウ「ブラウンさんは哺乳瓶から赤ちゃんゾウにミルクをあげるのは×簡単だと言った」　エ○「ブラウンさんは，タロウが哺乳瓶からミルクをたくさん飲み始めた時うれしかった」

【放送文の要約】

健　　　：ブラウンさん，まず，あなたがどうして動物園で働こうと決めたのかを教えてください。

ブラウン：はい。私は動物が大好きなので動物園で働き始めました。(1)①私が小さいころ，よく父が動物園に連れて行ってくれたんです。その影響で私は動物，特にゾウの大ファンになりました。今はゾウたちの世話ができて幸せです。

健　　　：いいですね。この動物園でうれしかったエピソードはありますか？

ブラウン：はい。この動物園にはタロウという名前のゾウがいます。彼が生まれた時，母ゾウは上手に授乳できませんでした。

健　　　：その時，あなたはどうしましたか？

ブラウン：私はタロウに哺乳瓶でミルクをあげようとしましたが最初は飲んでくれませんでした。赤ちゃんゾウにミルクをあげるのは簡単なことではありませんでした。実は，赤ちゃんゾウは安心した時にしかミルクを飲まないのです。ですから私は，タロウのためにたくさんのことをしました。(1)②例えば，彼と水遊びをしたり，夜，添い寝をしたりしました。(2)エようやく哺乳瓶からミルクをたくさん飲んでくれた時は本当にうれしかったです。

健　　　：素敵ですね。最後に，当校の生徒にメッセージをお願いします。

ブラウン：はい。動物園に来て，自分の目で動物を見るのをおすすめします。(1)③本やテレビからは学べないような面白い動物の事実を見つけることができますよ。

健　　　：今日はお時間をいただきありがとうございました。

ブラウン：どういたしまして。

2　1　初めて会った相手に自己紹介をしている場面だから，「ジョシュと呼んでください」とお願いする文にする。「～してください」＝Please＋動詞の原形　「(人)を(名前／ニックネーム)と呼ぶ」＝call＋人＋名前／ニックネーム

2　【本文の要約】参照。質問「ジョーンズ先生はホワイトさんについて何と言っていますか？」…ア×「生徒たちに写真を見せてほしいと思っている」　イ○「簡単な日本語を学びたいと思っている」　ウ×「1か月間日本にいる予定だ」　エ×「日本で撮影された写真を見せる予定だ」

【本文の要約】

私の友人のルーシー・ホワイトが来月イギリスから日本に来ます。彼女は一週間滞在するつもりです。彼女は滞在中にこのクラブを訪れる予定です。彼女はアジアの言語に興味があり，イみなさんに簡単な日本語を教えてほしいと思っています。彼女はまた，みなさんに自分の国について学んでほしいと思っているので，イギリスの写真を何枚か披露するつもりです。楽しい時間を過ごしてください。

3　【本文の要約】参照。(1)　質問「カイトとトムはどのグループに参加しますか？」…トムの2回目の発言より，15 歳の参加者の参加料が 300 円のグループである。掲示物の最初の・に「18 歳未満なら，参加料の半額だけ払う必要があります」とあるから，彼らが参加するのは割引前の参加料が 600 円のグループCである。ウが適切。

(2)　質問「カイトとトムはいつ話していますか？」…掲示物の【Information】の一番下に「申込締切：6月 21 日」とある。カイトは3回目の発言で「申込締切まで1週間しかない」と言っているので，彼らは6月 21 日の1週間前である6月 14 日に話していることになる。アが適切。

【本文の要約】

カイト：将棋大会のポスターを見てよ！

トム　：おお，おもしろそうだね。僕は５年間将棋を指しているよ。

カイト：そうなの？僕もだよ。一緒に同じグループに参加しない？グループは４つあるよ。このグループに参加しよう。

トム　：いいよ。(1)ウええと，年齢的に僕はたった 300 円で参加できるみたいだね。君も 15 歳だよね？

カイト：そうだよ。(2)アあ，申込締切まであと１週間しかないね。早くメールを送ろう。

3 【本文の要約】参照。

1　グラフ１参照。①　2015 年から 2018 年の，電子書籍と紙の書籍の総売り上げがどう推移しているかを読み取る。　②　2021 年の紙の書籍の売り上げがどうだったかを読み取る。　③　電子書籍の売り上げがどう推移しているかを読み取る。

2　第４段落２～３行目より，「2013 年が 294 億円，2019 年が 2017 年より少し少なく，2021 年に 350 億円を超えた」グラフを選ぶ。アが適切。

3　ア「美香は，×絵本作家として働いた経験は他の職業で役に立つと説明している」　イ○「美香は，新しい作家の魅力的な絵本は大人の間でも人気があると言っている」　ウ「美香は，×長期間売れ続けている絵本であっても，現在では良い売り上げを保つことができないということを示している」　エ「美香は，×電子書籍のせいで，大多数の人は将来紙の書籍を読むのをやめてしまうと考えている」

【本文の要約】

みなさんは電子書籍を読みますか？電子書籍とは，タブレット型端末などのデジタル端末で読むことができる書籍です。それらは非常に人気となっています。ではみなさんは，人は将来，電子書籍しか読まなくなると思いますか？

グラフ１を見てください。これは，2015 年から 2021 年までの電子書籍と紙の書籍の売り上げを示しています。両方の書籍の総売り上げは 2015 年から 2018 年の間は[①イ減少し続けていた（＝kept decreasing）]のに，2019 年に上昇に転じたことがわかると思います。紙の書籍の売り上げは減少し続け，2021 年には過去７年間で[②イ最低（＝the lowest）]になりました。一方で，電子書籍の売り上げは[③イ増加し続けました（＝continued increasing）]。2021 年には両方の書籍の総売り上げの４分の１以上になりました。

実際に，今日では多くの種類の書籍が電子書籍になりつつありますが，私は，絵本はそうではないことに気がつきました。ある記事によると，ほとんどの絵本は今でも紙の書籍で読まれているのだそうです。それは，絵本には特別な点があるからです。例えば，子どもたちは書籍に触れたり，ページをめくったりして楽しむことができます。また，さまざまな形やサイズの書籍を楽しむこともできます。

では，絵本の売り上げはどうでしょうか？グラフ２を見てください。これは，2013 年から 2021 年までの絵本の売り上げを示しています。2ア 2013 年は 294 億円でした。2019 年は 2017 年より多少減少しました。しかし，2021 年には 350 億円を超えました。ある記事によると，多くの長期間売れ続けている絵本のおかげで絵本の売れ行きは好調なのだそうです。また，たくさんのさまざまな職種を経験した人が絵本作家になっているのだそうです。3イこれらの新しい絵本作家が独創性のあるアイデアを絵本にもたらしつつあります。これらの書籍はとても魅力的なので，子どもたち，そして大人たちまでもが彼らの大ファンになっています。これらの理由により，絵本の売上は増加しました。

電子書籍が人気ですが，紙の書籍にも独自の良い点があります。だから私は，紙の書籍は今後も多くの人に読まれると信じています。

4 【本文の要約】参照。

1　朝美の最初の発言の３文目に I went there to do it with my family とある。この do it は直前の文の experience making soba を指すから，エが適切。

２Ｘ　ジョンの４回目の発言の This should be the second point in our presentation.に着目。直前の朝美の発言内容をまとめたア「訪問者にとって魅力的なこと」が適切。　Ｙ　ジョンの５回目の発言の Let's talk about it at the end of our presentation.に着目。直前の花の発言内容をまとめたウ「地元の人にとっての良いポイントとは？」が適切。

３　直後にジョンは，このタイトルはみんなの意見を全部含んでいると言っているから，陸，朝美，花全員の発言内容が反映された，エが適切。

４⑴　「陸は，岐阜県内の道の駅の数が全国で２番目に多いことに驚きましたか？」…Was Riku ～?の質問には Yes, he was.または No, he wasn't.で答える。陸の発言の最後の２文と一致するから，Yes, he was.と答えればよい。

⑵　「花はなぜ，道の駅は地元の人々にとって良いものだと思うのですか？」…花の発言の６～９行目より，「地元の人々が，認識していなかった町の魅力的でユニークなポイントを発見したからです」となるよう，unique と realize を入れる。

５　ア「朝美は，ポップ広告のおかげで人々は×簡単に安価な商品を見つけることができると説明している」　イ○「朝美の祖母は道の駅のおかげで，農家としての自分の仕事に誇りを持っている」　ウ「花は，ホンダさんは×長い時間を費やすことなくいくつかの新商品をつくりだした，と言っている」　エ「ジョンは，道の駅は，遊園地のような旅行の×目的地にはなれないと考えている」　オ「陸は 1993 年に日本には×1000 か所以上の道の駅があったと示している」

６　【ＡＬＴが書いたコメントの要約】参照。　③　朝美の最初の発言の１行目などにある cultural が適切。

④　花の発言の３行目などにある attractive が適切。

【本文の要約】

ジョン：発表に向けて，道の駅について話し合おう。今日は，「なぜ道の駅が作られたのか？」と「なぜ道の駅は人気になってきているのか？」という２つの質問について考えよう。

陸　　：１つ目の質問に関するいい記事を見つけたよ。それによれば，道の駅は元々，道沿いの休憩所として作られたそうだよ。運転手は，トイレ，飲み物，道路情報のために使っていたよ。1993 年には 103 か所が道の駅として登録されていたよ。その後，その数は 30 年間増加し続けているんだ。2023 年には 1209 か所になったよ。4⑴現在，岐阜県内には 56 か所の道の駅があって，その数は全国で２番目に多いんだって！僕はびっくりしたよ。

ジョン：全国２位なの？僕もそれを知って驚いたよ。発表の最初にこの事実を示すべきだね。では，２つ目の質問にうつろう。

朝美　：私は，いくつかの道の駅が，訪問者に文化体験や自然体験を提供することによって人気になりつつあることに気づいたよ。例えば，岐阜県内のある道の駅では，訪問者はそば打ち体験ができるよ。1エ私は家族とそれ(＝そば打ち体験)をするためにそこを訪れたんだけど，すごく楽しかったよ。他の道の駅では，訪問者はフルーツ狩りをしたり，更には温泉でリラックスしたりすることができるよ！

ジョン：なるほど。現在，道の駅は休憩のためだけではないんだね。遊園地のように，旅行の「目的地」になっている道の駅もありそうだね。君は他の理由もわかるの？

朝美　：そうだね。多くの訪問客はそこで特別な商品を手に入れることを楽しみにしているよ。例えば，新鮮なフルーツや野菜を買うことができるよ。実は，私の祖母は道の駅で野菜を売っているの。ある日，私はそこで「ポップ広告」のついた祖母のトマトを見つけたの。祖母の名前と，笑った顔が印刷されていたよ。それには「この道 35 年の凄腕トマト農家！」と書いてあったよ。人は，商品を作った人の顔を見れば安心だと思うな。それと，祖母は自分のトマトを買っている人とお話しするのが大好きなの。祖母は，今ではたくさんの人が自分のトマトのファンになってくれて喜んでるよ。5イ祖母は「道の駅のおかげで自分の仕事に誇りが持てる」って言ってるよ。

ジョン：Xア朝美はなぜ道の駅は訪問者にとって魅力的なのかを説明してくれたね。訪問者はそこで文化体験や自然体験ができるんだね。これは発表の２つ目のポイントにすべきだね。また，彼女は地元の人々の気持ちについても話してくれたね。地元の人にとっての道の駅の価値について考えることも大事かもしれないね。

花　：私も賛成。私は先週の土曜日に道の駅を訪れ，スタッフのホンダさんにインタビューしたよ。彼は，道の駅で町を魅力的なところにするために，スタッフと地元の人が一丸となって一生懸命取り組んだと話してくれたよ。彼らは長い時間をかけてついに，地元の牛乳やフルーツを使った特製のアイスクリームとジャムをつくりだしたそうだよ。また，日常生活で食べている地元の伝統料理を販売することに決めたそうだよ。ホンダさんは「これらの新商品や郷土料理があっという間に人気になってうれしかった。4(2)でも，私は，町内の人々が団結し，私たちが認識していなかった町の価値を見つけてくれたこともうれしかった。今では私たちはこの町に誇りを持っているよ」と言ってたよ。4(2)これは，道の駅のおかげで彼らは町の魅力的でユニークなポイントを発見したってことだよ。私はこれこそ，地元の人にとっての道の駅の良いポイントだと思うな。

ジョン：Yウこれは大事な点だね。発表の最後にこれを話そう。ええと，これらのメモを見て。発表の主なポイントはこれらの３つになりそうだね。じゃあ，タイトルを決めよう。僕は，僕たちの発表の主旨を表す最適なタイトルは「道の駅：②エ休憩し，楽しみ，その地域の価値を発見できる場所」だと思うな。これはみんなのポイントを全部含んでいるよ。みんなも同意してくれる？

〈 陸，朝美，花はジョンに同意します 〉

ジョン：ありがとう。きっと，みんなは僕らの発表を楽しんでくれるね！

【ＡＬＴが書いたコメントの要約】

私は君たちの素晴らしい発表の後，次の休暇に何か所かの道の駅を訪れようと決めたよ。君たちは，地元の③文化(＝cultural)体験や自然体験を楽しめると言ったね。楽しそうだね。ところで，この町の人々はよく，「この辺りには特別なものが何もない」と言うね。でも，私にとってはここのすべてが特別だよ。だから，ホンダさんがこの地域のものを使ってこの町を④魅力的(＝attractive)にしようとしていることは興味深いよ。私は，もっと多くの人がこの町を誇りに思うようになるといいと思うよ。

5　1　将来の夢が決まっていないミサキが，ベイカー先生に「先生が学生だった時の夢は何でしたか？」と尋ねていると判断する。「あなたの夢は何でしたか？」＝What was your dream?　「～の時」＝when＋主語＋動詞

2　スピーチコンテストに出場予定のサキにマイクが「先生はあなたがスピーチの練習をするのを手伝ってくれると思うよ」とアドバイスしていると判断する。「～だと思う」＝think (that)＋主語＋動詞　「(人)が～するのを手伝う」＝help＋人＋動詞の原形

6　1(1)　直後にケンジが「電車とバスで」と答えているから，「そこにはどうやって行ったの？」と尋ねる文にする。「どうやって～？」＝How ～?　How の後は疑問文の語順で did you go と続ける。

(2)　フランス語を学ぼうとしているリナにホワイト先生が「現在，フランス語は多くの国で公用語として話されているよ」と，フランス語を習得する利点を教えたと判断する。French(＝フランス語)が主語の文だから，〈be 動詞＋過去分詞〉の受け身の文にする。　「(国)で話されている」＝be spoken in＋国

2　【グリーン先生との会話文の要約】参照。自宅で映画を見ることの良い点を 10～20 語で書く。無理に難しい

内容にしなくてもよいので，語数の条件を守り，ミスの無い文にしよう。we can eat our favorite food while watching a movie.「映画を見ている間に，自分たちの好きな食べ物を食べることができます」などでも良い。

【グリーン先生との会話文の要約】

先生　：私は映画館で映画を見るのが好きです。しかし，家で，スマートフォン，タブレット型端末，またはテレビで映画を楽しむこともできます。家で映画を見ることの良い点は何ですか？あなたの考えを教えてください。

あなた：家で映画を見ることにはいくつかの良い点があります。例えば， (例文)周囲を気にすることなく笑ったり泣いたりできます。(＝we can laugh or cry without worrying about the people around us.)

《2024　理科　解説》

1　1(1)　南中高度は地平線から南中した太陽までの角度で表すから，ｂが正答となる。なお，ａは90度からｂ(南中高度)を引いた角度，ｃはＰの緯度を表し，ｄは地軸の傾きと等しい。　(2)　星も太陽も，地球が自転しているため動いて見えるから，Ａ，Ｂ，Ｃの星の動きは，それぞれ夏至，春分(または秋分)，冬至の太陽の動きと同じと考えればよい。つまり，星が地平線上に出ている時間が長い順にＡ＞Ｂ＞Ｃだから，沈む順序はＣ→Ｂ→Ａとなる。

2(1)　$\left[\text{抵抗}(\Omega)=\frac{\text{電圧}(\mathrm{V})}{\text{電流}(\mathrm{A})}\right]$ より，$\frac{8.0}{0.20}=40(\Omega)$である。　(2)　ＸとＹが直列につながれているから，回路全体の抵抗はＸとＹの抵抗の和に等しい。したがって，Ｘの抵抗は$40-10=30(\Omega)$である。ＸとＹに流れる電流の大きさは回路全体に流れる電流の大きさに等しいから，〔電圧(Ｖ)＝抵抗(Ω)×電流(Ａ)〕より，$30\times0.20=6(\mathrm{V})$である。

3　銅〔Cu〕の粉末を加熱すると，空気中の酸素〔O_2〕と結びつき酸化銅〔CuO〕ができる〔$2Cu+O_2\rightarrow 2CuO$〕。表より，0.80ｇの銅の粉末を加熱すると1.00ｇの酸化銅ができたとわかるから，質量保存の法則より，0.80ｇの銅の粉末に結びつくことができる酸素は$1.00-0.80=0.20(\mathrm{g})$である。なお，１回目や２回目の加熱後の粉末には，銅と酸化銅の粉末が混ざっている。

4(1)　①親の代の，丸い種子をつくる純系のエンドウの遺伝子の組み合わせはＡＡ，しわのある種子をつくる純系のエンドウの遺伝子の組み合わせはａａである。したがって，子の代の丸い種子の遺伝子の組み合わせは全てＡａとなる。　②③生殖細胞は，分裂後の染色体の数がもとの半分になる減数分裂によってつくられる。このとき，対になっている遺伝子はそれぞれ別の生殖細胞に入る。これを分離の法則という。なお，体細胞分裂は分裂の前後で染色体の数が変わらない分裂であり，対立形質はエンドウの丸い種子としわのある種子のようにどちらか一方しか現れない形質どうしのことである。　(2)　子の代の種子(Ａａ)を育てて自家受粉させると，右表より，丸い種子としわのある種子の比は３：１となるとわかる。よって，孫の代の種子が合計1200個できたとき，そのうち丸い種子は$1200\times\frac{3}{3+1}=900$(個)と考えられる。

	Ａ	ａ
Ａ	ＡＡ(丸)	Ａａ(丸)
ａ	Ａａ(丸)	ａａ(しわ)

2　1　ア×…葉をできるだけうすく切る。　ウ×…顕微鏡は直射日光の当たらない明るく水平なところに置く。エ×…最初は最も低倍率の対物レンズで観察する。

2　植物は葉緑体で光合成を行う。

4　双子葉類の葉の葉脈は網目状(網状脈)，単子葉類の葉の葉脈は平行(平行脈)なので，それぞれの植物の葉の葉脈のようすを思い浮かべて選べばよい。双子葉類はウとオ，単子葉類はアとイとエである。

5　植物の体で根から吸収した水が通る管を道管，葉でつくられた養分を運ぶ管を師管という。道管と師管が集まったものを維管束という。道管は，茎では中心側(ｃ)，葉では表側(ａ)を通っている。

	葉の表側	葉の裏側	葉以外	水の減少量（g）
A	○	○	○	4.8
B	○	×	○	1.5
C	×	○	○	3.7
D	×	×	○	0.4

7　A～Dで蒸散が起こった部分についてまとめると右表のようになる。　(1)BとCで水の減少量がCの方が多いから，葉の表側より葉の裏側の方が蒸散量が多いと考えられる。　(2)葉を全てとったDでも水が減少しているから，葉以外の部分でも蒸散が起こっていると考えられる。

3　1　溶媒に溶質が溶けた液体を溶液といい，溶媒が水であるものを特に水溶液という。

2　Aを溶かした水溶液は 40℃でも 20℃でも透明になったから，A25.0ｇが水 50.0ｇに全て溶けたとわかる。したがって，〔質量パーセント濃度(％)＝$\frac{\text{溶質の質量(g)}}{\text{溶液の質量(g)}}$×100〕より，$\frac{25.0}{25.0+50.0}$×100＝33.3…→33％である。

3　水溶液中で溶質の粒子は均一に広がっているから，イが正答となる。

4　塩化ナトリウム〔NaCl〕は，水溶液中でナトリウムイオン〔Na^+〕と塩化物イオン〔Cl^-〕に電離している。

5　水 50.0ｇに物質 25.0ｇを入れたときの溶け方(全て溶けるか，溶け残るか)は，水 100ｇに物質 50ｇを入れたときの溶け方と同じになる。表2より，ショ糖は 20℃と 40℃のどちらも全て溶け，塩化ナトリウムは 20℃と 40℃のどちらも溶け残り，硝酸カリウムは 20℃では溶け残り，40℃では全て溶けるとわかる。よって，Aはショ糖，Bは硝酸カリウム，Cは塩化ナトリウムとわかる。

7　硝酸カリウムは 20℃の水 100ｇに 31.6ｇまで溶けるから，20℃の水 50.0ｇには 31.6×$\frac{50.0}{100}$＝15.8(ｇ)まで溶ける。よって，bを 20℃まで冷やしたとき，25.0－15.8＝9.2(ｇ)の硝酸カリウムが結晶となって出てくる。

4　2　降水がないとき，雲量(空全体を 10 としたときの雲が占める割合)が，0と1は快晴(○)，2～8は晴れ(⦶)，9と 10 はくもり(◎)である。

3　乾球の示度が 24.0℃，乾球と湿球の示度の差が 24.0－22.0＝2.0(℃)だから，表より，湿度は 83％とわかる。

4　〔湿度(％)＝$\frac{\text{空気1}m^3\text{中の水蒸気量}(g/m^3)}{\text{その気温の飽和水蒸気量}(g/m^3)}$×100〕より，教室内の空気中に含まれている水蒸気量は，9時の気温(24.0℃(飽和水蒸気量は 21.8ｇ/m^3))と湿度(83％)から，21.8×0.83＝18.094(ｇ/m^3)である。10 時の気温は 27.0℃(飽和水蒸気量は 25.8ｇ/m^3)だから，このときの湿度は$\frac{18.094}{25.8}$×100＝70.1…→70％である。

5　(1)陸風は陸から海に向かってふく風(B)，海風は海から陸に向かってふく風(A)である。　(2)海に比べて，陸は気温が上がりやすく下がりやすいので，夜間に海上より陸上の気温が低くなる。すると，海上で上昇気流が発生し，気圧が低くなり，陸から海に向かって風がふく。これを陸風という。これと反対に，昼間に陸上の気温が高くなることでふく風が海風である。

6　図1より，夜間は北から風がふき，昼間は南寄りの風がふくとわかる。5(2)解説より，夜間にふくのが陸風，昼間にふくのが海風だから，北に陸，南に海があるアが正答となる。

5　1　台車にはたらく重力の大きさは 220ｇ→2.2Nである。

2　重力とつり合う力は，重力と同じ大きさで，向きが反対で，同一直線上にある力である。

3　1秒間に 60 打点を打つ記録タイマーだから，0.1 秒で切り取るためには，最初の打点を0として 60×$\frac{0.1}{1}$＝6(打点)目で切り取ればよい。

4　c～fの 0.1×4＝0.4(秒間)で，5.6＋7.7＋9.8＋11.9＝35(cm)進んだから，$\frac{35}{0.4}$＝87.5→88 cm/sである。

5　g～jのように等速直線運動をしているとき，物体にはたらく力はつり合っている(合力は0Nである)。なお，進行方向に同じ大きさの力が加わっているときは，a～fのように速さが一定の割合で増加する。

6　おもりの質量を大きくしたから，糸が台車を引く力の大きさが大きくなり，おもりが床に達するまでにかかる時間は最初の実験より短くなり，おもりが床に達した後の台車の速さは最初の実験より大きくなる。よって，エが正答となる。

7　おもりが床に達するまで，台車にはたらく重力の机に平行な分力が台車の進行方向とは逆向きにはたらくから，台車を進行方向に引く力の合力は最初の実験より小さくなる。したがって，同じ時間における台車の速さは最初の実験より小さくなる。また，おもりが床に達した後は，台車を進行方向に引く力はなくなり，台車にはたらく重力の机に平行な分力(台車の進行方向とは逆向きの力)がはたらくから，台車の速さは徐々に小さくなる。よって，点線(最初の実験)より距離の増え方が小さく，グラフの終わり頃に傾きが小さくなるウのグラフを選べばよい。

《2024　社会　解説》

1　1　ウ　　聖徳太子が建立した法隆寺は，現存する最古の木造建築寺院として世界文化遺産に登録されている。

2　ウ　　木簡は，荷札，役所の書類，字の練習の道具などに利用された。墨で書いた部分を削ることで，再利用が可能であった。庸(労役の代わりの布)，調(地方の特産物)は，農民自らが都に運び込む税であった。

3　院政　　藤原氏と血縁関係がうすい後三条天皇は，天皇中心の親政を行い，荘園整理令を出して，藤原氏をはじめとする貴族の力を抑えた。藤原氏の力が衰えたことで，次の白河天皇は自由な政治をすることが可能になり，幼少の皇子に皇位をゆずって上皇となった後も実権を握った。

4　六波羅探題　　1221 年，源氏の将軍が三代で途絶えたことを契機に，後鳥羽上皇が当時の執権北条義時に対して挙兵したのが承久の乱である。北条政子の呼びかけに集まった関東の御家人の活躍で勝利した鎌倉幕府は，朝廷の監視と西国の武士の統制のために京都に六波羅探題を置いた。

5　ア　　老中は，江戸幕府の政務を統括する最高職。建武の新政を始めたのは後醍醐天皇。足利義満は，南北朝の統一，勘合貿易(日明貿易)の開始，金閣の建立，花の御所の造営，観阿弥・世阿弥の保護などで知られる。

6　イ→ウ→ア　　イ(北山文化　室町時代前期)→ウ(東山文化　室町時代後期)→ア(桃山文化　安土桃山時代)

7　徳川吉宗　　徳川吉宗は，町火消しを作らせたほか，目安箱の設置，公事方御定書の制定，上米の制の実施，洋書の輸入禁止の緩和，定免制の導入などを行った。これらの改革をまとめて享保の改革という。

8　ア　　西廻り航路…蝦夷地・東北地方の港から，日本海・瀬戸内海を通って大阪に至る海路で，北前船が就航した。天下の台所…大阪の異名。大阪には諸藩の蔵屋敷が立ち並び，全国の米・特産品などが売買されたことから名付けられた。

9　エ　　大塩の乱は，大塩平八郎が天保のききんに苦しむ人々を救済しない奉行所を批判して起こした乱である。

10　横浜　　日米修好通商条約で函館・新潟・横浜・神戸・長崎の５港が開かれた。群馬県をはじめとする全国各地から横浜に生糸が集められ，イギリスなどに輸出された。

11　イ　　日清戦争の下関条約で得た賠償金の一部を使って，筑豊炭田からの石炭輸送に便利な北九州に八幡製鉄所が建設された。

12　ニューディール政策では，テネシー川流域の開発で多くのダムが建設され，安定した電力供給，労働者の雇用増大，流域での農業生産性の向上などが実現した。

13　エ　　高度経済成長期，環境の保全より経済の発展を優先させたため，全国で公害問題が発生し，1967 年に公害対策基本法が制定され，1971 年に環境庁が設置された。その後，環境庁は 2001 年の中央省庁再編によって，環境省に格上げされた。

2　1　変動帯　　変動帯では，地震や火山活動が見られたり，地溝・海溝・海嶺・褶曲山脈などの大地形が形成されたりする。

2　イ　　アンデス山脈では，環境や標高にあわせてさまざまな種類の農作物を栽培している。

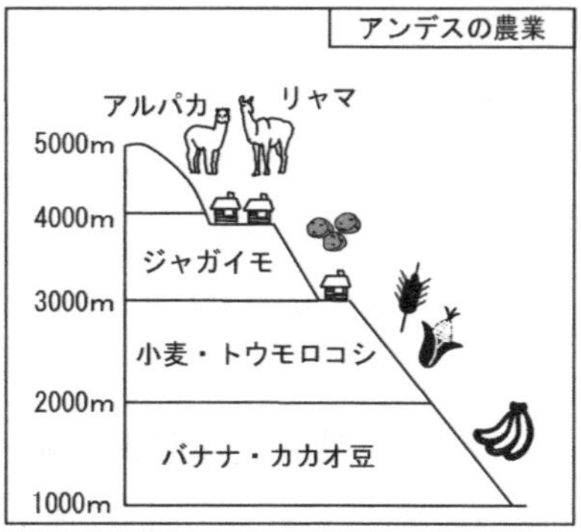

3　エ　　東半球の方が西半球より時刻は進んでいるから，日付変更線を東半球から西半球に渡るときは日付を遅らせることになる。

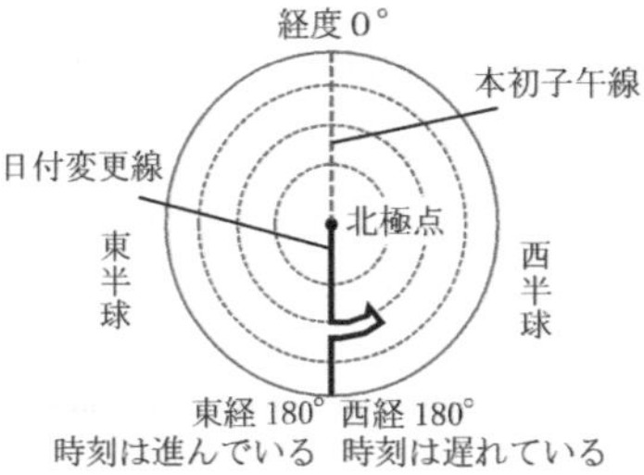

4　ア　　タイガ…冷帯に広がる針葉樹林。サバナ…熱帯に広がるまばらな樹木が育つ草原。ステップ…雨の少ない地域に広がる草原。

5　特定の鉱産資源や農作物の輸出に依存した経済をモノカルチャー経済という。ナイジェリアは原油に依存したモノカルチャー経済であるといえる。モノカルチャー経済の国は，アフリカ大陸などの発展途上国に多い。

6　ＡＵ　　アフリカ連合は2002年に発足した。

7　イ　　高松市のある瀬戸内は，夏と冬の季節風が四国山地や中国山地にさえぎられ，乾燥した風が吹き込むため，１年を通して降水量が少ない。

8　山陰　　中国地方は中国山地以北を山陰，以南を山陽と呼ぶ。

9　エ　　本州と四国を結ぶ本州四国連絡橋のうち，徳島県は明石海峡大橋と大鳴門橋によって兵庫県と，愛媛県は瀬戸内しまなみ海道によって広島県と結ばれたため，自動車による貨物輸送の割合が増えた。よって，広島県・岡山県への利用者が多いＡは愛媛県，大阪府・京都府・兵庫県への利用者が多いＢは徳島県である。

10　ア　　港区では，1980年代後半頃は地価の高騰などによって人口減少が続いていたが，1990年代中頃から再開発によって高層マンションや商業施設が建設され，人口が増加に転じた。よって，Ｅが2020年，Ｆが1985年の人口ピラミッドである。ドーナツ化現象…都市部の地価高騰などによって，都市部の人口が郊外に移動する現象。

12　ウ　　群馬県では，夏の冷涼な気候を利用して，他県の出荷量が少なくなる夏にキャベツを栽培し出荷している。アはじゃがいも，イはなす，エはもも。

3　1　民事裁判　　民事裁判では原告と被告で意見を述べ合い，最終的に判決によって紛争の解決を図る。場合によっては，訴訟の途中で和解することもある。

2　モンテスキュー　　三権は，司法権・立法権・行政権である。

3(1)　イ　　常会は毎年１月に召集され，150日間の会期で開かれる。臨時会は，内閣が必要と認めたとき，または，衆議院・参議院のいずれかの議院の総議員の４分の１以上の要求があったときに開かれる。特別会は，衆議院の解散による総選挙後30日以内に開かれる国会である。　(2)　ウ　　法律案の再可決には，衆議院の出席議員の３分の２以上の賛成を必要とするから，450人が出席した場合，$450\times\frac{2}{3}=300$(人)の賛成が必要となる。

4　内閣を構成する国務大臣の過半数は国会議員であり，国務大臣の任免権は内閣総理大臣にある。

5　世界人権宣言　　1948年に採択された世界人権宣言には法的拘束力がないため，1966年に法的拘束力をもつ国際人権規約が採択された。

6　イ，ウ，エ　　ア．誤り。起訴するのは検察官である。オ．誤り。判決を言い渡すのは裁判官である。

7　エ　　価格がＰ円のとき，供給量(売りたい量)はＲ，需要量(買いたい量)はＱだから，Ｒ－Ｑが売れ残る。

8　労働基準法　　労働三法は，労働基準法，労働関係調整法，労働組合法である。労働基準法では原則として，１日の労働時間は８時間以内，１週間の労働時間は40時間以内，休日は１週間に１日以上と定められている。

9　イ　　高齢者一人を現役世代 2.1 人と 5.1 人で支えることの意味を考える。現在の日本は，少子高齢化が進み現役世代が減少することで，少ない人数で高齢者を支えなければならない社会となっている。よって，Ⅰが 2015 年である。また，ライフスタイルの変化や高齢化によって，単独世帯は増え続けていることから，Ⅲが核家族世帯，Ⅳが単独世帯である。核家族世帯…夫婦1組，または親とその子ども(夫婦と子・母と子・父と子)で構成される世帯。

10(1)　ア　　1ドル＝147 円から1ドル＝137 円のように円の価値が上がることを円高という。1ドル＝147 円のとき 50 ドルは 147×50(円)，1ドル＝137 円のとき 50 ドルは 137×50(円)になるから，147×50－137×50＝(147－137)×50＝500(円)安くなる。　(2)　ウ　　マイクロクレジット…無担保・無金利で行われる少額の融資。クーリング・オフ…訪問販売や電話勧誘販売で成立した契約を，一定期間内であれば無条件で解除できる制度。
セーフティーネット…あらかじめ予想される危険や損害に備えて，被害を最小化するために準備される制度や仕組み。

11　18　　民法改正によって成人年齢が 18 歳に引き下げられ，クレジットカードの申し込みも 18 歳からできるようになった。

岐阜県公立高等学校

《2023　国語　解答例》

一　①とりょう　②うらや　③びんわん　④こはん　⑤ゆる　⑥包装　⑦借　⑧痛快　⑨停留　⑩蒸

二　問一．ウ　問二．動詞…感じ　活用形…未然　問三．基本をおろそかにせず、コツコツと努力する
問四．熱意を認め、これまでの学問に対する気持ちや、やり方を反省して前に進め
問五．A．とてつもない重み　B．広大な学問の世界

三　問一．うのみ　問二．イ　問三．A．エネルギーが分散　B．あきらめる勇気　問四．ウ　問五．エ
問六．ア

四　問一．なお　問二．海　問三．山の端逃げて　問四．ア

五　問一．約九割の人は、手で字を書くことが減ったり、漢字を手で正確に書く力が衰えたりする
問二．

私は、情報機器が普及している時代だからこそ、手書きの良さを大切にしたいと思う。

パソコンやスマートフォンなどで文章を作成すると、あいまいに覚えている漢字でも変換できるし、文章の修正も楽にできる。しかし、手書きには、理解が深まる、気持ちが伝わるなどの利点があると本で読んだことがある。だから、私は手書きをする機会をできるだけ多くもちたいと考える。

《2023　数学　解答例》

1　(1)-3　(2)$4a$　(3)$8-2\sqrt{15}$　(4)$\frac{5}{6}$　(5)イ，エ　(6)右図

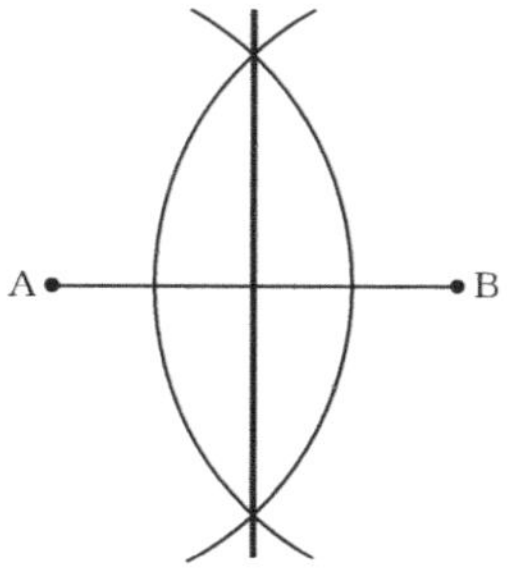

2　(1)25　(2)$x(10-x)$　(3)2.5

3　(1)5　(2)4　(3)イ，ウ

4　(1)600　(2)(ア)$-600x+4800$　(イ)$600x-9600$　(3)(ア)7　(イ)1000

5　(1)△AECと△BGCで,
共通な角だから，∠ACE＝∠BCG…①
仮定から，∠CAE＝∠BAE…②
$\overset{\frown}{BD}$に対する円周角だから，∠BAE＝∠BCD…③
DC//BGより，平行線の錯角だから，∠BCD＝∠CBG…④
②，③，④から，∠CAE＝∠CBG…⑤
①，⑤から，２組の角がそれぞれ等しいので，△AEC∽△BGC
(2)(ア)3　(イ)$\frac{16}{49}$

6　(1)28→10→1　(2)19，28，29　(3)ア．a＋b＋c　イ．27　ウ．19　(4)199　(5)45

《2023　英語　解答例》

1　1．(1)ウ　(2)イ　(3)ア　(4)ウ　(5)イ　　2．(1)①full　②sister　③save　(2)エ

2　1．winter　　2．イ　　3．(1)エ　(2)ウ

3　1．エ　　2．ウ　　3．イ

4　1．イ　　2．①ア　②ウ　　3．エ　　4．(1)No／doesn't　(2)use／forever　　5．ウ　　6．⑤way　⑥turn

5　1．how／long／have／you／been　　2．you／some／pictures／of／it

6　①don't have to carry　　②know how to use　　③we can buy goods which we want at any time.

《2023　理科　解答例》

1　1．(1)カ　(2)エ　　2．(1)イ　(2)ア　　3．(1)1000　(2)オ　　4．(1)融点　(2)ア，イ

2　1．エ　　2．(1)ア　(2)イ　　3．エ　　4．c　　5．ウ，エ　　6．ア

3　1．ウ　　2．ウ　　3．カ　　4．ア　　5．14　　6．$Cu^{2+}+2e^{-}\rightarrow Cu$
7．Zn^{2+}

4　1．衛星　　2．(1)A　(2)カ　(3)ウ　　3．エ　　4．地球よりも内側を公転するから。　　5．イ

5　1．ア　　2．オーム　　3．20　　4．200　　5．右グラフ　　6．40

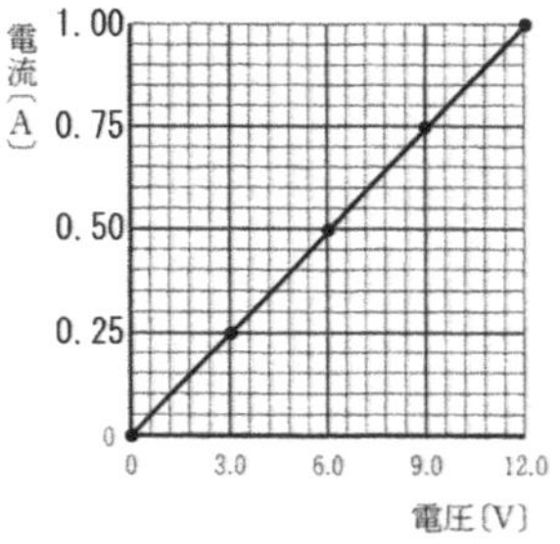

《2023　社会　解答例》

1　1．十七条の憲法〔別解〕憲法十七条　　2．イ　　3．ア→ウ→イ　　4．守護　　5．エ　　6．徳川家光
7．ウ　　8．株仲間　　9．ウ　　10．(1)投票して選んだ議員で構成する衆議院　(2)ア　　11．イ→ウ→ア
12．エ

2　1．(1)イ　(2)ウ　　2．エ　　3．EU　　4．エ　　5．ア　　6．ウ　　7．アルプス　　8．ア
9．雪におおわれる冬の副業　　10．抑制　　11．政令指定

3　1．イ　　2．イ　　3．ウ　　4．歌舞伎　　5．公衆衛生　　6．(1)地方自治　(2)ア　(3)秘密　　7．エ
8．(1)消費者契約法　(2)ウ　(3)貸し出しの利子を，預金している人々に支払う利子よりも高くする
9．パリ協定

2023 解説 令和5年度 岐阜県公立高等学校

《2023　国語　解説》

二　**問一**　前の文で書いてある内容から予測がつく事柄と、反対の内容が以下に書かれているから、逆接の接続詞「だが」が適する。

問二　品詞分解すると「質問(名詞)／に(格助詞)／怒り(名詞)／は(副助詞)／感じ(上一段活用の動詞の未然形)／られ(助動詞)／なかっ(助動詞)／た(助動詞)／が(接続助詞)」となる。「怒り」は、動詞の連用形が名詞として用いられるようになった、転成名詞である。

問三　「父から教えられた大切なこと」は、「基本をおろそかにせず、コツコツと努力する」こと。その教えから言ったら、「読みとれないところはそのまま空白にしておけばよかった」のである。しかし、平次《へいじ》は、「失敗を取り返そう、褒めてもらおう、とばかり考えて、大切なことを忘れていた」ので、「測量の記録を書き換えてしまった」。そしてそのことを謝罪している。

問四　直後の内容を参照。父がいなくなってから多くの人が同情からやさしくしてくれたが、平次は「今度はちがう」と感じた。つまり、秀蔵《しゅうぞう》が平次をかばい、忠敬《ただたか》が「今回は不問にしよう」と言ってくれたのは、同情からではないと感じたのである。「秀蔵も忠敬も、平次の熱意を認めてくれたのだ。やり方はまちがっていた。学問に対する気持ちも、褒められたものではない。でも、それを反省して前に進め、と言ってもらえた」と平次は理解して、傍線部3のように感じている。

問五A　6～8行前の「(忠敬の)言葉のひとつひとつにとてつもない重みを感じて、平次はかたくなっていた～踏みこむ覚悟ができているのか、まだ自信がない」を参照。　**B**　忠敬の言葉を受けてかたくなっていた平次は、ふいに、父の「『学問に王道なし』。近道をしようとすると、必ずしっぺ返しをくらうぞ」という言葉を思い出し、「数をかぞえながら、一歩ずつ歩いていくことで、たどりつける場所」へ行きたいと思った。その場所とは、先ほどまでは「踏みこむ覚悟はできているのか、自信がない」と感じていた、「広大な学問の世界」である。

三　**問一**　「鵜呑《うの》み」には、(鵜飼《うか》いに使われる鳥の鵜が魚を丸呑みにするところから)①食物をかまずに丸呑みにするという意味と、②物事の真意をよく理解せずに受け入れるという意味がある。

問二　「調整」(「調《ととの》える」「整《ととの》える」)と、イの「豊富」(「豊かな」「富んだ」)は、似た意味の字を並べた構成の熟語。　ア.「視点」(「視る点」)は、前の字が後の字を修飾する構成の熟語。　ウ.「興亡」(「興《おこ》る」「亡《ほろ》ぶ」)は、反対の意味の字を並べた構成の熟語。　エ.「消火」(「火を消す」)は、後の字が前の字の目的・対象となる構成の熟語。「～を…する」「～に…する」という構成。

問三A　「あれもこれもと考えて」いるとしてしまう、良くない行動・状態を探す。5段落最後の文の「あれもこれもと考えていたら」に続く、「エネルギーが分散してしまいます」が適する。　**B**　「エネルギーが分散すること」を防ぐために必要なことは何かを考える。「［B］を持つことが必要である」に続くので名詞であることに注意しよう。5段落始めの文にある「あきらめる勇気」が入る。

問四　「ひとの」とウの「学校の」は、その文節が連体修飾語であることを示す格助詞。　ア.「友人が」のように、「の」を「が」に言い換えることができるので、主語であることを表す格助詞。　イ.「くるの」は疑問の終助詞。　エ.「歩くのが」の「の」は、前の語を体言のようにあつかうことを示す格助詞で、準体言助詞と呼ぶこともある。

問五　傍線部4に続く「社会には、法則性があるんです。おおぜいの人びとが～勝手に生きていますけど、その結果、社会にはルールや決まりができあがっています。それは、法則によって動いていて、それを科学的・客観的に研究できます」と、次の段落の「社会学を学ぶということは、社会がこのように、人びとの勝手な希望や意思から、独立に動いているんだということを知ることです」を参照。この内容に合う、エが適する。ア～ウは、「～を科学的・客観的に研究する学問」が提示するものが違っている。

問六　アの前半部が6段落の「ほかのひとと自分を比べてはいけません。これは、幸福になる秘訣《ひけつ》のひとつです～それは、自分を大事にすることに通じます」と、後半部が 10 段落の「ほかのひとの役に立ち、ほかのひとに喜んでもらうことと、自分の喜びとが、シンクロしてくるというのがとても大事です」と一致する。

四　**問一**　古文で言葉の先頭にない「はひふへほ」は、「わいうえお」に直す。

問二　作者は、月が［　　］に入るのを見て、業平《なりひら》の「山の端《は》逃げて」の歌を思い出したが、もし海辺で詠《よ》んだなら「波立ち障《さ》へて」と詠んだだろうと想像しているから、月が海に沈んでゆくところを見ているのだと想像がつく。作者(紀貫之《きのつらゆき》)は、任地から船で都に帰る途上のことを日記につけている。八日はまだ昨日と同じところ(港)にいるから、月は海に沈むのである。

問三・四　「もし、海辺にて詠まましかば、『波立ち障へて入れずもあらなむ』とも、詠みてましや」は、作者が、もし業平が「海」を見ていて同じような心境を詠んだらどのようであったかを想像している部分。「山の端逃げて」は、「波立ち障へて」になっていたと想像している。

【古文の内容】

【Ⅰ】

八日。都合の悪いことがあって、依然として昨日と同じ所である。今夜は、月は海に沈む。これを見て、業平の君の、「山の端逃げて入れずもあらなむ(＝山の稜線よ、逃げて月を入れないでほしい)」という歌のことが思い出される。

もし、業平の君が海辺で詠んだならば「波立ち障《さ》へて入れずもあらなむ(＝波が立って邪魔をして月を入れないでほしい)」とでも、詠んだのだろうか。今、この歌を思い出して、ある人が詠んだ歌は、

A　照る月が流れて沈んでいくのを見ると　天の川が流れ出る所は海だったのだなあ

とかいうのであった。

【Ⅱ】業平の君の歌

まだ見足りないのにもう月が隠れてしまうのか　山の稜線よ、逃げて月を入れないでほしい

《2023　数学　解説》

1　(1)　与式＝－6＋3＝**－3**

(2)　与式＝$2ab\times\dfrac{2}{b}=$ **$4a$**

(3)　与式＝$(\sqrt{5})^2-2\times\sqrt{5}\times\sqrt{3}+(\sqrt{3})^2=5-2\sqrt{15}+3=$ **$8-2\sqrt{15}$**

(4)　**【解き方】2個のさいころを投げたとき，6×6＝36(通り)の目の出方がある。この36通りから出る目の数の和が6の倍数になる目の出方の数を引けば，和が6の倍数にならない目の出方の数が求められる。**

2個のさいころの目の和が6の倍数になるのは，和が6または12のときである。2個のさいころの目の和が6になるのは，(1，5)(2，4)(3，3)(4，2)(5，1)の5通り，和が12になるのは(6，6)の1通りある。

よって，和が6の倍数にならない目の出方は，36－(5＋1)＝30(通り)だから，求める確率は，$\dfrac{30}{36}=$ **$\dfrac{5}{6}$**

(5)　ア．関数$y=-2x^2$のグラフは右図のような放物線になる。したがって，xの値が１増えたときのyの値の変化は一定ではないので，正しくない。

イ．右図のように下に開いた放物線において，xの変域に０が含まれるとき，yの最大値は０になる。xの値の絶対値が大きいほどyの値は小さくなるので，$-2\leqq x\leqq 4$でも$-1\leqq x\leqq 4$でも，$x=4$のときにyは最小値となる。よって，yの変域は同じになるから，正しい。

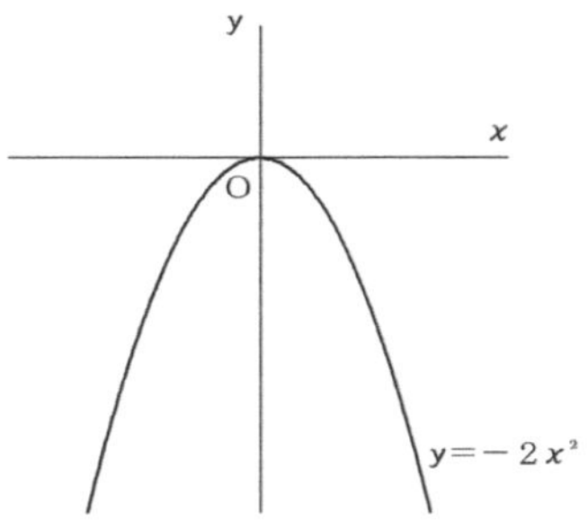

ウ．放物線はy軸について対称である。よって，正しくない。

エ．$y=ax^2$のグラフは，$a<0$のとき下に開いた放物線に，$a>0$のとき上に開いた放物線になるから，正しい。

以上より，正しいものは**イ**，**エ**である。

(6)　解答例のようにA，Bそれぞれを中心とする半径が等しい円の一部をかき，２本の曲線の交点を結ぶ。

2　(1)　Aの底面は１辺の長さが$20\div 4=5$(cm)の正方形だから，面積は$5\times 5=$**25**(cm²)

(2)　**【解き方】Bの底面は周の長さが20 cmの長方形だから，縦と横の長さの和が$20\div 2=10$(cm)である。**

Bの底面の長方形の１辺の長さを$x$cmとしたとき，長さの異なるもう一方の辺の長さは$(10-x)$cmとなる。

よって，Bの底面の面積は$\boldsymbol{x(10-x)}$cm²である。

(3)　**【解き方】Aに入っている水の水面の高さが30 cmのとき，水の体積は$25\times 30=750$(cm³)である。**

Bの容積は水の体積と等しいから，$x(10-x)\times 40=750$　　$4x^2-40x+75=0$

ここで解の公式を用いてもよいが，数字が大きくなるので左辺を$(x+m)^2$の形にすることを考える。

$x^2-10x+\frac{75}{4}=0$　　$x^2-10x=-\frac{75}{4}$　　$x^2-10x+5^2=-\frac{75}{4}+5^2$　　$(x-5)^2=\frac{25}{4}$　　$x-5=\pm\frac{5}{2}$

$x=5\pm 2.5$　　$x=5+2.5=7.5$，$x=5-2.5=2.5$　　したがって，短い方の辺の長さは**2.5** cmである。

3　**【解き方】箱ひげ図からは，右図のようなことがわかる。半分にしたデータのうち，小さい方のデータの中央値が第１四分位数で，大きい方のデータの中央値が第３四分位数となる(データ数が奇数の場合，中央値を除いて半分にする)。**

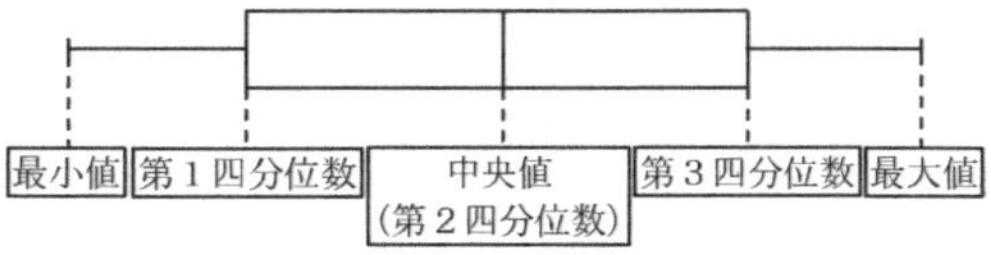

(1)　【解き方】の図より，３年A組の第１四分位数は**５**冊である。

(2)　(四分位範囲)＝(第３四分位数)－(第１四分位数)で求められるから，$9-5=$**４**(冊)である。

(3)　ア．データの範囲は３年A組が$12-1=11$(冊)，３年B組が$11-2=9$(冊)である。

よって，正しくない。

イ．中央値は３年A組が７冊，３年B組が８冊だから，３年A組の方が小さい。よって，正しい。

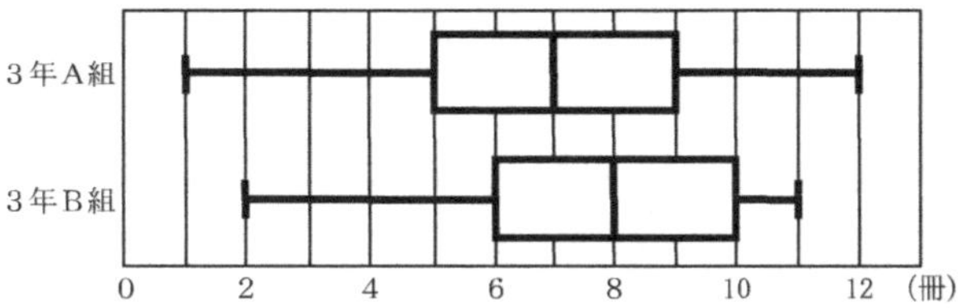

ウ．第３四分位数に注目する。$35\div 2=17.5$より，第３四分位数は上位17個のデータの中央値だから，$17\div 2=8.5$より，大きい方から９番目の冊数である。したがって，小さい方から$35-9+1=27$(番目)である。３年A組は第３四分位数が９冊だから，冊数が９冊以下の生徒は少なくても27人いる。３年B組は第３四分位数が10冊だから，冊数が９冊以下の生徒は多くても$27-1=26$(人)である。よって，正しい。

エ．ウの解説より，３年B組には読んだ本の冊数が10冊の生徒は必ずいる。一方，３年A組には読んだ本の冊数が10冊の生徒が必ずいるとはいえないので，正しくない。

以上より，正しいものは**イ**，**ウ**である。

4 (1)　モノレールがA駅とB駅の間を移動するのに13時8分－13時＝8分かかる。よって，求める速さは，
4800÷8＝**600**(m/分)である。

(2)(ア)　$0 \leqq x \leqq 8$のとき，モノレールはA駅からB駅まで走行した。よって，図2と(1)より，傾きが－600，切片が4800の直線の式だから，$\boldsymbol{y=-600x+4800}$

(イ)　$16 \leqq x \leqq 24$のとき，モノレールはB駅からA駅まで走行した。よって，図2と(1)より，傾きが600であり，点(16，0)を通る直線の式だから，$y=600x+b$とおき，$x=16$，$y=0$を代入して整理すると，$b=-9600$となる。したがって，$\boldsymbol{y=600x-9600}$

(3)(ア)　**【解き方】図2のグラフに花子さんの移動の様子を表すグラフをかきこむ。2つのグラフが交わるところが，花子さんとモノレールが同じ地点にいたことを表す。**

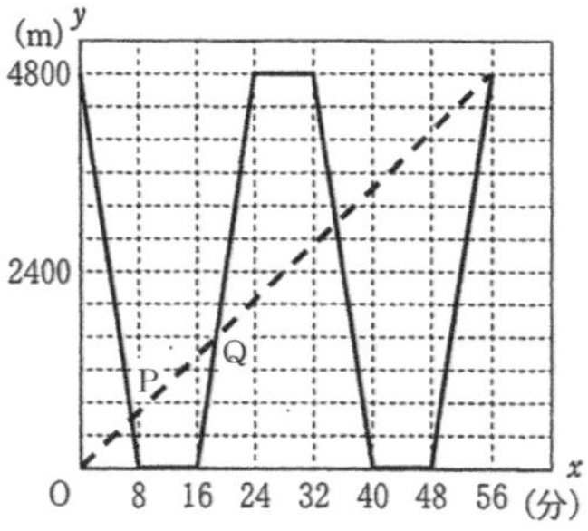

図2

花子さんが出発してx分後の花子さんとB駅の間の道のりの関係を図2にかき加えると，右図の点線のグラフのようになる。花子さんが初めてモノレールとすれ違ったのが点Pだから，Pのx座標を求める。
花子さんの歩く速さは，$4800 \div 56=\frac{600}{7}$(m/分)だから，直線の式は$y=\frac{600}{7}x$である。これと(2)(ア)で求めた$y=-600x+4800$を連立して解くと，$x=7$，$y=600$となるから，花子さんとモノレールが初めてすれ違ったのは出発してから**7**分後である。

(イ)　**【解き方】花子さんが初めてモノレールに追い越されたのは，(ア)の図の点Qである。求める道のりは，Pのy座標とQのy座標の差である。**
$y=\frac{600}{7}x$と(2)(イ)で求めた$y=600x-9600$を連立して解くと，$x=\frac{56}{3}$，$y=1600$となる。
P(7，600)，Q($\frac{56}{3}$，1600)だから，求める道のりは1600－600＝**1000**(m)である。

5 (1)　まず，問題文の仮定を図にかきこんで，証明のために必要な条件を探そう。条件が足りない場合は，問題の内容に応じて，図形の性質，平行線の同位角・錯角，円周角の定理などからわかることもかきこんでみよう。

(2)(ア)　三角形の角の二等分線の定理より，BE：CE＝AB：AC＝4：6＝2：3である。よって，
$CE=5 \times \frac{3}{2+3}=\boldsymbol{3}$(cm)である。

(イ)　**【解き方】(1)で右図のように等しい角がわかったから，△BEF∽△AGFである。相似比がa：bである三角形の面積比はa^2：b^2となることを利用するので，BE：AGを求める。**

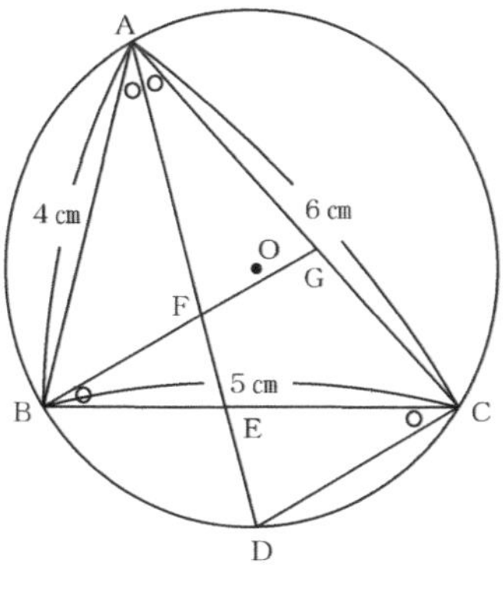

BE＝5－3＝2(cm)である。
また，△AEC∽△BGCより，
EC：GC＝CA：CB　　3：GC＝6：5
$GC=\frac{3 \times 5}{6}=\frac{5}{2}$(cm)だから，$AG=6-\frac{5}{2}=\frac{7}{2}$(cm)である。
よって，△BEFと△AGFの相似比は，$BE:AG=2:\frac{7}{2}=$
4：7だから，面積比は$4^2:7^2=16:49$となる。
したがって，△BEFの面積は△AFGの面積の$\boldsymbol{\frac{16}{49}}$倍である。

6 (1)　1回目の作業では1＋9＋9＋9＝28，2回目の作業では2＋8＝10，3回目の作業では1＋0＝1となって終了する。よって，1999→**28**→**10**→**1**となる。

⑵　**【解き方】１回目の作業で終了するものはどのような数か考える。**

10 以上 30 以下の自然数のうち，１回目の作業で終わるのは，十の位の数と一の位の数の和が一桁の数，つまり，９以下の数になるものである。

十の位が１のとき，10 から 18 までの自然数は１回目の作業で終わる。19 は $1+9=10$，$1+0=1$ となるから，２回目の作業で終わる。

十の位が２のとき，20 から 27 までの自然数は１回目の作業で終わる。28 は $2+8=10$，$1+0=1$ となり，29 は $2+9=11$，$1+1=2$ となるから，どちらも２回目の作業で終わる。また，30 は１回目の作業で終わる。

以上より，10 以上 30 以下の自然数のうち，２回目の作業で終わるのは **19，28，29** である。

⑶　１回目の作業では，各位の数の和を求めるから，できる自然数は **$a+b+c$** と表せる。a は１から９までの自然数，b と c は０から９までの整数だから，$a+b+c$ の最大値は $a=b=c=9$ のときの **27** である。

１から 27 までの自然数のうち，各位の数の和が２桁になるものは，⑵より 19 だけだから，$a+b+c=$**19** のときは作業をあと２回行う必要がある。

⑷　⑶の解説をふまえる。３回目の作業で終了するとき，$a+b+c=19$ であり，$a=1$ だから，$b+c=19-1=18$ である。b，c はともに１桁の整数だから，和が 18 になるのは $b=c=9$ のときだけである。よって，求める自然数は **199** である。

⑸　**【解き方】和が 19 になる３つの数の組み合わせを考え，それぞれから３桁の数を何個作れるかを考える。**

最小の数で場合を分けて調べると，和が 19 になる３つの数の組み合わせは，右表のように 10 組ある。

最小の数	和が 19 になる３つの数
1	１９９
2	２８９
3	３７９，３８８
4	４６９，４７８
5	５５９，５６８，５７７
6	６６７

「１９９」から３桁の数を作ると，199，919，991 の３個できる。このように，下線を引いた５組からは３桁の数を３個ずつ作ることができる。

「２８９」から３桁の数を作ると，289，298，829，892，928，982 の６個できる。このように，下線を引いていない５組からは３桁の数を６個ずつ作ることができる。よって，３回目の作業で終了するものは全部で，$3\times5+6\times5=$**45**(個)ある。

《2023　英語　解説》

1　1⑴「私はノートを探しています。色は黒です。白いクマの絵が描かれています。そして白いクマの絵の下に私の『ジュディ』という名前が書かれています」より，ウが適切。　**⑵**　店員「いらっしゃいませ」→エミリー「ハンバーガーを２つとリンゴジュースを１つください」→店員「かしこまりました。他にご注文はございますか？アイスクリームはいかがですか？」→エミリー「いいえ，結構です」より，イが適切。　**⑶**　久美「こんにちは，ボブ。来週の火曜日か金曜日の放課後は空いている？」→ボブ「火曜日はもう予定があるよ。でも金曜日は空いてるよ」→久美「じゃあ，金曜日に茶道部に来るのはどう？ 私はあなたと一緒に茶道を楽しみたいの」→ボブ「そうだね，テレビで見たことはあるけど，茶道は初めてだよ。上手くできるかな？」→久美「心配しないで，(　　)」より，ア「やり方を教えるね」が適切。　**⑷**　【放送文の要約】参照。

【放送文の要約】

とても速くて，とてもかっこいい！この靴はランニング用にデザインされています。「シューズＸ」と呼ばれています。「シューズＸ」はゥ全く重くなくて羽のように軽く，柔らかいです。「シューズＸ」で今までよりずっと速く走れること

を実感していただけるでしょう。ゥ赤，青，黄の３色からお選びいただけます。ゥ「シューズＸ」はたった 40 ドルです。今月ご購入された方には，通常20ドルの袋を無料でプレゼントいたします。「シューズＸ」を今すぐ買ってください！

(5)　【放送文の要約】参照。イ「ジョン・グリーンはファンと一緒に新作映画を見る予定です」が適切。

【放送文の要約】

アメリカ人俳優のジョン・グリーンさんが本日来日しました。彼は新作映画「ザ・ベスト・ヒーロー」をファンに紹介するために来日しました。ィ彼は東京，名古屋，大阪の映画館を訪れ，そのうちの１か所でファンと映画を見る予定です。ジョンさんは日本のお寺や神社に興味がありますが，どのお寺や神社にも行ったことがありません。彼は京都のいくつかの寺や神社を訪れることを楽しみにしています。彼は日本に５日間滞在し，その後アメリカに帰る前に他のアジア諸国を訪問します。

２【放送文の要約】参照。

(1)①　質問「なぜブラウン先生は加奈の家の窓に驚いていますか？」…ブラウン先生の３回目の発言より，窓が葉でいっぱい(＝are full of)だったからである。　・be full of ～「～でいっぱいである」　②　質問「誰が加奈にエネルギー問題について言いましたか？」…加奈の５回目の発言より，加奈の姉(＝sister)である。　③　質問「なぜブラウン先生は加奈の考えがすばらしいと思っているのですか？」…ブラウン先生の７回目の発言より，電気を節約できて(＝can save electricity)野菜を食べられるからである。　(2)　ア「ブラウン先生は英語の授業で×植物の色について話すのはよい考えだと言っています」　イ「ブラウン先生は植物は×窓よりも高く育っていないと言っています」　ウ×「加奈は植物のために部屋を涼しくエアコンを使って保つべきだと言っています」…本文にない内容。　エ○「加奈は植物を利用することによって部屋を少し涼しくすることができると言っています」

【放送文の要約】

加奈　　：こんにちは，ブラウン先生。今時間がありますか？

ブラウン：こんにちは，カナ。どうしましたか？

加奈　　：私は英語の授業の発表の準備をしています。「緑のカーテン」についての話をしたいと思います。この話題についてどう思いますか？

ブラウン：緑のカーテン？

加奈　　：はい。この写真を見てください。

ブラウン：ああ，①びっくりした！窓が葉でいっぱいです。植物が窓より高く成長したのですね。

加奈　　：これらは緑のカーテンと呼ばれています。毎年自宅で作っています。

ブラウン：なるほど。どうしてそれらに興味を持ったのですか？

加奈　　：②姉が私にエネルギー問題について話してくれました。それから，緑のカーテンを作ることはエネルギーを節約する方法のひとつだと学びました。

ブラウン：いいですね。緑のカーテンについて詳しく教えてくれませんか？

加奈　　：もちろんです。(2)エ緑のカーテンのおかげで，日光があまり部屋に入らないので，部屋が少し涼しくなります。　だからエアコンをあまり使わなくてもいいんです。家の電気を節約できるということですね。

ブラウン：わぁ，いいですね。そして，これはキュウリですよね？

加奈　　：はい。キュウリは緑のカーテンを作るのに人気の野菜です。

ブラウン：あなたの考えはいいですね。③電気を節約して野菜を食べることができます。あなたのクラスメイトはあなたの話題に興味を持つでしょう。

加奈　　：ありがとうございます，ブラウン先生。

ブラウン：どういたしまして。

[2]　1　直後の It's the coldest season, …「最も寒い季節です…」より，winter「冬」が適切。

2　【本文の要約】参照。質問「ユキのアドバイスは何ですか？」…ア×「ケンのいとこに奈良での計画を立てるように伝えること」　イ○「ケンから奈良についての情報を得ること」　ウ×「ケンのいとこに奈良で一緒に旅行してくれるように頼むこと」　エ×「ケンに奈良についての情報を与えること」

【本文の要約】

ユキ　：次の休暇中に奈良に行くそうね。そこで何をするつもりなの？

マイク：僕は東大寺に行くつもりだよ。他にどこかおすすめの場所を知っているの？

ユキ　：ごめん，知らないよ。イケンにおすすめの場所を聞いてみるのはどう？いとこが奈良にいるから，彼はよくそこを訪れているよ。

マイク：いい考えだね！

3　【本文の要約】参照。⑴　質問「アキとビルはどこで昼食を食べますか？」…ビルの１回目の発言より，アキとビルは１階で食べ物を買って食事スペースに持っていく。【Floor Information】より，５階に Eating Area「食事スペース」がある。　⑵　質問「アキは昼食を食べた後，ビルとまず何をしますか？」…ビルの２回目の発言より，ウ「洋服屋に行くこと」が適切。【Event Information】の２つ目の・に，「２時から２時半に洋服を買えば，割引があります」とあるので，昼食→洋服屋→コンサートの順になった。

【本文の要約】

アキ：もう午後１時だよ。お腹が空いたね。４階のレストランに行こうよ。

ビル：うーん，レストランは混んでいるかもね。⑴エ１階で食べ物を買って，食事スペースに持っていかない？テーブルがたくさんあるから，そこで昼食をとることができるよ。

アキ：いいわね！あら，イベント情報を見て。昼食後，コンサートに行きたいな。弟へのプレゼントとしてＴシャツも買いたいよ。弟の誕生日は来週なの。

ビル：いいよ。そうだね，⑵ウ２回目のコンサートに行くなら，まず洋服屋に行けば割引してもらえるよ。

アキ：完璧ね！

[3]　【本文の要約】参照。

1　表の順位については，第２段落に書かれている。First「１位」は北海道，Second「２位」は長野県，Third「３位」は山梨県，Fourth「４位」は岐阜県である。

2　グラフより，キャンプに行った人数は 1994 年が最も多く，1999 年には①減少した（＝decreased）。そして，2004 年には 1994 年の約②半数（＝half）まで減少したが，その後は③増加し続けている（＝kept increasing）ことがわかる。

3　ア×「春樹は，1989 年からキャンプに行く人が増え続けていて，それが減ることはなかったことがわかりました」…グラフより正しくない。　イ○「春樹は，最初のキャンプブームの頃にキャンプに行った人の多くが，今日また自分の子どもたちと一緒にキャンプに行っていることがわかりました」　ウ×「春樹は，父がこの夏初めてキャンプに行ったのはかっこいいと思ったからだと言いました」…本文にない内容。　エ「春樹はキャンプアニメや有名人の動画がきっかけで×最初のキャンプブームが起こったと言いました」

【本文の要約】

今年の夏休みに，初めて父とキャンプに行きました。夜はおいしいものを食べて，美しい星を眺めました。父は「私がお前の年齢の頃は，よくキャンプに行ったよ」と言いました。さらに父は「岐阜にはいいキャンプ場がたくさんあるから，ラッキーだね。キャンプ場にはそれぞれ良いところがあるよ」と言いました。その日，私はキャンプの大ファンになりました。それから，キャンプについて学ぶためにインターネットや本を利用しました。

表を見てください。これは 2021 年に日本でキャンプ場の数が多かった５つの都道府県を示しています。岐阜もその１つに入っていることがうれしいです。1北海道には 200 以上のキャンプ場があります。２位は長野県です。山梨県のキャンプ場の数は岐阜県のキャンプ場の数より少し多いことがわかります。この５つの都道府県はいずれもすばらしい自然があります。

次にグラフを見てください。これは 1989 年から 2019 年までに日本でキャンプに行った人数を示しています。最も多かったのは 1994 年です。これは第１次キャンプブームと呼ばれています。1999 年には人数が①減少しました(＝decreased)。2009 年には 1994 年の約②半数(＝half)になりました。しかし，2009 年から 2019 年にかけて再び③増加し続けています(＝kept increasing)。

それではなぜキャンプが再び人気を集めているのでしょうか？記事を読んで，理由を２つ見つけました。１つ目に，多くの若者がキャンプはかっこよくて魅力的だと考えているからです。キャンプアニメや有名人のキャンプ動画のおかげで，彼らは今キャンプに興味を持っています。２つ目に，3イ第１次キャンプブームでキャンプを経験した多くの人が親になり，今日また子どもたちとキャンプに行くようになりました。私の父もそのひとりです。

キャンプに行くと自然の中でリラックスできます。美しい自然が未来に続いていくことを願っています。

4 【本文の要約】参照。

1 海斗の１回目の発言の５行目より，イが適切。

2 花が海斗と陸の発言をまとめている部分。 ① ア「日常生活のささいなことでもリサイクルに関係している」

② ウ「リサイクルをする前にどのようにしてペットボトルの使用をやめることができるか考えるべきです」が適切。

3③ 美香の２回目の発言より，美香は海斗の意見に賛成だとわかる。花は司会だから，陸だけが意見が異なる。

④ 海斗，陸，美香の３人が共通して言っているのは，「ささいなことでも何ができるか考えて行動すること」である。

4(1) 「陸は『リサイクル』は３Ｒの中で最も重要なことだと思っていますか？」…陸の１回目の発言の３～５行目より，No で答える。 (2) 「美香によると，『B to B』の良い点は何ですか？」…美香の２回目の発言の１～２行目に，「ペットボトルは資源としてほとんど永遠に(＝forever)使用する(＝use)ことができる」とある。

5 ア「美香によると，古いものから作ったペットボトルの数は×増加していません」 イ「美香によると，『B to B』のリサイクル率は 2020 年には 15%を×下回ったということです」 ウ○「美香はペットボトルが役に立つので，多くの人がペットボトルを使い続けると考えています」 エ×「花は海斗，陸，美香と話す前に『B to B』についてよく知っていました」…本文にない内容。 オ「花は海斗，陸，美香の考えは×すべての点で同じだと考えています」

6 【レポートの要約】参照。 ⑤ way は美香の１回目の発言の２行目などにある。

⑥ turn は海斗の１回目の発言にある。

【本文の要約】

花 ：今日のテーマはペットボトルのリサイクルです。ペットボトルのごみ問題をどう解決するかを考えることが大切です。みなさんはそれについてどう思いますか？海斗さん，最初にあなたの考えを教えてくれませんか？

海斗：リサイクルのために日常生活の中でささいなことができると思います。例えば，家でペットボトルを捨てるときは，ふたやラベルを外して，リサイクルのためにボトルを洗うことができます。ささいなことのように聞こえるかもしれません。でも，自分がリサイクル施設に行ってみて，リサイクルするためにはとても重要だということがわかりました。施設で，スタッフが何をしているのかを見て驚きました。1イ彼らは手でふたを外していました。その中の1人が「ふたとラベルを外して，ボトルを洗ってくれるだけでもありがたいです。そうすれば，より多くのごみが資源になります！」と言ったのを覚えています。この経験を通して，誰もがリサイクルのために何か役に立つことをすべきだということがわかりました。

花　：わぁ，いい経験をしましたね。あなたは①ア日常生活のささいなことでもリサイクルに関係していることを学びましたね。そういうことですか？

海斗：そうです。

陸　：言いたいことはわかります，海斗さん。でも，僕の考えでは，まずはペットボトルなしで生活していく方法を考えるべきだと思います。ペットボトルの飲み物を買わないなら，リサイクルについて考える必要さえもありません。３Ｒを覚えていますか？4(1)３Ｒの中で，「リデュース」が一番重要だと思います。「リユース」が次に重要で，「リサイクル」が最後の選択肢になるべきです。リサイクル後に，ペットボトルのほとんどは食品トレーや衣類などの別の製品になります。しかし，リサイクルのためにペットボトルをすべて回収することはできません。また，これらの製品のリサイクルを何度も繰り返すのは難しいそうです。だから，リサイクルは完璧ではありません。ペットボトルの使用をやめる方法を考えるべきです。例えば，僕たちは自分の水筒を使うことができます。ささいな変化のようですが，何かを始めることが大切です。

花　：ありがとうございます，陸さん。陸さんが言いたいのは②ウリサイクルをする前にどうやってペットボトルの使用をやめることができるかを考えるべきということですね？

陸　：そうです。

美香：陸さんの考えはわかります。でも，新しい技術のおかげで，私たちは古いペットボトルから新しいペットボトルを作ることができます。この方法は「B to B」，「Bottle to Bottle」と呼ばれています。研究によると，「B to B」のリサイクル率は依然として低いです。2020 年にはわずか 15.7%でした。でも，使用済みペットボトルから作るペットボトルの数は少しずつ増加しています。

花　：「B to B」についてよくわかりません。「B to B」について詳しく教えてくれますか？

美香：もちろんです。「B to B」には良い点がいくつかあります。例えば，4(2)ペットボトルはほぼ永遠に「資源」として使用できます。使用済みのペットボトルが新しいペットボトルを作る資源になるということです。ペットボトルのない生活を想像してみてください。生活していくのは難しいでしょう。5ウとても便利なので，たくさんの人が使用をやめることはないと思います。陸さんの考えではペットボトルの数はそれほど減らないだろうと思います。私たちはリサイクルのために小さなことから始めるべきです。だから3③エ私は海斗さんに賛成です。１つの方法として，ふたやラベルのないきれいなペットボトルをリサイクルセンターに送るべきです。

花　：ありがとうございます。ペットボトルのリサイクルについては③エ陸さんだけが違う意見だと思います。③エ陸さんはペットボトルごみの問題を解決する別の方法を説明しました。しかし，みなさんの考えは１つの点でほとんど同じだと思います。みなさんが言いたいことは自分たちのすることはささいなことかもしれないけど，④エ何ができるかを考えて行動することが重要だということですね？

〈*海斗，陸，美香は花の言葉にうなずいています*〉

花　：ありがとうございます。「すべての偉大なことにはささいな始まりがあります」今日はみなさんと話し合いができてうれしかったです。

【レポートの要約】

『リデュース』というのは本当に大事なことだと思いますが，今日はペットボトルのリサイクルについて色々な考えを学びました。美香さんは私たちに「B to B」と呼ばれる⑤方法(＝way)について話してくれました。使用済みのペットボトルが新しいペットボトルを作る資源になると知って驚きました。私は海斗さんからも多くのことを学びました。今では，リサイクルのために何か良いことをすべきだと思います。そうすれば，より多くのごみが資源⑥に変わります(＝turn into)。ペットボトルを上手に使って生活していく方法をもっと考えたいです。

5 1 「どれくらいの間それを読んでいるの？」という意味の文にする。現在完了進行形の疑問文〈How long have＋主語＋been＋~ing？〉の形にする。

2 「あなたにその写真を何枚か見せましょう」という意味の文にする。 ・show＋人＋こと/もの「(人)に(こと/もの)を見せる」

6 ① 朝美のメモの長所より，「商品を運ぶ必要がない」の部分を英語にする。

「～する必要はない」＝don't have to ～

② Kenjiのメモの短所より，「使い方を知らない」の部分を英語にする。「使い方」＝how to use

③ オンラインショッピングの長所についての自分の考えを答える。10語以上，20語以内で答えること。

(例文)「いつでもほしい商品を買うことができます」 「ほしい商品」は〈関係代名詞(＝which)と語句(＝we want)〉で後ろから名詞(＝goods)を修飾して表す。 「いつでも」＝at any time

《2023 理科 解説》

1 1(1) れき(直径2㎜以上)，砂(直径0.06㎜～2㎜)，どろ(直径0.06㎜以下)は粒の大きさで区別する。

(2) ア×…堆積岩ではなく火成岩である。 イ×…凝灰岩ではなく石灰岩である。 ウ×…石灰岩ではなく凝灰岩である。 エ○…石灰岩とチャートは生物の死骸が堆積してできた岩石である。チャートは石灰岩に比べてかたく，鉄のくぎで傷をつけることができない。

2(1) 光合成は葉緑体で行われる。葉緑体では，光のエネルギーを利用して，根から吸い上げた水と空気中からとりこんだ二酸化炭素を材料に，デンプンと酸素を作る。ふの部分は葉緑体がなく，また，アルミニウムはくでおおった部分は光が当たらないので，これらの部分では光合成が行われない。ヨウ素液をつけるとデンプンができている部分が青紫色に変化するので，葉緑体があり，光が当たる部分の色が変化しているイが正答となる。 (2) 昼と夜の図で，ともに行われている④が呼吸，昼だけ行われている③が光合成である。呼吸では，酸素を吸収し，二酸化炭素を排出するので，①は二酸化炭素，②は酸素である。光合成と呼吸の気体の出入りが反対になることを覚えておこう。

3(1) 〔$圧力(Pa)=\frac{力(N)}{面積(m^2)}$〕を使う。360g→3.6N，面積は0.06×0.06＝0.0036(m²)だから，$\frac{3.6}{0.0036}=1000(Pa)$となる。 (2) (1)の圧力を求める式より，圧力は面積に反比例することがわかる。プラスチックの板の1辺の長さを半分にすると，面積は$\frac{1}{2}\times\frac{1}{2}=\frac{1}{4}$(倍)になるので，圧力は4倍になる。

4(1) 固体が液体に変化するときの温度を融点，液体が気体に変化するときの温度を沸点という。 (2) 20℃のとき固体の状態にあるものは，融点が20℃よりも高いので，鉄とパルミチン酸である。

2 1 この実験ではだ液のはたらきを調べるので，B，Dのだ液以外の条件をA，Cと同じにする。

2 (1)Aとだ液以外の条件が同じBを比べる。 (2)Aと温度以外の条件が同じCを比べる。

3 デンプンを分解する消化酵素はアミラーゼ，タンパク質を分解する消化酵素はペプシン，トリプシン，脂肪を分解する消化酵素はリパーゼである。

4　ブドウ糖などの栄養分は小腸で吸収されて肝臓に運ばれるので，小腸から肝臓へ流れる血液が最も多くのブドウ糖を含んでいる。

5　脂肪の分解には消化液の胆汁とすい液中の消化酵素であるリパーゼが関わっている。なお，胆汁は脂肪の消化に関わるが，消化酵素は含まない。

6　脂肪酸とモノグリセリドは小腸の柔毛で吸収されて再び脂肪に戻り，リンパ管に入る。なお，ブドウ糖とアミノ酸は小腸の柔毛で吸収されて毛細血管に入る。

[3]　1　表より，硫酸亜鉛水溶液にマグネシウム板を入れると，マグネシウム板がうすくなり，亜鉛がマグネシウム板に付着することがわかる。これは，マグネシウムの原子が電子を２個失ってマグネシウムイオン〔Mg^{2+}〕になり，かわりに亜鉛イオン〔Zn^{2+}〕が電子を２個受け取って亜鉛原子になったからである。

2　硫酸銅水溶液に亜鉛やマグネシウムを入れると，赤色の物質(銅)が金属板に付着する。これは，亜鉛やマグネシウムの原子が電子を２個失って亜鉛イオン〔Zn^{2+}〕やマグネシウムイオン〔Mg^{2+}〕になり，かわりに銅イオン〔Cu^{2+}〕が電子を２個受け取って銅原子になったからである。水溶液中に銅イオンが少なくなると青色がうすくなる。

3　１より，マグネシウムは亜鉛よりもイオンになりやすさが大きく，２より，亜鉛やマグネシウムは銅よりもイオンになりやすさが大きいことがわかる。以上より，イオンになりやすさが大きい順にマグネシウム＞亜鉛＞銅となる。

4，6　実験２の亜鉛板では，亜鉛が電子を２個失って亜鉛イオンになる。電子は亜鉛板から銅板へ移動し，銅板では，銅イオンが電子を２個受け取って銅原子になって付着する〔$Cu^{2+} + 2e^- \rightarrow Cu$〕。電子が移動する向きは電流の向きと反対だから，銅板は＋極(亜鉛板は－極)で，電流の向きはaである。

5　硫酸銅水溶液100mLの質量は100×1.13＝113(g)だから，含まれる硫酸銅の質量は113×0.12＝13.56→14gである。

7　実験２では，＋極(銅板)側で水溶液中の銅イオン〔Cu^{2+}〕が減って，－極側で水溶液中の亜鉛イオン〔Zn^{2+}〕が増えて，電気的なかたよりが大きくなっていくと電子が移動しにくくなる。これを防ぐために，陽イオンの亜鉛イオン〔Zn^{2+}〕が亜鉛板側から銅板側へ移動し，陰イオンの硫酸イオン〔SO_4^{2-}〕が銅板側から亜鉛板側へ移動する。

[4]　2(1)　北極側から見た図では，月や地球は反時計回りに公転している。　(2)　図１の月は左側が少しだけ光っているので，図３で，地球から見る月の太陽の光が当たっている部分から，カと判断できる。なお，新月(キ)→三日月(約３日後)(ク)→上弦の月(約７日後)(ア)→満月(約 15 日後)(ウ)→下弦の月(約 22 日後)(オ)→新月(約 29 日後)の順に満ち欠けする。図１の太陽は地平線付近にあり，月の出は毎日少しずつ遅くなるので，図１の数日後には新月になると判断してカと答えることもできる。　(3)　太陽，地球，月の順に一直線にならび，地球のかげに月が入る現象を月食という。図３より，太陽，地球，月の順に一直線にならぶときの月の形は満月である。なお，日食は新月のときに起こることがある。

3　地球の自転と公転の向きは，いずれも北極側から見て反時計回りである。図１では，太陽が東の地平線から出る直前に金星が観測できたので，図４で地球から見て太陽の右側にあるエである。なお，イは日の入り後の西の空に見える金星の位置であり，ウは地球から見て太陽と同じ方向にあるので観察できない。

4　図４のように，金星は地球の内側を公転しているので，地球から見て太陽と反対側にくることがなく，日の出前の東の空か日の入り後の西の空でしか見ることができない。

5　観察３の図２のスケッチは，日の入り後の西の空に見える金星が，日ごとに大きくなっていく様子を示している。地球と金星の距離が近いほど大きく見えるので，観察３を行ったのは，図４で地球と金星の距離が近くなっていく(イからウに近づいている)時期だとわかる。このように金星の方が地球よりも太陽の周りをはやく回転するのは，地球の内側を公転する金星の公転周期が地球の公転周期よりも短いからである。図4で地球から見て太陽と金星の方向が近いほど，金星が観察できる時間は短くなる。

5 1 電流計は測定したい部分に直列に，電圧計は並列に接続する。

3 表より，電圧が 3.0Vのとき，Aの電流は 0.15Aである。〔抵抗(Ω)＝$\frac{電圧(V)}{電流(A)}$〕より，$\frac{3.0}{0.15}$＝20(Ω)となる。

4 表より，電圧が 3.0Vのとき，Bに流れる電流は 0.10Aだから，2より，Bに 5.0Vの電圧を加えたときの電流は 0.10×$\frac{5.0}{3.0}$＝$\frac{1}{6}$(A)である。よって，〔電力(W)＝電圧(V)×電流(A)〕，〔電力量(J)＝電力(W)×時間(s)〕，4分→240秒より，電力は5.0×$\frac{1}{6}$＝$\frac{5}{6}$(W)，電力量は$\frac{5}{6}$×240＝200(J)となる。

5 図2のような並列つなぎの回路では，AとBに加わる電圧はそれぞれ電源電圧と等しい。よって，電源電圧が表の電圧の値のとき，回路全体に流れる電流はA，Bそれぞれを流れる電流の和である。(電圧，電流)の値が(3.0，0.25)，(6.0，0.50)，(9.0，0.75)，(12.0，1.00)を通る直線のグラフをかく。

6 Bの電圧が 6.0Vのとき，Bと並列のAとCの電圧の和は 6.0Vである。また，表よりBの電流は 0.20A，回路全体を流れる電流は 0.30Aで，回路全体の電流は並列部分の電流の和だから，AとCの電流は 0.30－0.20＝0.10(A)となる。よって，AとCの抵抗の和は$\frac{6.0}{0.10}$＝60(Ω)となるので，Cの抵抗は60－20＝40(Ω)となる。

《2023 社会 解説》

1 1 十七条の憲法　聖徳太子は，家がらや身分にかかわらず能力に応じて，豪族を役人に取り立てる冠位十二階を制定し，取り立てた豪族に役人としての心構えを説くために十七条の憲法を制定した。

2 イ　班田収授法により，良民の男子には2段(約2300㎡)の口分田が与えられ，女子にはその3分の2，奴婢には良民男女のそれぞれ3分の1が与えられた。

3 ア→ウ→イ　ア(奈良時代前半)→ウ(平安時代初頭)→イ(平安時代中頃)　「古事記」は 712 年，「日本書紀」は 720 年に成立した。都が平安京に移された頃，仏教にも新しい動きがみられ，遣唐使とともに中国に渡った最澄と空海は，帰国後に天台宗(最澄)と真言宗(空海)を開いた。遣唐使が停止されると，それまでにもたらされた唐の文化をもとにして，大和絵・寝殿造・仮名文字など，日本の風土や生活に合った国風文化が発達した。

4 守護　源頼朝は，源義経の探索を名目として，朝廷に，国ごとに守護，荘園や公領ごとに地頭を設置することを認めさせた。守護は軍事・警察，御家人の統率，地頭は荘園・公領の管理，年貢の取り立てを担当した。

5 エ　石見銀山は島根県にある。アは佐渡金山，イは足尾銅山，ウは生野銀山の位置である。

7 ウ　ラクスマンの来航以降，ロシア・イギリスなどの船が日本の沿岸に近づくようになると，これを警戒した幕府は，伊能忠敬に蝦夷地の測量を，間宮林蔵らに蝦夷地や樺太の探索を命じた。

8 株仲間　同業者組織は，室町時代の座と江戸時代の株仲間を区別して覚えておきたい。田沼意次は株仲間を奨励し，水野忠邦は株仲間を解散させた。

9 ウ　伊藤博文と大久保利通は岩倉使節団に参加した。政府が 10 年後の国会開設を約束すると，板垣退助は自由党，大隈重信は立憲改進党を結成して国会開設に備えた。大隈重信は2度，伊藤博文は4度，内閣総理大臣になったことがある。以上のことから，アは板垣退助，イは大隈重信，ウは伊藤博文，エは大久保利通である。

10(1) 投票して選んだ議員で構成する衆議院　資料4から，投票する人を警察官が監視し，大勢の人が見物している様子がわかる。

第1回衆議院議員総選挙では，直接国税を15円以上納める満25歳以上の男子にだけ選挙権が与えられた。

(2) ア　権利章典では，国王は議会の承認なしに法律を停止できないこと，議会の中での言論の自由を認めることなどが定められ，イギリス立憲君主政の基本原則となった。人権宣言は 1789 年にフランスで，独立宣言は 1776 年にアメリカで，マグナ・カルタは1215年にイギリスで発表された。

11　イ→ウ→ア　　イ(1912 年)→ウ(1918 年)→ア(1925 年)　　藩閥や官僚を後ろだてにした桂太郎と立憲政友会総裁の西園寺公望の２人が交互に内閣を組織する桂園時代が続く中，第三次桂内閣が組閣すると，尾崎行雄や犬養毅らは，立憲政治に反するとして桂内閣打倒の運動を起こし，民衆の支持を集めた(第一次護憲運動)。米騒動の責任を取って寺内内閣が総辞職すると，立憲政友会の総裁である原敬を首相とする，本格的な政党内閣が成立した。1924 年，政党から閣僚を入れず，貴族院を中心に組閣した内閣が成立すると，第二次護憲運動が起こり，護憲派の政党の連立によって，加藤高明内閣が成立し，普通選挙法を制定した。

12　エ　　高度経済成長期は，1950 年代後半から 1973 年までの期間である。池田勇人内閣によって所得倍増計画が推し進められ，国民の所得が増える中で，白黒テレビ・洗濯機・冷蔵庫の三種の神器が普及し，その後，カラーテレビや自動車が広まった。

2　1(1)　イ　　インドネシアを通る緯線が緯度０度の赤道で，緯線は 15 度ごとに引かれていることから，緯線Ｘは北緯 45 度線である。ニューヨークがおよそ北緯 40 度であることや，アメリカとカナダの間に引かれた直線的な国境線が北緯 49 度線であることを覚えていれば，イと判断することができる。

(2)　ウ　　右図は，地球をＰ，Ｑを通る緯線と中心を通る平面で切った断面である。Ｐの緯度は北緯 30 度，Ｑの緯度は南緯 15 度だから，Ｐ，Ｑの緯度差は 30＋15＝45(度)である。地球の周囲の長さが 40000 kmだから，Ｐ－Ｑ間の実際の距離は，$40000\times\frac{45}{360}=5000$(km)になる。

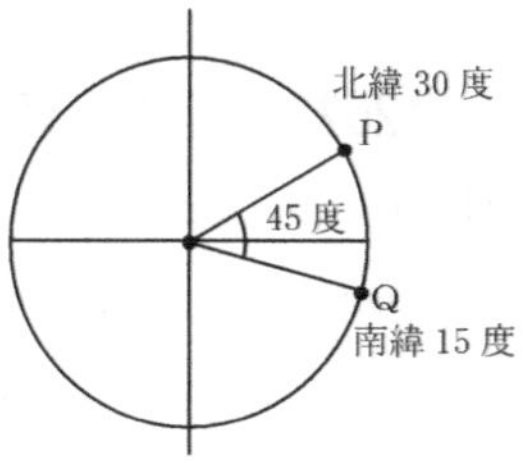

2　エ　　英語とドイツ語はゲルマン系言語，ロシア語はスラブ系言語である。

3　ＥＵ　　1993 年にマーストリヒト条約が発効し，ヨーロッパ共同体(ＥＣ)がヨーロッパ連合(ＥＵ)となった。

4　エ　　地中海性気候は，１年を通して比較的温暖で夏に乾燥し，冬に雨が降るのが特徴だから，エが適当である。

5　ア　　オーストラリアは，人口が少なく面積は広いので，人口密度は極端に小さくなる。イはアメリカ，ウは中国，エは日本。

6　ウ　　オーストラリアの輸出総額に占める日本への輸出額の割合は，310÷2519×100＝12.3…より，12%である。また，日本がオーストラリアとブラジルから輸入している鉱産資源は鉄鉱石である。石油は，サウジアラビアをはじめとする西アジア諸国からの輸入が多い。

7　アルプス　　北から順に位置する，飛騨山脈(北アルプス)，木曽山脈(中央アルプス)，赤石山脈(南アルプス)を合わせて日本アルプスという。

8　ア　　中京工業地帯の工業生産額の内訳の特徴は，他の工業地帯・工業地域に比べて機械の割合が高いことである。イは阪神工業地帯，ウは京浜工業地帯である。

9　輪島市の雨温図を見ると，冬の降水量が多い日本海側の気候であることがわかる。日本海側では，冬の北西季節風が，暖流の対馬海流上空で大量の水蒸気をふくみ，雪雲となって日本海側の山地を越える前に大雪を降らせる。

10　抑制　　成長を早める促成栽培と合わせて覚えておきたい。

11　政令指定　　全国にある政令指定都市は，札幌市・仙台市・さいたま市・千葉市・川崎市・横浜市・相模原市・新潟市・静岡市・浜松市・名古屋市・京都市・大阪市・堺市・神戸市・岡山市・広島市・福岡市・北九州市・熊本市の 20 市ある。

3　1　イ　1980 年代後半から 1991 年までがバブル期，1991 年からがバブル崩壊にあたる。石油危機は 1970 年代，世界金融危機は 2007 年～2010 年，アメリカ同時多発テロは 2001 年。

3　ウ　旅館業法や消防法によって，民泊は難しかったが，民泊新法が成立して規制緩和が進み，一般市民が住宅を活用して宿泊場所を提供することができるようになった。

4　歌舞伎　出雲の阿国がはじめたかぶき踊りは女性によるものであったが，江戸時代になると男性による歌舞伎にかわっていった。

5　公衆衛生　社会保障制度の四つの柱については右表を参照。

社会保険	社会福祉	公衆衛生	公的扶助
医療保険 年金保険 雇用保険 労災保険 介護保険など	児童福祉 母子福祉 身体障がい者福祉 高齢者福祉など	感染症予防 予防接種 廃棄物処理 下水道 公害対策など	生活保護 （生活・住宅・教育・医療などの扶助）
加入者や国・事業主が社会保険料を積み立て，必要なときに給付を受ける	働くことが困難で社会的に弱い立場の人々に対して生活の保障や支援のサービスをする	国民の健康増進をはかり，感染症などの予防をめざす	収入が少なく，最低限度の生活を営めない人に，生活費などを給付する

6(1)　地方自治　「住民自身によって運営」することを自治ということから考える。

(2)　ア　有権者が 40 万人以下の自治体において，条例の制定・改廃の請求を行うには，有権者数の 50 分の 1 以上の署名を集めて，首長に請求するから，$240000 \times \frac{1}{50} = 4800$(人)分の署名が必要である。　(3)　秘密　選挙の原則には，一人一票とする平等選挙の原則，誰が誰に投票したかを明らかにする必要がない秘密選挙の原則，一定の年齢に達したすべての国民に選挙権が与えられる普通選挙の原則，有権者が候補者に対して直接投票する直接選挙の原則がある。

7　エ　1 ドル＝80 円と 1 ドル＝120 円では，1 ドル＝120 円の方が円安になっていて，1200 ドルを日本円と交換すると，1200×120＝144000(円)になる。次にグラフから，2012 年が円高，2015 年が円安の時期であることが読み取れる。アメリカから日本へ旅行するときには，円安の方が多くの日本円と交換できるから，f には 2015 年があてはまる。

8(1)　消費者契約法　消費者を保護するために，不当な勧誘行為によって結ばれた契約の取り消し，不当な契約条項の無効，消費者団体による差止請求などを定めた消費者契約法が成立した。　(2)　ウ　昔に比べて，正規労働者の数とその割合は減り，非正規労働者の数とその割合は増えていて，年間総労働時間も減少している。

(3)　貸し出し金利の方が，預金金利より高いことが書かれていて，その差が利益となっていることが書かれていればよい。

9　パリ協定　京都議定書では，先進国だけに温室効果ガスの排出削減を求めたが，パリ協定では，すべての国に温室効果ガスの排出削減目標の設定を義務付けている。

2022 解答例　令和４年度　岐阜県公立高等学校

《2022　国語　解答例》

一　①と　②しょうあく　③いまし　④びみょう　⑤いしょう　⑥染　⑦操縦　⑧郷里　⑨貯蔵　⑩幹

二　問一．ウ　問二．イ　問三．エ　問四．怒ったりあきれたりしているのではないかと思い、謝ろうにも、どのように声を掛ければよいかわからなかった　問五．A．いつもよりかは早く起きた　B．半分は達成できた

三　問一．エ　問二．ア　問三．本能で行動しているだけだが、人間は行為を選ぶ自由　問四．イ　問五．ア　問六．ウ

四　問一．ウ　問二．右漢文　問三．A．岸のほとり　B．水の深さにも勝る

不レ及バ汪倫送ルノ我ヲ情ニ

五　問一．いただき

問二．（例文）

私は標語Aを掲示するのがよいと思う。

なぜなら、「積極的に掃除に取り組むことを呼びかける標語」なので、声をかける、みんなで協力するということではなく、一人一人が掃除の大切さを自覚して一生懸命に取り組むことを呼びかける方がふさわしいと思うからだ。

《2022　数学　解答例》

1　(1)14　(2)$-5x+4y$　(3)100　(4)$\frac{11}{36}$　(5)$\begin{cases} x=2 \\ y=-3 \end{cases}$　(6)$36\sqrt{3}$

2　(1)$x=\frac{1\pm\sqrt{33}}{2}$　(2)(ア)７　(イ)－８

3　(1)20　(2)1.9　(3)４

4　(1)ア．16　イ．８　(2)(ア)x^2　(イ)$-4x+32$　(3)右図

(4)３，5.75

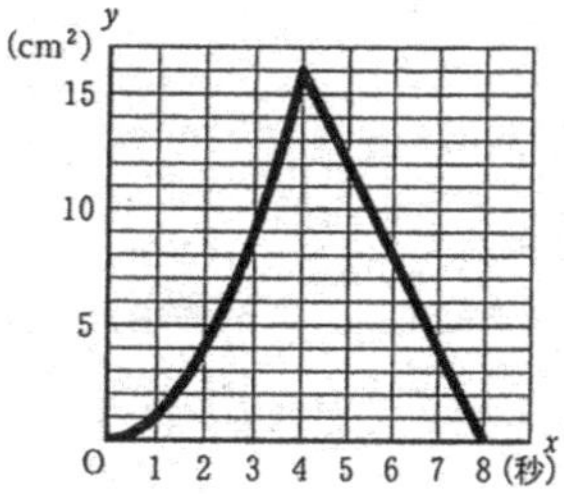

5　(1)△ＡＢＤと△ＣＢＥで，

仮定から，∠ＡＢＤ＝∠ＣＢＥ…①

対頂角は等しいので，∠ＡＤＢ＝∠ＣＤＥ…②

△ＣＤＥは二等辺三角形だから，∠ＣＤＥ＝∠ＣＥＢ…③

②，③から，∠ＡＤＢ＝∠ＣＥＢ…④

①，④から，２組の角がそれぞれ等しいので，△ＡＢＤ∽△ＣＢＥ

(2)(ア)$\frac{10}{3}$　(イ)$\frac{16}{5}$

6　(1)(ア)９　(イ)21　(2)ア．n^2　イ．$(n-1)^2$　ウ．$2n-1$　エ．n^2-n+1　(3)(ア)91　(イ)1729

《2022　英語　解答例》

1　1．(1)ア　(2)ア　(3)エ　(4)エ　(5)イ　　2．(1)①history　②clean　③popular　(2)エ

2　1．nothing　　2．ウ　　3．(1)ウ　(2)イ

3　1．ア　　2．shorter　　3．イ

4　1．イ　　2．ア　　3．エ　　4．ウ　　5．(1)Yes／did　(2)relaxed／nervous　　6．イ　　7．③voice　④cut

5　1．is／there／anything／I／can　　2．know／when／it／was／built

6　①I have been interested in　　②read books for children in the library　　③（Aの例文）A　because there is a lot of trash in the park.　（Bの例文）B　because I like children and I'm good at reading books for them.

《2022　理科　解答例》

1　1．(1)イ　(2)ア　　2．(1)太陽系　(2)エ　　3．(1)ウ　(2)イ　　4．(1)0.91　(2)カ

2　1．食物網　　2．エ　　3．A　　4．実験結果が微生物の影響であるかどうか明らかでないから。

5．(1)光合成　(2)生産　(3)菌　　6．生態系

3　1．二酸化炭素　　2．質量保存　　3．$NaCl+H_2O+CO_2$

4．ウ　　5．右グラフ　　6．1.13　　7．(1)イ　(2)ウ

4　1．斑状組織　　2．ア　　3．エ　　4．イ　　5．ア，ウ　　6．ア

5　1．2.5　　2．エ　　3．0　　4．0.2　　5．27　　6．(1)ア　(2)ウ

7．ア

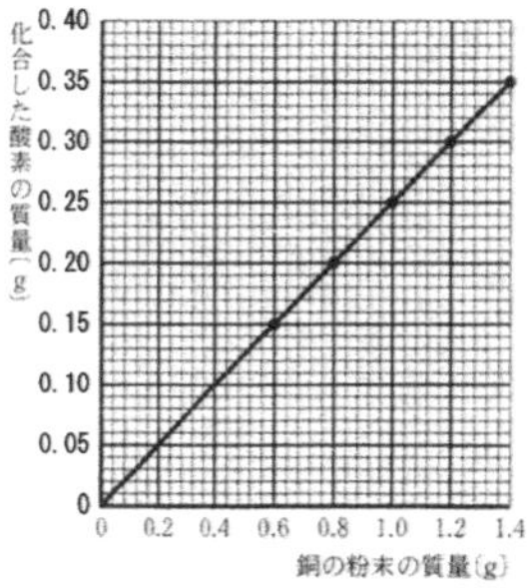

《2022　社会　解答例》

1　1．イ　　2．天平　　3．足利義満　　4．二毛作　　5．(1)刀狩　(2)ウ　　6．武家諸法度　　7．ア

8．(1)エ　(2)ウ　　9．(1)米の買いしめから，米の価格が上がった　(2)イ　　10．イ→ア→ウ

2　1．ウ　　2．環太平洋　　3．エ　　4．ア　　5．寒帯　　6．エ　　7．(1)南東　(2)平安京

8．(1)リアス(式)　(2)ウ　(3)イ　　9．赤道より南にあり，日本と季節が反対になる

3　1．イ　　2．生存　　3．ウ　　4．イ　　5．エ　　6．為替　　7．(1)立法　(2)任期が短く，解散があることから，国民の意見を反映しやすい　(3)ア　　8．(1)ＯＤＡ　(2)国際人権規約　　9．クーリング・オフ

10．ア

《2022　国語　解説》

二　**問一**　傍線部1の「すぐ」は副詞。副詞は自立語(＝単独で文節になる)で活用がなく、他の文節を修飾(主に連用修飾)する。ここでは「起きたのに」を修飾している。　ア.「静かな」は、形容動詞「静かだ」の連体形。物事の性質・状態を表し、「だろ／だっ・で・に／だ／な／なら／○」と活用する。ここでは「環境で」を修飾している。イ.「まで」は助詞。動作・作用の及ぶ時間的、空間的終点を表す。助詞は付属語なので、文節「暮れるまで」の一部。　ウ.「そっと」は副詞。活用がなく、ここでは「出る」を修飾している。　エ.「早い」は形容詞「早い」の連体形。物事の性質・状態を表し、「かろ／かっ・く／い／い／けれ／○」と活用する。ここでは「時間に」を修飾している。　よってウが適する。

問二　雪乃《ゆきの》は「慌ててパジャマのまま台所へ飛んで」きて、「シゲ爺《じい》は？」とヨシ江に聞いた。ヨシ江から「(シゲ爺は)さっき出かけてっただわ」と聞き、雪乃は「ほんのちょっと声をかけてくれたらすぐ起きたのに、どうして置いていくのか」と不満を感じた。「どうして起こしてくんなかったの？　昨日あたし、一緒に行くって言ったのに」と、ヨシ江にいらだちをぶつけた。しかし、ヨシ江から雪乃を起こさなかった理由とシゲ爺の言葉を聞くと、起こしてもらうことを当然と思っていた自分の言動の無責任さに気づき、後悔した。そして少しでも早くシゲ爺のいる畑に行こうとした。よってイが適する。

問三　雪乃は、「よその家の納屋に明かりが灯《とも》っている。どこかでトラクターのエンジン音が聞こえる」などの周囲の農家の様子から、「農家の朝はとっくに始まっているのだ」と判断し、「のんびりしてはいられないと思い直し」て、「やっぱり走り出した」。よってエが適する。

問四　傍線部4の4行前に「ヨシ江はあんなふうに言ってくれたけれど」とあるのは、「爺やんは怒っちゃいねえ」と、その根拠としてあげた、「雪ちゃんが後からちゃーんと行くって、爺やんにはわかってただわい。いつもは出がけになーんも言わねえのに、今日はわざわざ『ブドウ園の隣の畑にいるだから』って言ってっただもの」を指している。雪乃はヨシ江からこのように言われても、「ほんとうに茂三は怒っていないだろうか。少なくとも、すごくあきれているんじゃないだろうか」と不安になってきた。だから、「『シ(ゲ爺)……。』と張りあげかけた声を飲みこ」み、「謝ろうにも、この距離ではどんなふうに切り出せばいいかわからない」ので、「立ち尽くしたままためらってい」たのだ。

問五　シゲ爺の発言の「堂々と胸張ってりゃいいだわい」が［　　　］内の「誇りに思えばよい」に当たることを押さえる。雪乃の行動を否定的に捉えると、「半分しか達成できなかった」になるが、シゲ爺は「半分は達成できた」と肯定的に捉えてくれた。雪乃はそんなシゲ爺のことを「改めて大好きだと思った」。それまでは「落ち込んでいた」雪乃だったが、シゲ爺の言ってくれたように、肯定的に捉えようと素直に思うことができて、頷《うなず》いたのだ。

三　**問一**　第2段落の「われわれはなにも行為しないでは一日も過ごすことができません。いや少し極端にいうならば、一瞬たりとも、行為しないではいられないのです」と、第3段落の「『何もしないで、ブラブラしていた』ということが、すでに一つの行為なのです。なぜなら、その人はブラブラしないで、なにか仕事をすることもできたはずだからです」が、エとほぼ一致する。

問二　「動詞の連用形＋助詞『て』(動詞が音便形の場合は『で』) ＋補助動詞『みる』」の「みる」は、「見る」「観る」などの本来の動詞の意味を失い、上の動詞(考える)に「ためしに行う」という補助の意味を添えているので、補助動詞である。文節「考えて」と「みる」は補助の関係なので、アが適する。

問三　直前の「われわれは日常行っている一つ一つの行為を、すべてみずからの自由によって決断し、選んでいるのです」と、直後の「人間以外の動物はただ本能によって行動しているだけで、自由によってその行動を選んでいるわけではありません」を簡潔にまとめる。述べる順番が本文と逆になっていることに注意する。

問四　「択」は七画。　ア．「版」は八画。　イ．「防」は七画。こざとへんは三画。　ウ．「衣」は六画。明朝体だと二画のように見える「はね」の部分はつながっている。　エ．「母」は五画。　よってイが適する。

問五　前の３段落の内容(特に第 12 段落の内容)が、アとほぼ一致する。

問六　第８・９段落で、人間は自由の中で行為を選ばなければならない、ということを述べたあと、第 10・11 段落では「自分の行為を選ぶための原理」という異なる視点を示し、筆者の主張を明確にしようとしている。よってウが適する。

四　**問一**　四句から成るのが絶句《ぜっく》、八句から成るのが律詩《りっし》。一句の字数によって五言《ごごん》と七言《しちごん》がある。よってウの「七言絶句」が適する。

問二　「及ばず」(「不及」)と「我を送るの」(「送我」)は、一字下から上に戻って読むので、この二か所にレ点をつける。

問三Ａ　別れを惜しんで歌った場所は「岸上」(＝「岸のほとり」)である。　**Ｂ**　漢詩の傍線部は「桃花潭《とうかたん》の水はとても深い　それでも汪倫《おうりん》が私を送ってくれる情の深さには及ばない」という内容である。□内の文章は、「汪倫の友情の深さは」なので、桃花潭の水の深さにも勝る(「及ばない」の逆)と答える。

【漢詩の内容】

汪倫に贈る

李白《りはく》は舟に乗って(今や)出発しようとしていた

ふと(その時)岸のほとりで足を踏み鳴らし拍子をとって歌う声を聞いた

(この)桃花潭の水は(千尺もあると言われるほど)とても深い

それでも(その深さは)汪倫が私を送ってくれる情の深さには及ばない

《2022　数学　解説》

1　(1)　与式$=6+8=14$

(2)　与式$=-3x+3y-2x+y=-5x+4y$

(3)　与式$=(x+y)^2$　　ここで，$x=5+\sqrt{3}$，$y=5-\sqrt{3}$を代入すると，$(5+\sqrt{3}+5-\sqrt{3})^2=10^2=100$

(4)　**【解き方】表にまとめて考える。**

２個のさいころを同時に投げるときの目の出方は全部で，$6\times6=36$(通り)

そのうち，積が５の倍数となるのは，右表の○印の 11 通りだから，求める確率は，$\frac{11}{36}$である。

		2個目					
		1	2	3	4	5	6
1個目	1					○	
	2					○	
	3					○	
	4					○	
	5	○	○	○	○	○	○
	6					○	

(5)　$5x+2y=4$…①，$3x-y=9$…②とする。

①＋②×２でyを消去すると，$5x+6x=4+18$　　$11x=22$　　$x=2$

①に$x=2$を代入すると，$5\times2+2y=4$　　$2y=-6$　　$y=-3$

(6)　立面図は１辺が６cmの正三角形だから，右のように作図すると，３辺の長さの比が$1:2:\sqrt{3}$の直角三角形が２つできる。よって，正四角すいの高さは，$6\times\frac{\sqrt{3}}{2}=3\sqrt{3}$(cm)

よって，底面積が$6\times6=36$(cm²)だから，体積は，$\frac{1}{3}\times36\times3\sqrt{3}=36\sqrt{3}$(cm³)

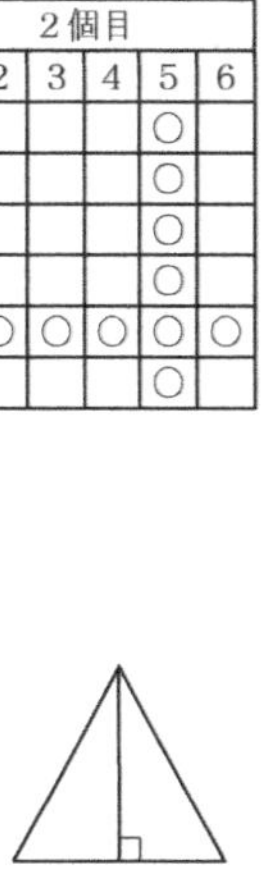

2 (1) $x^2+ax-8=0$にa＝−1を代入すると，$x^2-x-8=0$

2次方程式の解の公式より，$x=\dfrac{-(-1)\pm\sqrt{(-1)^2-4\times1\times(-8)}}{2\times1}=\dfrac{1\pm\sqrt{33}}{2}$

(2)(ア) $x^2+ax-8=0$に$x=1$を代入すると，$1^2+a\times1-8=0$　$a=7$

(イ) $x^2+ax-8=0$にa＝7を代入すると，$x^2+7x-8=0$　$(x+8)(x-1)=0$　$x=-8,\ 1$

よって，他の解は$x=-8$である。

3 (1) 求める人数は，$4+5+5+2+3+1=20$(人)

(2) 平均値は，(度数の合計)÷(人数)＝$(1\times5+2\times5+3\times2+4\times3+5\times1)\div20=38\div20=1.9$(回)

(3) **【解き方】花子さんを含めた21人の中央値について，まず考える。**

21人の中央値は，$21\div2=10$余り1より，記録を大きさ順に並べたときの11番目の記録である。20人の記録では，1回以下が$4+5=9$(人)，2回以下が$9+5=14$(人)いるので，花子さんの記録が何回でも，21人の中央値は2回であることがわかる。よって，21人の平均値も2回なので，21人の記録の合計は，$2\times21=42$(回)

花子さんを除く20人の記録の合計は38回だから，求める回数は，$42-38=4$(回)

4 (1) $x=4$のとき，Pは$2\times4=8$(cm)，Qは4cm移動するから，PはB上，QはD上にある。

よって，$y=\dfrac{1}{2}\times8\times4=16$(㎠)だから，ア＝16

$x=6$のとき，Pは$2\times6=12$(cm)，Qは6cm移動する。このとき，AP＝$8\times2-12=4$(cm)で，QはDC上にあるから，△APQは底辺をAP＝4cmとすると，高さがAD＝4cmとなる。

よって，$y=\dfrac{1}{2}\times4\times4=8$(㎠)だから，イ＝8

(2) **【解き方】それぞれの変域について，P，Qがある位置に注目する。**

図 i

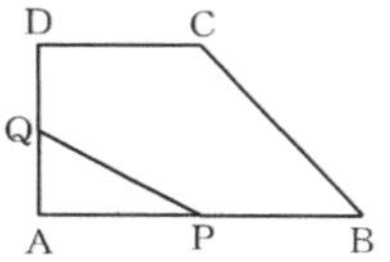

図 ii

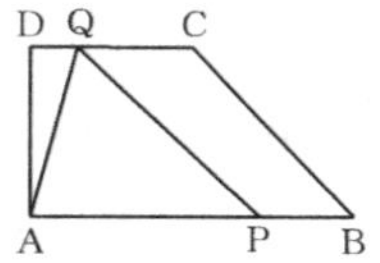

x秒後，Pは$2x$cm，Qは$x$cm移動する。

$0\leqq x\leqq4$のとき，図 i のようにPはAB上，QはAD上にあり，AP＝$2x$cm，AQ＝$x$cm だから，$y=\dfrac{1}{2}\times2x\times x$より，$y=x^2$

$4\leqq x\leqq8$のとき，図 ii のようにPはAB上，QはDC上にある。

△APQは，底辺をAP＝$8\times2-$(Pの移動した距離)$=16-2x$(cm)とすると，

高さがAD＝4cmとなるので，$y=\dfrac{1}{2}\times(16-2x)\times4$より，$y=-4x+32$

(3) $0\leqq x\leqq4$のときの式は$y=x^2$なので，グラフは放物線であり，

$x=1,\ 2,\ 3,\ 4$のときのyの値はそれぞれ，$y=1,\ 4,\ 9,\ 16$となるから，(0，0)(1，1)(2，4)(3，9)(4，16)を通る放物線をかく。

$4\leqq x\leqq8$のときの式は$y=-4x+32$なので，グラフは直線であり，$x=4,\ 8$のときのyの値はそれぞれ，$y=16,\ 0$となるので，(4，16)(8，0)を通る直線をかく。

(4) **【解き方】△APQの面積と台形ABCDの面積の比が$3:(3+5)=3:8$となればよい。台形ABCDの面積は，$\dfrac{1}{2}\times(4+8)\times4=24$(㎠)だから，△APQ＝$24\times\dfrac{3}{8}=9$(㎠)となるのが何秒後になるかを考える。$0\leqq x\leqq4$のときと，$4\leqq x\leqq8$のときで場合わけをする。**

$0\leqq x\leqq4$のとき，$y=x^2$の式に$y=9$を代入すると，$9=x^2$　$x=\pm3$　$0\leqq x\leqq4$だから，$x=3$

$4\leqq x\leqq8$のとき，$y=-4x+32$に$y=9$を代入すると，$9=-4x+32$　$4x=23$　$x=5.75$

これは$4\leqq x\leqq8$だから，条件に合う。よって，求める時間は，3秒後と5.75秒後である。

5 (1) まず，問題文の仮定を図にかきこんで，証明のために必要な条件を探そう。条件が足りない場合は，問題の内容に応じて，図形の性質，平行線の同位角・錯角，円周角の定理などからわかることもかきこんでみよう。

(2)(ア)　**【解き方】△ＡＢＤ∽△ＣＢＥで，相似比はＡＢ：ＣＢ＝４：５になることを利用する。**

ＡＤ：ＣＥ＝４：５でＣＥ＝ＣＤだから，ＡＤ：ＣＤ＝４：５　　$CD=CA\times\frac{5}{4+5}=6\times\frac{5}{9}=\frac{10}{3}$(cm)

よって，$CE=CD=\frac{10}{3}$cm

（イ）　**【解き方】△ＣＤＥの面積をＳとして，△ＡＢＤの面積をＳの式で表す。その際，高さの等しい三角形の面積比は，底辺の長さの比に等しいことを利用する。**

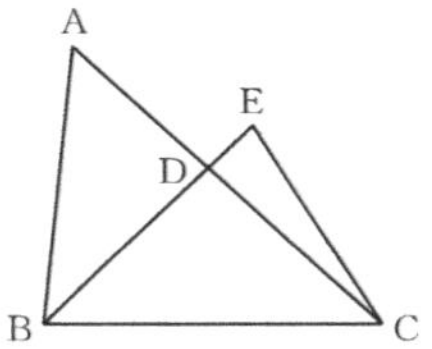

(ア)よりＢＤ：ＢＥ＝４：５だから，ＢＤ：ＤＥ＝４：(５－４)＝４：１

△ＣＢＤ：△ＣＤＥ＝ＢＤ：ＤＥ＝４：１だから，△ＣＢＤ＝４△ＣＤＥ＝４Ｓ

△ＡＢＤ：△ＣＢＤ＝ＡＤ：ＣＤ＝４：５だから，$\triangle ABD=\frac{4}{5}\triangle CBD=\frac{4}{5}\times 4S=\frac{16}{5}S$

したがって，△ＡＢＤの面積は△ＣＤＥの面積の$\frac{16}{5}$倍である。

6 (1)　５回目の作業後の結果は右のようになる。５回目の作業で新たに書く自然数は，色付き部分の９個ある。また，正方形の右下に書く自然数は，21 である。

1	4	9	16	25
2	3	8	15	24
5	6	7	14	23
10	11	12	13	22
17	18	19	20	21

(2)　ｎ回目の作業で書く最も大きい自然数は，右上の数である。これは，１回目が１，２回目が$4=2^2$，３回目が$9=3^2$，…となるので，ｎ回目は$_{ア}\underline{n^2}$となる。

また，(ｎ－１)回目の作業で書く最も大きい自然数は$_{イ}\underline{(n-1)^2}$であるから，ｎ回目の作業では，新たに$n^2-(n-1)^2=n^2-(n^2-2n+1)=_{ウ}\underline{2n-1}$(個)の連続した自然数を書くことになる。

ｎ回目の作業で正方形の右下に書く自然数は，(ｎ－１)回目の作業で書く最も大きい自然数(右上に書く自然数)よりもｎだけ大きいから，$(n-1)^2+n=n^2-2n+1+n=_{エ}\underline{n^2-n+1}$である。

(3)(ア)　(2)より，n^2-n+1にｎ＝10 を代入して，$10^2-10+1=91$

（イ）　**【解き方】10 回目に書く自然数は連続した整数の列となる。この数列を２つ用意して大小を入れかえて筆算を使って足すときのことを考える。**

９回目，10 回目の作業について，右上に書く自然数はそれぞれ，$9^2=81$，$10^2=100$ だから，10 回目に新たに書く自然数は，82 から 100 までの $2\times10-1=19$(個)の連続した自然数となる。

82 から 100 までの連続する整数の列を２つ使って右のような筆算が書けるから，82 から 100 までの連続する整数の和は，$\frac{182\times19}{2}=1729$

82＋ 83＋ 84＋……＋100
＋) 100＋ 99＋ 98＋……＋ 82
182＋182＋182＋……＋182

《2022　英語　解説》

1 1(1)　I like music ....「私は音楽が好きです…」，I put it in a case when I carry it outside.「外に持ち出すときはケースに入れます」を聞き取る。アが適切。

(2)　Turn right at the hospital ....「病院のところを右に曲がってください…」，When you get to the supermarket, turn left ....「スーパーマーケットに着いたら左に曲がってください…」より，アが適切。

(3)　【放送文の要約】参照。

【放送文の要約】

店員　　：何かお手伝いしましょうか？
エミリー：お願いします。テニスシューズを探しています。
店員　　：かしこまりました。何色がお好きですか？
エミリー：白が好きです。
店員　　：では，こちらの白いものはいかがでしょうか？

エミリー：わぁ，素敵ですね！デザインも気に入りました。

店員　　：それでは，エサイズはいかがいたしましょうか？

⑷　【放送文の要約】参照。

【放送文の要約】

こんにちは，エロンドン行き 753 便へようこそ。当機は間もなく離陸いたします。エロンドンは今，雨が降っていますが，到着するころは曇りでしょう。エロンドンまでの飛行時間は 12 時間 10 分です。フライト中に機内食と飲み物をお持ちいたします。 何かお困りでしたら，スタッフにお申し付けください。楽しいフライトをお過ごしください。ありがとうございました。

⑸　【放送文の要約】参照。ア「タクヤは青と緑が好きだから，×マキは青い星のついた緑のタオルを買いました」　イ○「真紀はトムと話す前にタクヤが青と緑が好きだと知っていました」　ウ「トムはまだプレゼントを買っていませんが，×青いかばんを買うつもりです」　エ「タクヤが週末にサッカーをするので，トムは×タオルを買うつもりです」

【放送文の要約】

真紀：タクヤの誕生日が近づいてきているわね。

トム：そうだね，真紀。僕は明日，彼にかばんを買うつもりだよ。一緒に彼に何か買わない。

真紀：実は先週末，タオルを買ったの。彼は青と緑が好きだから，私は緑の星のついた青いタオルを選んだわ。

トム：わあ，サッカーをするときに使えるかもしれないね。青と緑が好きな色だと分かったから，緑のかばんを買うよ。

真紀：プレゼントを気に入ってくれるといいわね。

トム：きっと気に入るよ。

2　【放送文の要約】参照。

⑴①　「ベーカー先生は大学で何を勉強しましたか？」…日本の文化や歴史（＝history）である。　②　「なぜベーカー先生は日本の学校生活に驚いたのですか？」…生徒たちが毎日教室を掃除をする（＝clean）ことに驚いた。

③　「ベーカー先生によると，英語を上達させる良い方法は何ですか？」…英語でわくわくするような映画を見たり，流行（＝popular）の音楽を聴いたりすることである。

⑵　ア「ベーカー先生は×生徒が日本の多くの寺を訪問することを願っています」　イ「ベーカー先生は×日本に滞在したことがあるので，日本についてよく知っています」　ウ「ベーカー先生は，ニューヨークでは約×50 の言語が話されていると言っています」　エ○「ベーカー先生は生徒たちに，他の言語を学ぶのは楽しいと言っています」

【放送文の要約】

こんにちは，みなさん。私の名前はビル・ベーカーです。３週間前に日本に来ました。みなさんにお会いできてとてもうれしいです。私はアメリカ最大の都市ニューヨーク出身で，世界中から来た人々がそこに住んでいます。ニューヨークでは約 500 の言語が話されているそうです。人気のスポットがたくさんあって，たくさんの人が訪れます。

私は日本に来るのは初めてです。⑴①大学で日本の文化や歴史を勉強していたので，日本のお寺をたくさん訪れてみたいです。日本の伝統的なスポーツもやってみたいです。この学校には剣道部があるそうなので，生徒たちと剣道の練習をすることにわくわくしています。日本の学校生活についてはまだよく知らないのですが，⑴②みなさんが毎日教室を掃除することに驚いています。ふつうアメリカの生徒はしません。

みなさんに英語を教えるのを楽しみにしています。私たちはコミュニケーションのために言語を使っていると思います。⑵エ私はみなさんに他の言語を学ぶのは楽しいということを伝えたいです。だから恥ずかしがらずに，お互いに英語で話そうとしてください。⑴③わくわくするような映画を見たり，流行の音楽を英語で歌ったりすることは楽しいだけでなく，英語を上達させる良い方法でもあります。私と一緒に楽しく英語を学んでください。

2　1　直前のシンの質問「次の土曜日は空いている？」に対する返答である。その後の話の流れで，一緒にコンサートに行くことになったので，「その日は何もすることがないわ」＝I have nothing to do on that day. とする。

2　[　　]の直後からどの日本の歌を歌うか相談しようという話が続くので，ウ「それで私は君たちと一緒に日本の歌を歌いたいです」が適切。

3⑴　「最初，カナはどんな特別なイベントに参加したいと思いましたか？」…カナの最初の発言より，カナはパンダが好きだからイベントに参加したかったことがわかる。掲示物の【Special Events】の１つ目の・より，ウ「赤ちゃんパンダと写真を撮ること」が適切。　⑵　「彼女たちはいつ話をしていますか？」…ホワイトさんとカナの２回目の発言と【Special Events】より，この日は乗馬ができるので週末(土，日のどちらか)であることと，パンダとゾウのイベントが開催されないので日曜日ではないことがわかる。よってイ「土曜日に」が適切。

3　【本文の要約】参照。

1　第２段落３～６行目より，Aが中国，Bがアメリカ，Cがドイツ，Dが日本である。

2　表より，睡眠時間が６時間未満の人の割合は 2015 年が最も大きく，７時間より長い人の割合は 2015 年が最も小さいので，日本人の睡眠時間は短くなっている(＝shorter)ことがわかる。

3　ア×「真衣は５か国の中で中国人の睡眠時間が最も短いことに驚いています」…本文にない内容。　イ○「真衣は特に若いときにはもっと長く眠る必要があると言っています」　ウ×「真衣は眠ることよりテレビを見たりインターネットを使うことの方が大切だと考えています」…本文にない内容。　エ×「真衣は 2007 年から 2015 年までの×５か国の人々の睡眠時間を示す表を使っています」

【本文の要約】

みなさんの中には，眠れないときに羊の数を数える人がいるかもしれません。なぜだかわかりますか？「羊(＝sheep)」と「睡眠(＝sleep)」の発音が似ているので，羊を数えるのは良い睡眠をとる方法のひとつなのかもしれません。睡眠は私たち全員にとって重要です。私たちは眠らないと生きていけません。しかし，多くの日本人は，できるならもっと眠りたいと言っています。日本や世界中の人々は何時間眠っているのでしょうか？

グラフを見てください。これは 2018 年の日本と他の４か国の平均睡眠時間です。日本人の平均睡眠時間は７時間 22 分です。睡眠時間は７時間で十分だと思うかもしれませんが，グラフを見るととても短いことがわかります。グラフによると，1中国人が１番長く，インド人はアメリカ人と同じくらい長く眠っています。ドイツ人はこれらの３か国よりも短いですが，私たちよりも１時間ほど長く眠っていることに驚きました。

では表を見てください。これは，2007 年，2011 年，2015 年の日本人の平均睡眠時間です。この表から何がわかりますか？2007 年には，約３分の１の人が７時間以上眠っています。しかし，2015 年には睡眠時間が６時間未満である人が 40%近くに達し，７時間以上眠る人は４分の１程度に過ぎません。日本では以前より眠る時間が①短くなった(＝shorter)人が増えたということです。

みなさんは夜遅くまでテレビを見たり，インターネットをしたりしているかもしれません。でも，特に若いときはもっと眠らないといけません。 睡眠は体だけでなく心にとっても重要です。私たちの体と心をより活発にするために，今夜はもっと早くベッドに行って羊を数えましょう。

4【本文の要約】参照。

1　Aは第２段落，Bは第４段落，Cは第３段落に書かれている内容の絵である。

2　賢治の夢についておじいさんが尋ねている場面。賢治は有名なチェロ奏者になるという夢を抱いていたが，それ以上のことは考えていなかった。

3　おじいさんが腕にけがを負って，チェロを演奏することができなくなった時の気持ちだから，エ「悲しい」が適切。ア「わくわくした」，イ「うれしい」，ウ「誇りに思う」は不適切。

4　「いつおじいさんは賢治にチェロをあげましたか？」…第1段落2行目と，第3段落2行目より，賢治はチェロを11歳から演奏し始め，その時におじいさんからチェロをもらったことがわかる。ウ「賢治が11歳のとき，祖父はチェロをあげました」が適切。

5(1)　「おじいさんは腕にけがを負う前はチェロ奏者になりたいと思っていましたか？」…第4段落4～5行目より，Yes で答える。　(2)　「チェロの音色を聞くと，賢治はどのように感じますか？」…第4段落 11～12 行目に，緊張していて(＝nervous)もリラックスできる(＝relaxed)とある。

6　ア「賢治は長い間チェロを演奏してきましたが，×今は練習していません」　イ○「賢治は今でもおじいさんが作ったチェロを使っていて，2人ともそれを気に入っています」　ウ×「賢治は雨の日におじいさんを尋ねたので，森で作業をしませんでした」…本文にない内容。　エ「おじいさんはチェロ職人なので，×今でも上手にチェロを演奏することができます」　オ「現在，おじいさんはとても年を取ったので，新しいチェロを作りたくはありません」

7　【手紙の要約】参照。

③　第4段落13行目などにある voice が入る。　④　第2段落2行目などにある cut が入る。

【本文の要約】

チェロの音色を聞いたことがありますか？私は柔らかくてあたたかいその音色が好きです。4ウ私は 11 歳の時からチェロを演奏していて，今ではほぼ毎日練習しています。私のおじいさんはチェロ職人なので，チェロはいつも私の身近にあります。おじいさんは森の小さな家に住んでいます。

ある晴れた日の朝，私はおじいさんを訪ねました。1A彼は新しいチェロを作るために家の近くで古いカエデの木を切っていたので，私は切るのを手伝いました。作業中，私は「おじいちゃん，この木は何歳？」と尋ねました。おじいさんは「百歳以上だよ，賢治」と答えました。「うわー，おじいちゃんや僕が生まれる前からここにあったんだね！」と私は言いました。おじいさんは私に，古い木ほどチェロの音をより深く柔らかくすることを教えてくれました。そして彼は「今日は頑張って働いたね。コーヒーを入れるから家に帰ろう！」と言いました。

1Cおじいさんの家で一緒にコーヒーを飲みながら，おじいさんは私にチェロについていろいろ教えてくれました。おじいさんは「私が作ったチェロをまだ使っているの？」と尋ねました。4ウ私が使っているチェロは，私が演奏を始めたときにおじいさんからもらったものです。「6イもちろんさ。おじいちゃんのチェロを気に入っているよ。将来はチェロ奏者になりたいんだ」おじいさんは「それを聞いてうれしいよ。チェロ奏者になったら何をしたいの？」と言いました。私はそういったことを考えたこともなかったので，彼の質問に答えることができませんでした。私はただ，「うーん，①ア有名なチェロ奏者になりたいよ」とだけ言いました。彼はしばらく考えて，「賢治，ついておいで」と言いました。

おじいさんは私を隣の部屋に連れて行ってくれました。1B壁にはたくさんのチェロが飾ってあり，部屋中に木の香りが漂っていました。私は「チェロをいくつ作ったの？」と尋ねました。おじいさんは「何百個も作ってきたよ。6イお前のチェロはお前が生まれたときに作ったもので，私のお気に入りなんだ」と言いました。「なぜチェロ職人になろうと思ったの？」と私は尋ねました。するとおじいさんは「5(1)実は，私もかつてはお前のようにチェロ奏者になりたかったんだ，賢治。でも，お前の年齢のときに，私は腕にけがを負って，チェロを演奏し続けることが困難になったんだ。もう一度上手に演奏できたらいいのに」と答えました。私はおじいさんがそのことを話したことがなかったので，驚きました。15 歳で夢を失ったときにおじいさんがどのように感じたか想像できました。「それで，チェロ職人になることにしたんだね？」と私は言いました。おじいさんは「そうだよ。チェロが好きだったから，チェロに関係する仕事をしたかったんだ。それでも，人生の早い段階で本当に好きなものを見つけられて運が良かったよ」と言いました。おじいさんは続けました。「賢治，全てのチェロを見てごらん。どのチェロも樹齢の多いカエデの木で作られているんだ。これらの木はずいぶん前に切り倒されたけど，チェロとして永遠に生き続けることができるんだ」と言いました。私は「そんな風に考えたことはなかったよ。でも，5(2)チェロの音色を聞くと，緊張していても本当にリラックスできるよ」と言いました。彼は笑顔で「お前を勇気づける森の声のようなものだよ。私はカエデの木の最も美しい声を表現できるチェロを作りたいんだ，賢治」と言いました。そう言っているときのおじいさんの顔は柔らかくあたたかそうでした。私は再度，おじいさんが作ったチェロを見回しました。私はおじいさんがたくさんのチェロを作り，まだ夢を持ち続けていることに感動しました。

今では別の意味でチェロを演奏しています。以前は有名なチェロ奏者になるために演奏していたのですが，今は木の声を人々に届けるためにチェロを演奏しようとしています。いつかおじいさんが作ったチェロでそれを表現したいです。

【手紙の要約】

おじいちゃん，先週は一緒に過ごし，たくさん話をしてくれてありがとう。チェロ職人になってからも夢を持ち続けているおじいちゃんを尊敬するよ。僕はおじいちゃんがチェロの音色は木の③声（＝voice）のようなものだと言っていたことが忘れられないよ。だから僕のチェロを聴いてくれる人にそれを表現して届けたいよ。僕らが一緒に④切った（＝cut）カエデの木を使った新しいチェロを作り終えたら教えて！またすぐに会いたいよ，おじいちゃん。

5　1　there is ～「～がある」の疑問文。anything のうしろに関係代名詞が省略された形。

2　文中に疑問詞を含む間接疑問の文では，疑問詞のうしろは when it was built のように肯定文の語順になる。

6　メモの日本語に合う英文を作る。①　「長い間ボランティア活動に興味があった」の部分を英語にする。現在完了〈have/has＋過去分詞〉の“継続”の文にする。　「～に興味がある」＝be interested in ～　②　「図書館で，子どもたちに本を読む」の部分を英語にする。「子どもたちに」＝for children

③　A，Bどちらかを選び，その理由を答える。I want to join ○○ because ～の形で答えよう。10 語以上，20 語以内の条件を守ること。（Aの例文）I want to join A because there is a lot of trash in the park.「公園にたくさんごみがあるので，Aに参加したいです」（Bの例文）I want to join B because I like children and I'm good at reading books for them.「私は子どもが好きで，子どものために本を読むのが得意だから，Bに参加したいです」

《2022　理科　解説》

1　1(2)　光の速さは，音の速さに比べて非常に速いため，光が見えた瞬間の時刻と雷が発生した時刻は同じと考える。光が見えてから７秒後に音が聞こえ始めたので，雷までの距離は約340×７＝2380(m)→2.38㎞である。

2(2)　太陽に近い水星，金星，地球，火星を地球型惑星，それ以外の木星，土星，天王星，海王星を木星型惑星という。

3(1)　肺動脈には静脈血，肺静脈には動脈血が流れていることに注意しよう。なお，体循環では，左心室→大動脈→からだの各部→大静脈→右心房の順に循環している。

4(1)　50÷55＝0.909…→0.91 g/cm^3　(2)　液体と固体の密度は，ふつう，固体の方が大きく，液体の方が小さい（表３より，液体のロウの密度は50÷62＝0.806…（g/cm^3））。また，密度の大きいものが下，小さいものが上になるように移動するから，液体のロウに固体のロウを入れると，固体のロウは沈む。ただし，水は例外で，固体(氷)の方が密度が小さく，液体(水)の方が密度が大きいため，氷は水に浮く。

2　2　Yを食べるXは増加し，Yに食べられるZは減少する。なお，この後それぞれの生物は増減をくり返し，元のつり合いがとれた状態にもどることが多い。

3，4　ヨウ素液はデンプンに反応して青紫色に変化するから，Bにはデンプンが残っていて，Aにはデンプンが残っていなかった。Aで使った土は焼いていないので，土の中の微生物が残っていて，この微生物がデンプンを分解したと考えられる。

5　植物(葉緑体)に光が当たると，水と二酸化炭素を材料に養分と酸素をつくり出す光合成が行われる。このように，みずから養分(有機物)をつくり出すことができる生物を生産者といい，他の生物から養分を得る生物を消費者という。

3　1，3　炭酸水素ナトリウム〔$NaHCO_3$〕とうすい塩酸〔HCl〕を混ぜると，塩化ナトリウム〔NaCl〕と水〔H_2O〕と二酸化炭素〔CO_2〕ができる。化学反応式では，反応(矢印)の前後で原子の組み合わせは変わるが，原子の種類と数は変わらないことに注意する。

4　発生した二酸化炭素が空気中に出ていくため，質量は減少する。

5　酸化銅の質量と銅の粉末の質量の差が，銅の粉末と結びついた酸素の質量である。

6　銅の粉末の質量と酸化銅の質量は比例しているから，銅の粉末0.90gを質量が変化しなくなるまで十分に加熱すると，$0.75\times\frac{0.90}{0.60}=1.125\rightarrow1.13$ gの酸化銅ができる。

7　銅よりも酸素と結びつきやすい炭素と酸化銅を混ぜて加熱すると，銅と結びついていた酸素が炭素と結びついて二酸化炭素が発生し，酸化銅は銅になる〔$2CuO+C\rightarrow2Cu+CO_2$〕。できる銅の質量は，反応前の酸化銅の質量より結びついていた酸素の分だけ減少する。

4　1，2　マグマが冷え固まってできた岩石を火成岩という。石基の間に比較的大きな鉱物(斑晶)が見られるつくりを斑状組織といい，このようなつくりをもつ火成岩を火山岩という。また，石基の部分がなく大きな鉱物が組み合わさったつくりを等粒状組織といい，このようなつくりをもつ火成岩を深成岩という。安山岩は火山岩，閃緑岩は深成岩であり，泥岩やチャートは堆積岩である。

3　長石(エ)や石英は，無色鉱物である。また，カンラン石(ア)，黒雲母(イ)，角閃石(ウ)，輝石は有色鉱物である。

4　雲仙普賢岳のように，無色鉱物を多く含むマグマのねばりけは強く，爆発的な噴火をすることが多い。

5　イ×…マグマは地下深くにあり，マグマが発泡すると上昇し，地表に噴出して火山の噴火が起こる。エ×…マグマが長い時間をかけて地下深いところで冷え固まると，等粒状組織をもつ深成岩ができる。マグマが地表付近で急に冷え固まると，斑状組織をもつ火山岩ができる。

6　示準化石に対し，地層が堆積した当時の環境を推測するのに役立つ化石を示相化石といい，特定の環境のみで生育する生物の化石が適している。

5　1　$250\div100=2.5$(N)

2　斜面X上の物体にはたらく力は，物体にはたらく重力の斜面に平行な分力で一定である。また，物体が運動する方向に一定の力がはたらくとき，物体の速さはだんだん速くなる。

3　〔仕事(J)＝力の大きさ(N)×力の向きに動いた距離(m)〕で，垂直抗力は斜面に垂直にはたらく力であり，物体は垂直抗力の向きには動かないから，垂直抗力が物体にした仕事は0Jである。

4　3解説より，物体を16.0cm→0.16mの高さまで持ち上げたときの仕事の大きさは，2.5×0.16＝0.4(J)である。また，〔仕事率(W)＝$\frac{\text{仕事(J)}}{\text{仕事にかかった時間(s)}}$〕より，$\frac{0.4}{2}$＝0.2(W)である。

5　表より，物体の高さが4.0cm高くなると，ＡＢ間を移動した距離は7.2cm長くなるから，物体の高さが12.0cmより3.0cm高い15.0cmのとき，ＡＢ間を移動した距離は21.6cmより7.2×$\frac{3.0}{4.0}$＝5.4(cm)長い27cmになる。

6　運動エネルギーは物体の速さが速いほど大きいから，２解説より，斜面Ｘ上では物体の運動エネルギーは大きくなり，Ａから物体の速さがだんだん遅くなり静止するまでの物体の運動エネルギーは小さくなる。

7　摩擦や空気抵抗がないとき，物体のもつ位置エネルギーと運動エネルギーの和である力学的エネルギーは一定になるから，ＡＣ間に摩擦がないとすると物体は斜面Ｙを18.0cmまで上がると考えられるが，ＡＣ間には摩擦があり，物体のもつ運動エネルギーの一部が失われる。５解説より，図１の状態で，物体を18.0cmの高さから滑らせたとき，ＡＢ間を移動した距離は，28.8＋7.2×$\frac{2.0}{4.0}$＝32.4(cm)となる。ＡＣ間の長さは40.0÷２＝20.0(cm)だから，物体がＡＣ間を移動する間に半分以上の運動エネルギーが失われると考えられる。したがって，18.0cmの半分より低い位置までしか斜面Ｙを上がれないと考えられるから，18.0÷２＝9.0(cm)より低いアを選べばよい。

《2022　社会　解説》

1　1　イ　　古代オリエントは，エジプト文明・メソポタミア文明などが発生した西アジアの地域の名称。ルネサンスは，14世紀にイタリアで始まった，古代ギリシャや古代ローマの文化を復興させようとする動き。聖徳太子は，おばである推古天皇の摂政として，政治を行った。摂政は，天皇が女性であったり，幼少であったりしたとき，天皇に代わって政治を行う役職。関白は，天皇の政治を補佐する役職。

2　天平　　聖武天皇の時代に花開いた，国際色豊かな仏教文化を天平文化と呼ぶ。

3　足利義満　　南北朝を統一した足利義満は，明の皇帝から倭寇の取り締まりを条件として，明との朝貢貿易を許された。その際，正式な貿易船と倭寇を区別するために勘合と呼ばれた割符を利用したので，日明貿易は勘合貿易とも言う。

4　二毛作　　１年のうちに１つの土地で異なる作物を栽培・収穫すると二毛作，同じ作物を栽培・収穫すると二期作と言う。

5(1)　刀狩　　刀狩は，農民に一揆を起こさせず，農業に専念させるために行われた。兵農分離とは，武士と農民の身分の区別をはっきりとさせるための政策である。

(2)　ウ　　狩野永徳が描いた『唐獅子図屛風』は，桃山文化を代表する絵画である。雪舟は室町時代の東山文化を代表する画僧。菱川師宣は『見返り美人図』で知られる江戸時代の元禄文化を代表する浮世絵師。葛飾北斎は『富嶽三十六景』で知られる江戸時代の化政文化を代表する浮世絵師。

6　武家諸法度　　徳川家康が秀忠の名で出したのが，初めての武家諸法度(元和令)である。その後，将軍が代わるたびに出された。三代将軍徳川家光が，武家諸法度(寛永令)に参勤交代を初めて追加したことは覚えておきたい。

7　ア　　ラクスマンは1792年に，レザノフは1804年に通商を求めて来日した。

8(1)　エ　　ロシアの南下を抑えたかったイギリスが日英通商航海条約を結ぶことに同意したことで，イギリスの領事裁判権が撤廃された。　(2)　ウ　　自由党は板垣退助が1881年に結成した政党。日清戦争は1894年に起きたから，グラフ１の1894年頃を読み取ると約60%であることがわかる。

9(1)　「商人による米の買い占め」「米の価格が上昇した」の２つの内容が書かれていればよい。ロシア革命が起き，世界初の社会主義国家が形成され始めると，世界に社会主義が広がるのを恐れた資本主義諸国は，極東のシベリアに兵を出した。これをシベリア出兵と呼ぶ。富山の漁村から始まった暴動は，新聞などで報道されることで全国に広まり，各地で暴動が起きた。これを米騒動と呼ぶ。

(2)　イ　　日本は，ワシントン会議で四か国条約を結んだことで，日英同盟が解消された。満州国建国に対する国際連盟の決議で孤立した日本は，国際連盟を脱退した。ヤルタ会談は，アメリカ・イギリス・ソ連によって話しあわれたから，日本は参加していない。よって，イが正しい。アはドイツ，ウはイギリス，エはフランス。

10　イ→ア→ウ　　イ(サンフランシスコ平和条約の締結・1951 年)→ア(国際連合加盟・1956 年)→ウ(沖縄返還・1972 年)　　国際連合への加盟は，日ソ共同宣言後に実現した。

2　1　ウ　　トウモロコシやさとうきび由来のアルコールなどが，バイオマス燃料として知られている。バイオマス燃料を燃焼させるときに発生する二酸化炭素は，動植物が成長途中に吸収した二酸化炭素だから，結果として二酸化炭素の量は増えていないと考える。

2　環太平洋　　アンデス山脈・ロッキー山脈・日本列島などが環太平洋造山帯に属する。環太平洋造山帯は，火山活動が激しい新期造山帯である。

3　エ　　B(ブラジル)，R(ロシア)，I(インド)，C(中国)，S(南アフリカ共和国)を英語表記したときの頭文字からＢＲＩＣＳと呼ばれている。シンガポールや韓国は，アジアＮＩＥｓと呼ばれている。

4　ア　　タイは，安い賃金と勤勉な国民性から，世界の多くの企業が進出し，工業化に成功した。インドネシアは，工業化が遅れ，今でも輸出品の多くを資源や農作物に依存している。

5　寒帯　　5つの気候帯は，熱帯・温帯・冷帯(亜寒帯)・寒帯・乾燥帯　　雪や氷でおおわれ，樹木がほとんど育たないのは，氷雪気候やツンドラ気候の寒帯である。

6　エ　　マオリはニュージーランドの先住民，メスチソは南アメリカのインディオと白人の混血，アボリジニはオーストラリアの先住民。

7(1)　南東　　博物館()は，右下(南東)に見られる。　(2)　平安京　　桓武天皇は，仏教勢力を政治から切り離すために，都を平城京から長岡京，長岡京から平安京へと移していった。

8(1)　リアス　　リアス海岸は，沈降した山地の谷間の部分に海水が入り込んでできた入り組んだ地形である。

(2)　ウ　　宮古市は太平洋側の気候だから，夏に降水量が増えるので，Xが夏，Yが冬と判断して，1月はYである。瀬戸内の気候に属する岡山市は，1年を通して降水量が少ないから，Cと判断する。

(3)　イ　　夏の東北地方の太平洋側に，北東から吹いてくる冷たく湿った風を「やませ」と呼ぶ。

9　「赤道より南にある」「季節が日本と逆になる」の2つの内容が書かれていればよい。

3　1　イ　　仕事(ワーク)と個人の生活(ライフ)を両立する(バランス)。

2　生存権　　社会権には，生存権のほか，教育を受ける権利や勤労の権利などがある。

3　ウ　　それまでは男は仕事，女は家庭とする考え方から，結婚・妊娠・出産を契機として，退職する女性が多かった。育児・介護救護法と男女共同参画社会基本法ができたことで，休暇を利用して仕事を辞めずに，再び職場に復帰する女性が増えた。

4　イ　　医療保険の保険料を引き上げる＝社会保障給付費が大きくなる。自己負担が小さくなる＝国民負担が増える。よって，イの方向にシフトする。

5　エ　　納税者(税を納める人)と担税者(実際に税を負担する人)が異なる税を間接税と呼ぶ。間接税には，消費税のほか，酒税やたばこ税などがある。相続税，所得税，法人税はいずれも直接税である。

6　為替　　1つ目の［ｃ］では判断しづらいが，２つ目の［ｃ］相場から為替と判断できる。

7(1)　立法　　日本国憲法第41条に「国会は国権の最高機関であって，国の唯一の立法機関である。」とある。

(2)　衆議院は参議院に比べて任期が短いこと，解散があること，国民の意見(民意)が反映されやすいことが盛り込まれていればよい。

(3)　ア　　国政選挙の選挙権・国民投票権が18歳以上にある。イとウは満25歳以上，エは満30歳以上。

8(1)　ＯＤＡ　　ＯＤＡには，資金協力と技術協力があり，日本は技術協力の割合が高い。

(2)　国際人権規約　　法的拘束力を持たない世界人権宣言に，法的拘束力を持たせたものが国際人権規約である。

9　クーリング・オフ　　「頭を冷やしてよく考える」ことからクーリング・オフと呼ばれる。訪問販売や電話勧誘販売などに適用される。通信販売には適用されないが，企業自らがその期間を設けている場合が多い。

10　ア　　公正には，「手続きの公正(みんなが参加しているか)」「機会の構成(みんなの意見が出されているか)」「結果の公正(利益を受けている人・不利益を受けている人がいないか)」がある。効率は「社会全体で無駄を省くこと」。

■ ご使用にあたってのお願い・ご注意

（1）問題文等の非掲載

著作権上の都合により，問題文や図表などの一部を掲載できない場合があります。

誠に申し訳ございませんが，ご了承くださいますようお願いいたします。

（2）過去問における時事性

過去問題集は，学習指導要領の改訂や社会状況の変化，新たな発見などにより，現在とは異なる表記や解説になっている場合があります。過去問の特性上，出題当時のままで出版していますので，あらかじめご了承ください。

（3）配点

学校等から配点が公表されている場合は，記載しています。公表されていない場合は，記載していません。

独自の予想配点は，出題者の意図と異なる場合があり，お客様が学習するうえで誤った判断をしてしまう恐れがあるため記載していません。

（4）無断複製等の禁止

購入された個人のお客様が，ご家庭でご自身またはご家族の学習のためにコピーをすることは可能ですが，それ以外の目的でコピー，スキャン，転載（ブログ，ＳＮＳなどでの公開を含みます）などをすることは法律により禁止されています。学校や学習塾などで，児童生徒のためにコピーをして使用することも法律により禁止されています。

ご不明な点や，違法な疑いのある行為を確認された場合は，弊社までご連絡ください。

（5）けがに注意

この問題集は針を外して使用します。針を外すときは，けがをしないように注意してください。また，表紙カバーや問題用紙の端で手指を傷つけないように十分注意してください。

（6）正誤

制作には万全を期しておりますが，万が一誤りなどがございましたら，弊社までご連絡ください。

なお，誤りが判明した場合は，弊社ウェブサイトの「ご購入者様のページ」に掲載しておりますので，そちらもご確認ください。

■ お問い合わせ

解答例，解説，印刷，製本など，問題集発行におけるすべての責任は弊社にあります。

ご不明な点がございましたら，弊社ウェブサイトの「お問い合わせ」フォームよりご連絡ください。迅速に対応いたしますが，営業日の都合で回答に数日を要する場合があります。

ご入力いただいたメールアドレス宛に自動返信メールをお送りしています。自動返信メールが届かない場合は，「よくある質問」の「メールの問い合わせに対し返信がありません。」の項目をご確認ください。

また弊社営業日（平日）は，午前９時から午後５時まで，電話でのお問い合わせも受け付けています。

2025 春

株式会社教英出版

〒422-8054　静岡県静岡市駿河区南安倍３丁目 12-28

TEL　054-288-2131　　FAX　054-288-2133

URL　https://kyoei-syuppan.net/

MAIL siteform@kyoei-syuppan.net

教英出版　2025年春受験用　高校入試問題集

公立高等学校問題集

北海道公立高等学校
青森県公立高等学校
宮城県公立高等学校
秋田県公立高等学校
山形県公立高等学校
福島県公立高等学校
茨城県公立高等学校
埼玉県公立高等学校
千葉県公立高等学校
東京都立高等学校
神奈川県公立高等学校
新潟県公立高等学校
富山県公立高等学校
石川県公立高等学校
長野県公立高等学校
岐阜県公立高等学校
静岡県公立高等学校
愛知県公立高等学校
三重県公立高等学校(前期選抜)
三重県公立高等学校(後期選抜)
京都府公立高等学校(前期選抜)
京都府公立高等学校(中期選抜)
大阪府公立高等学校
兵庫県公立高等学校
島根県公立高等学校
岡山県公立高等学校
広島県公立高等学校
山口県公立高等学校
香川県公立高等学校
愛媛県公立高等学校
福岡県公立高等学校
佐賀県公立高等学校
長崎県公立高等学校
熊本県公立高等学校
大分県公立高等学校
宮崎県公立高等学校
鹿児島県公立高等学校
沖縄県公立高等学校

公立高 教科別8年分問題集

(2024年～2017年)

北海道(国·社·数·理·英)
宮城県(国·社·数·理·英)
山形県(国·社·数·理·英)
新潟県(国·社·数·理·英)
富山県(国·社·数·理·英)
長野県(国·社·数·理·英)
岐阜県(国·社·数·理·英)
静岡県(国·社·数·理·英)
愛知県(国·社·数·理·英)
兵庫県(国·社·数·理·英)
岡山県(国·社·数·理·英)
広島県(国·社·数·理·英)
山口県(国·社·数·理·英)
福岡県(国·社·数·理·英)

国立高等専門学校 最新5年分問題集

(2024年～2020年·全国共通)

対象の高等専門学校

釧路工業·旭川工業·
苫小牧工業·函館工業·
八戸工業·一関工業·仙台·
秋田工業·鶴岡工業·福島工業·
茨城工業·小山工業·群馬工業·
木更津工業·東京工業·
長岡工業·富山·石川工業·
福井工業·長野工業·岐阜工業·
沼津工業·豊田工業·鈴鹿工業·
鳥羽商船·舞鶴工業·
大阪府立大学工業·明石工業·
神戸市立工業·奈良工業·
和歌山工業·米子工業·
松江工業·津山工業·呉工業·
広島商船·徳山工業·宇部工業·
大島商船·阿南工業·香川·
新居浜工業·弓削商船·
高知工業·北九州工業·
久留米工業·有明工業·
佐世保工業·熊本·大分工業·
都城工業·鹿児島工業·
沖縄工業

高専 教科別10年分問題集

もっと過去問シリーズ
教科別
数学·理科·英語
(2019年～2010年)

学校別問題集

北海道
①札幌北斗高等学校
②北星学園大学附属高等学校
③東海大学付属札幌高等学校
④立命館慶祥高等学校
⑤北海高等学校
⑥北見藤高等学校
⑦札幌光星高等学校
⑧函館ラ・サール高等学校
⑨札幌大谷高等学校
⑩北海道科学大学高等学校
⑪遺愛女子高等学校
⑫札幌龍谷学園高等学校
⑬札幌日本大学高等学校
⑭札幌第一高等学校
⑮旭川実業高等学校
⑯北海学園札幌高等学校

青森県
①八戸工業大学第二高等学校

宮城県
①聖和学園高等学校(A日程)
②聖和学園高等学校(B日程)
③東北学院高等学校(A日程)
④東北学院高等学校(B日程)
⑤仙台大学附属明成高等学校
⑥仙台城南高等学校
⑦東北学院榴ケ岡高等学校
⑧古川学園高等学校
⑨仙台育英学園高等学校(A日程)
⑩仙台育英学園高等学校(B日程)
⑪聖ウルスラ学院英智高等学校
⑫宮城学院高等学校
⑬東北生活文化大学高等学校
⑭東北高等学校
⑮常盤木学園高等学校
⑯仙台白百合学園高等学校
⑰尚絅学院高等学校(A日程)
⑱尚絅学院高等学校(B日程)

山形県
①日本大学山形高等学校
②惺山高等学校
③東北文教大学山形城北高等学校
④東海大学山形高等学校
⑤山形学院高等学校

福島県
①日本大学東北高等学校

新潟県
①中越高等学校
②新潟第一高等学校
③東京学館新潟高等学校
④日本文理高等学校
⑤新潟青陵高等学校
⑥帝京長岡高等学校
⑦北越高等学校
⑧新潟明訓高等学校

富山県
①高岡第一高等学校
②富山第一高等学校

石川県
①金沢高等学校
②金沢学院大学附属高等学校
③遊学館高等学校
④星稜高等学校
⑤鵬学園高等学校

山梨県
①駿台甲府高等学校
②山梨学院高等学校(特進)
③山梨学院高等学校(進学)
④山梨英和高等学校

岐阜県
①鶯谷高等学校
②富田高等学校
③岐阜東高等学校
④岐阜聖徳学園高等学校
⑤大垣日本大学高等学校
⑥美濃加茂高等学校
⑦済美高等学校

静岡県
①御殿場西高等学校
②知徳高等学校
③日本大学三島高等学校
④沼津中央高等学校
⑤飛龍高等学校
⑥桐陽高等学校
⑦加藤学園高等学校
⑧加藤学園暁秀高等学校
⑨誠恵高等学校
⑩星陵高等学校
⑪静岡県富士見高等学校
⑫清水国際高等学校
⑬静岡サレジオ高等学校
⑭東海大学付属静岡翔洋高等学校
⑮静岡大成高等学校
⑯静岡英和女学院高等学校
⑰城南静岡高等学校
⑱静岡女子高等学校
⑲常葉大学附属常葉高等学校
常葉大学附属橘高等学校
常葉大学附属菊川高等学校
⑳静岡北高等学校
㉑静岡学園高等学校
㉒焼津高等学校
㉓藤枝明誠高等学校
㉔静清高等学校
㉕磐田東高等学校
㉖浜松学院高等学校
㉗浜松修学舎高等学校
㉘浜松開誠館高等学校
㉙浜松学芸高等学校
㉚浜松聖星高等学校
㉛浜松日体高等学校
㉜聖隷クリストファー高等学校
㉝浜松啓陽高等学校
㉞オイスカ浜松国際高等学校

愛知県
①[国立]愛知教育大学附属高等学校
②愛知高等学校
③名古屋経済大学市邨高等学校
④名古屋経済大学高蔵高等学校
⑤名古屋大谷高等学校
⑥享栄高等学校
⑦椙山女学園高等学校
⑧大同大学大同高等学校
⑨日本福祉大学付属高等学校
⑩中京大学附属中京高等学校
⑪至学館高等学校
⑫東海高等学校
⑬名古屋たちばな高等学校
⑭東邦高等学校
⑮名古屋高等学校
⑯名古屋工業高等学校
⑰名古屋葵大学高等学校
(名古屋女子大学高等学校)
⑱中部大学第一高等学校
⑲桜花学園高等学校
⑳愛知工業大学名電高等学校
㉑愛知みずほ大学瑞穂高等学校
㉒名城大学附属高等学校
㉓修文学院高等学校
㉔愛知啓成高等学校
㉕聖カピタニオ女子高等学校
㉖滝高等学校
㉗中部大学春日丘高等学校
㉘清林館高等学校
㉙愛知黎明高等学校
㉚岡崎城西高等学校
㉛人間環境大学附属岡崎高等学校
㉜桜丘高等学校

㉝光ヶ丘女子高等学校
㉞藤ノ花女子高等学校
㉟栄徳高等学校
㊱同朋高等学校
㊲星城高等学校
㊳安城学園高等学校
㊴愛知産業大学三河高等学校
㊵大成高等学校
㊶豊田大谷高等学校
㊷東海学園高等学校
㊸名古屋国際高等学校
㊹啓明学館高等学校
㊺聖霊高等学校
㊻誠信高等学校
㊼誉高等学校
㊽杜若高等学校
㊾菊華高等学校
㊿豊川高等学校

三重県

①暁高等学校(3年制)
②暁高等学校(6年制)
③海星高等学校
④四日市メリノール学院高等学校
⑤鈴鹿高等学校
⑥高田高等学校
⑦三重高等学校
⑧皇學館高等学校
⑨伊勢学園高等学校
⑩津田学園高等学校

滋賀県

①近江高等学校

大阪府

①上宮高等学校
②大阪高等学校
③興國高等学校
④清風高等学校
⑤早稲田大阪高等学校
(早稲田摂陵高等学校)
⑥大商学園高等学校
⑦浪速高等学校
⑧大阪夕陽丘学園高等学校
⑨大阪成蹊女子高等学校
⑩四天王寺高等学校
⑪梅花高等学校
⑫追手門学院高等学校
⑬大阪学院大学高等学校
⑭大阪学芸高等学校
⑮常翔学園高等学校
⑯大阪桐蔭高等学校
⑰関西大倉高等学校
⑱近畿大学附属高等学校
⑲金光大阪高等学校
⑳星翔高等学校
㉑阪南大学高等学校
㉒箕面自由学園高等学校
㉓桃山学院高等学校
㉔関西大学北陽高等学校

兵庫県

①雲雀丘学園高等学校
②園田学園高等学校
③関西学院高等部
④灘高等学校
⑤神戸龍谷高等学校
⑥神戸第一高等学校
⑦神港学園高等学校
⑧神戸学院大学附属高等学校
⑨神戸弘陵学園高等学校
⑩彩星工科高等学校
⑪神戸野田高等学校
⑫滝川高等学校
⑬須磨学園高等学校
⑭神戸星城高等学校
⑮啓明学院高等学校
⑯神戸国際大学附属高等学校
⑰滝川第二高等学校
⑱三田松聖高等学校
⑲姫路女学院高等学校
⑳東洋大学附属姫路高等学校
㉑日ノ本学園高等学校
㉒市川高等学校
㉓近畿大学附属豊岡高等学校
㉔夙川高等学校
㉕仁川学院高等学校
㉖育英高等学校

奈良県

①西大和学園高等学校

岡山県

①[県立]岡山朝日高等学校
②清心女子高等学校
③就実高等学校
(特別進学コース〈ハイグレード・アドバンス〉)
④就実高等学校
(特別進学チャレンジコース・総合進学コース)
⑤岡山白陵高等学校
⑥山陽学園高等学校
⑦関西高等学校
⑧おかやま山陽高等学校
⑨岡山商科大学附属高等学校
⑩倉敷高等学校
⑪岡山学芸館高等学校(1期1日目)
⑫岡山学芸館高等学校(1期2日目)
⑬倉敷翠松高等学校
⑭岡山理科大学附属高等学校
⑮創志学園高等学校
⑯明誠学院高等学校
⑰岡山龍谷高等学校

広島県

①[国立]広島大学附属高等学校
②[国立]広島大学附属福山高等学校
③修道高等学校
④崇徳高等学校
⑤広島修道大学ひろしま協創高等学校
⑥比治山女子高等学校
⑦呉港高等学校
⑧清水ヶ丘高等学校
⑨盈進高等学校
⑩尾道高等学校
⑪如水館高等学校
⑫広島新庄高等学校
⑬広島文教大学附属高等学校
⑭銀河学院高等学校
⑮安田女子高等学校
⑯山陽高等学校
⑰広島工業大学高等学校
⑱広陵高等学校
⑲近畿大学附属広島高等学校福山校
⑳武田高等学校
㉑広島県瀬戸内高等学校(特別進学)
㉒広島県瀬戸内高等学校(一般)
㉓広島国際学院高等学校
㉔近畿大学附属広島高等学校東広島校
㉕広島桜が丘高等学校

山口県

①高水高等学校
②野田学園高等学校
③宇部フロンティア大学付属香川高等学校
(普通科〈特進・進学コース〉)
④宇部フロンティア大学付属香川高等学校
(生活デザイン・食物調理・保育科)
⑤宇部鴻城高等学校

徳島県

①徳島文理高等学校

香川県

①香川誠陵高等学校
②大手前高松高等学校

愛媛県

①愛光高等学校
②済美高等学校
③FC今治高等学校
④新田高等学校
⑤聖カタリナ学園高等学校

福岡県

①福岡大学附属若葉高等学校
②精華女子高等学校（専願試験）
③精華女子高等学校（前期試験）
④西南学院高等学校
⑤筑紫女学園高等学校
⑥中村学園女子高等学校（専願入試）
⑦中村学園女子高等学校（前期入試）
⑧博多女子高等学校
⑨博多高等学校
⑩東福岡高等学校
⑪福岡大学附属大濠高等学校
⑫自由ケ丘高等学校
⑬常磐高等学校
⑭東筑紫学園高等学校
⑮敬愛高等学校
⑯久留米大学附設高等学校
⑰久留米信愛高等学校
⑱福岡海星女子学院高等学校
⑲誠修高等学校
⑳筑陽学園高等学校（専願入試）
㉑筑陽学園高等学校（前期入試）
㉒真颯館高等学校
㉓筑紫台高等学校
㉔純真高等学校
㉕福岡舞鶴高等学校
㉖折尾愛真高等学校
㉗九州国際大学付属高等学校
㉘祐誠高等学校
㉙西日本短期大学附属高等学校
㉚東海大学付属福岡高等学校
㉛慶成高等学校
㉜高稜高等学校
㉝中村学園三陽高等学校
㉞柳川高等学校
㉟沖学園高等学校
㊱福岡常葉高等学校
㊲九州産業大学付属九州高等学校
㊳近畿大学附属福岡高等学校
㊴大牟田高等学校
㊵久留米学園高等学校
㊶福岡工業大学附属城東高等学校（専願入試）
㊷福岡工業大学附属城東高等学校（前期入試）
㊸八女学院高等学校
㊹星琳高等学校
㊺九州産業大学付属九州産業高等学校
㊻福岡雙葉高等学校

佐賀県

①龍谷高等学校
②佐賀学園高等学校
③佐賀女子短期大学付属佐賀女子高等学校
④弘学館高等学校
⑤東明館高等学校
⑥佐賀清和高等学校
⑦早稲田佐賀高等学校

長崎県

①海星高等学校（奨学生試験）
②海星高等学校（一般入試）
③活水高等学校
④純心女子高等学校
⑤長崎南山高等学校
⑥長崎日本大学高等学校（特別入試）
⑦長崎日本大学高等学校（一次入試）
⑧青雲高等学校
⑨向陽高等学校
⑩創成館高等学校
⑪鎮西学院高等学校

熊本県

①真和高等学校
②九州学院高等学校（奨学生・専願生）
③九州学院高等学校（一般生）
④ルーテル学院高等学校（専願入試・奨学入試）
⑤ルーテル学院高等学校（一般入試）
⑥熊本信愛女学院高等学校
⑦熊本学園大学付属高等学校（奨学生試験・専願生試験）
⑧熊本学園大学付属高等学校（一般生試験）
⑨熊本中央高等学校
⑩尚絅高等学校
⑪文徳高等学校
⑫熊本マリスト学園高等学校
⑬慶誠高等学校

大分県

①大分高等学校

宮崎県

①鵬翔高等学校
②宮崎日本大学高等学校
③宮崎学園高等学校
④日向学院高等学校
⑤宮崎第一高等学校（文理科）
⑥宮崎第一高等学校（普通科・国際マルチメディア科・電気科）

鹿児島県

①鹿児島高等学校
②鹿児島実業高等学校
③樟南高等学校
④れいめい高等学校
⑤ラ・サール高等学校

新刊

もっと過去問シリーズ

愛知県

愛知高等学校
7年分（数学・英語）

中京大学附属中京高等学校
7年分（数学・英語）

東海高等学校
7年分（数学・英語）

名古屋高等学校
7年分（数学・英語）

愛知工業大学名電高等学校
7年分（数学・英語）

名城大学附属高等学校
7年分（数学・英語）

滝高等学校
7年分（数学・英語）

※もっと過去問シリーズは入学試験の実施教科に関わらず、数学と英語のみの収録となります。

教英出版
〒422-8054
静岡県静岡市駿河区南安倍3丁目12−28
TEL 054-288-2131
FAX 054-288-2133
詳しくは教英出版で検索
教英出版 検索
URL https://kyoei-syuppan.net/

令和六年度

学力検査

国語

（50分）

岐阜県公立高等学校

注意

一　指示があるまでは、この冊子を開いてはいけません。

二　解答用紙は、この冊子の中に、はさんであります。

三　答えは、全て解答用紙に記入しなさい。ただし、□の欄には、何も書いてはいけません。

四　字数を指示した解答については、句読点、かぎ（「　」）なども一字に数えなさい。

五　検査問題は七ページで、問題は一から五まであります。

◇M1(513—1)

一

次の①～⑩の傍線部について、漢字は平仮名に、片仮名は漢字に改めなさい。

① 淡い色の服を着る。　② 管理者の許諾を得る。

③ 卓越した技術を世界に示す。　④ 業務が繁忙を極める。

⑤ 公園は市民の憩いの場だ。　⑥ 意味がニた言葉を調べる。

⑦ 劇で主要な役をエンじる。　⑧ 落とし物をケイサツに届ける。

⑨ キンベンな態度で働く。　⑩ 大人数の部員をタバねる。

二

次の文章は、陸上部に所属する高校一年生の坂東《さかとう》が、京都で行われる全国高校駅伝大会に出場した場面を描いたものである。これを読んで、後の問いに答えなさい。

先頭が通過してから一分近くが経《た》って、

「26番、28番、46番――。」

とようやく三人の番号が呼ばれた。

それからは続々と、ゼッケン番号が(注)ダミ声でもって拡声器経由で告げられていく。周囲から急に、パチンパチンという肉を叩《たた》く音が聞こえ始めた。寒さで固くなった太ももを叩き、少しでも筋肉をほぐそうとしているのだ。

本当に私、走るんだ――。

スタジアムからこの中継所までの連絡バスに乗っている間も、雪とともに流れていく京都の街並みを[1]眺めながら、いっそこのまま家の前まで走って帰ってくれないかな、と内心、真面目に願っていた私である。

バスから下りたのち、待機所になっている病院のロビーでは、はじめて留学生のランナーを見た。彼女のことは陸上競技雑誌で見かけたことがあった。私や(注)咲桜莉《さおり》が得意とする中距離走の高校記録を持つ超有名選手だった。驚いたのは、彼女が自分よりもずっと身長が低かったことだ。

緊張のしすぎで、身体をどこかに置き去りにしてしまったような私に対し、留学生の彼女は同じデザインのベンチコートを着た女の子二人と談笑していた。サポート要員として、中継所まで部員が駆けつけているのだ。呼び出しの[2]寸前まで、留学生は足のマッサージを受けていた。ひとりでやることもなく、キャラメルを舐《な》めていた私とはエラい違いだった。

第二集団のトップを切って、その留学生選手がタスキを受けて出発する。

「すごい。」

[3]思わず声が漏れてしまうほど、今まで見たことがない走りのフォームだった。

まわりの選手たちもハッとした表情で彼女の後ろ姿を目で追っていた。走る際の、足の(注)モーションがまるで違った。走るためのマシーンと化した下半身に、まったくぶれない上半身がくっついているようだ。跳ねるように地面を蹴る、その歩幅の広さといい、それを支える筋肉のしなやかさといい、何て楽しそうに走るんだろう、とほれぼれしてしまうフォームで、彼女はあっという間に走り去っていった。

彼女の残像を思い浮かべながら、視線を中継所に戻したとき、

「私は好きだよ、(注)サカトゥーの走り方。大きくて、楽しそうな感じがして。」

緊張のしすぎで、まったくごはんを食べる気が起きない朝食会場で、正面に座る咲桜莉に突然告げられた言葉が耳の奥で蘇《よみがえ》った。

そんなことを彼女から言われたのははじめてだった。私は咲桜莉の機敏で跳ねるような足の運び方や、テンポのよい腕の振り方が、自分にはできない動きでうらやましく、自分の走り方は大雑把《おおざっぱ》で無駄が多いと思っていたから、驚くとともに純粋にうれしかった。おかげで用意された朝食を全

部平らげることができた。

私が留学生の彼女を見て楽しそうと感じたように、咲桜莉が私の走りを見て楽しそうと感じてくれている——。

留学生の彼女と私じゃレベルがまったく違うけれど、不思議なくらい勇気が太ももに、ふくらはぎに、足裏に宿ったように感じた。

気づくと、あれほど我が物顔でのさばっていた4緊張の気配が身体から消え去っている。

そうだ、私も楽しまないと——。

こんな大舞台、二度と経験できないかもしれない。もちろん、来年だってここに戻ってきたいけれど、私が走れる保証はどこにもないのだ。ならば、この瞬間をじっくりと楽しまないと。最初で最後のつもりで、（注）都大路《みやこおおじ》を味わわないともったいないぞ、サカトゥー。

図々《ずうずう》しい気持ちがじわりじわりと盛り上《あが》ってくると同時に、走る前の心構えが整ってきた。さらには、周囲の様子もよく見えてきた。もっともそれは、半分の選手がすでにゼッケン番号を呼ばれ、待機組の人数が減ったせいかもしれないけれど。

5早く、走りたい——。

身体がうずいて、その場で二度、三度とジャンプして、ステップを踏んだ。

「八月の御所グラウンド」（万城目学）文藝春秋刊による。

（注）ダミ声＝濁った声。　咲桜莉＝坂東の所属する陸上部の部員。
モーション＝動き。　サカトゥー＝陸上部内での坂東の呼ばれ方。
都大路＝ここでは、全国高校駅伝大会のコースのこと。

問一　1ながら　と同じ意味・用法の「ながら」を、ア～エから選び、符号で書きなさい。

ア　子どもながらによく我慢した。
イ　実践さながらの訓練を行う。
ウ　昔ながらのたたずまいが残る。
エ　発表を聞きながらメモをとる。

問二　2寸前　と同じ構成の熟語を、ア～エから選び、符号で書きなさい。

ア　規則　　イ　寒暖　　ウ　開会　　エ　若者

問三　3思わず声が漏れてしまう　とあるが、このときの坂東の気持ちとして最も適切なものを、ア～エから選び、符号で書きなさい。

ア　留学生選手の、今まで見たことがない走りを支えるしなやかな体つきに気づき、留学生選手の走る姿を見続けていられないほど動揺している。

イ　留学生選手の、今まで見たことがない走るために鍛えられた体つきに気づき、留学生選手の走る姿を見続けていられないほど落ち込んでいる。

ウ　留学生選手の、今まで見たことがない跳ねるように地面を蹴るフォームに気づき、留学生選手が過ぎ去るまで見続けるほど走る姿に夢中になっている。

エ　留学生選手の、今まで見たことがない歩幅の広いフォームに気づき、留学生選手が過ぎ去るまで分析しながら見続けるほど落ち着いている。

問四 [4]緊張の気配が身体から消え去っている とあるが、緊張の気配が坂東の身体から消え去ったのは、どのようなことを思い出し、足にどのような感じを受けたからか。三十五字以上四十字以内でまとめて書きなさい。ただし、「走り」という言葉を使い、「咲桜莉が、」という書き出しに続けて書くこと。

問五 [5]早く、走りたい―― とあるが、次の［　　］内の文は、このときの坂東の気持ちについて、本文を踏まえてまとめた一例である。［A］、［B］に入る最も適切な言葉を、それぞれ本文中から抜き出して書きなさい。ただし、字数は［A］、［B］にそれぞれ示した字数とする。

> 都大路のような大舞台は、［A（十五字）］ため、この瞬間をじっくりと楽しみ、この舞台を［B（十二字）］という図々しい気持ちが高まってきたと同時に、走る前の心構えが整ってきている。

三

次の文章を読んで、後の問いに答えなさい。

日本語には、触覚に関する二つの動詞があります。

①さわる
②ふれる

英語にするとどちらも「touch」ですが、それぞれ微妙にニュアンスが異なっています。

たとえば、怪我《けが》をした場面を考えてみましょう。傷口に「さわる」というと、何だか痛そうな感じがします。さわってほしくなくて、思わず患部を引っ込めたくなる。

では、「ふれる」だとどうでしょうか。傷口に「ふれる」というと、状態をみたり、薬をつけたり、さすったり、そっと手当てをしてもらえそうなイメージを持ちます。痛いかもしれないけど、ちょっと我慢してみようかなという気になる。

虫や動物を前にした場合はどうでしょうか。「怖くてさわれない」[1]とは言いますが、「怖くてふれられない」とは言いません。物に対する触覚も同じです。(注)スライムや布地の質感を確かめてほしいとき、私たちは「さわってごらん」と言うのであって、「ふれてごらん」とは言いません。

不可解なのは、気体の場合です。部屋の中の目に見えない空気を、「さわる」ことは基本的にできません。ところが窓をあけて空気を入れ替えると、冷たい外の空気に「ふれる」ことはできるのです。

[2]抽象的な触覚もあります。会議などで特定の話題に言及することは「ふれる」ですが、すべてを話すわけではない場合には、「さわりだけ」になります。あるいは怒りの感情はどうでしょう。「逆鱗《げきりん》にふれる」というと怒りを爆発させるイメージがありますが、「神経にさわる」というと必ずしも怒りを外に出さず、イライラと腹立たしく思っている状態を指します。

つまり私たちは、[3]「さわる」と「ふれる」という二つの触覚に関する動詞を、状況に応じて、無意識に使い分けているのです。もちろん曖昧な部分もたくさんあります。「さわる」と「ふれる」の両方が使える場合もあるでしょう。けれども、そこに私たちは微妙な意味の違いを感じとっている。同じ触覚なのに、いくつかの種類があるのです。

哲学の立場からこの違いに注目したのが、(注)坂部《さかべ》恵《めぐみ》です。（中略）

「ふれる」が相互的であるのに対し、「さわる」は一方的である。ひとことで言えば、これが坂部の主張です。

言い換えれば、「ふれる」は人間的なかかわり、「さわる」は物的なかかわり、ということになるでしょう。そこにいのちをいつくしむような人間的なかかわりがある場合には、それは「ふれる」であり、おのずと「ふれ合い」に通じていきます。逆に、物としての特徴や性質を確認したり、味わったりするときには、そこには相互性は生まれず、ただの「さわる」にとどまります。

　重要なのは、相手が人間だからといって、必ずしもかかわりが人間的であるとは限らない、ということです。（中略）傷口に「さわる」のが痛そうなのは、それが一方的で、さわられる側の心情を無視しているように感じられるからです。そこには「ふれる」のような相互性、つまり相手の痛みをおもんぱかるような配慮はありません。

　もっとも、人間の体を「さわる」こと、つまり物のように扱うことが、必ずしも「悪」とも限りません。たとえば医師が患者の体を触診する場合。お腹《なか》の張り具合を調べたり、しこりの状態を確認したりする場合には、「さわる」と言うほうが自然です。触診は、医師の専門的な知識を前提とした触覚です。ある意味で、医師は患者の体を科学の対象として見ている。この態度表明が「さわる」であると考えられます。

　同じように、相手が人間でないからといって、必ずしもかかわりが非人間的であるとは限りません。物であったとしても、それが一点物のうつわで、作り手に思いを馳《は》せながら、あるいは壊れないように気をつけながら、いつくしむようにかかわるのは「ふれる」です。では「外の空気にふれる」はどうでしょう。対象が気体である場合には、ふれようとするこちらの意志だけでなく、実際に流れ込んでくるという気体側のアプローチ（注）が必要です。この出会いの相互性が4「ふれる」という言葉の使用を引き寄せていると考えられます。

　人間を物のように「さわる」こともできるし、物に人間のように「ふれる」こともできる。このことが示しているのは、「ふれる」は容易に「さわる」に転じうるし、逆に「さわる」のつもりだったものが「ふれる」になることもある、ということです。

（中略）

　あらためて気づかされるのは、私たちがいかに、接触面のほんのわずかな力加減、波打ち、リズム等のうちに、相手の自分に対する「態度」を読み取っているか、ということです。相手は自分のことをどう思っているのか。あるいは、どうしようとしているのか。「さわる」「ふれる」はあくまで入り口であって、そこから「つかむ」「なでる」「ひっぱる」「もちあげる」など、さまざまな接触的動作に移行することもあるでしょう。こうしたことすべてをひっくるめて、5接触面には「人間関係」があります。

　この接触面の人間関係は、ケアの場面はもちろんのこと、子育て、教育、性愛、スポーツ、看取《みと》りなど、人生の重要な局面で、私たちが出会うことになる人間関係です。そこで経験する人間関係、つまりさわり方／ふれ方は、その人の幸福感にダイレクト（注）に影響を与えるでしょう。

「手の倫理」（伊藤亜紗）による。

（注）スライム＝ゼリー状の物質。　坂部恵＝日本の哲学者。
アプローチ＝対象に迫ること。　ダイレクト＝直接。

問一　1ない　と同じ品詞を含むものを、**ア**～**エ**から選び、符号で書きなさい。

ア　くじけない　**イ**　欠点がない
ウ　少ない　**エ**　頼りない

問二　2抽象的　の対義語を含むものを、**ア**～**エ**から選び、符号で書きなさい。

ア　表面的なものの見方をする。
イ　具体的に例を挙げて説明する。
ウ　原因について論理的に考える。
エ　本質的な問題に直面する。

問三 [3]「さわる」と「ふれる」という二つの触覚に関する動詞 とあるが、次の表は、筆者が述べる「さわる」と「ふれる」の使い方について、本文中の対照的な表現を整理した一例である。［A］～［D］に入る最も適切な言葉を、それぞれ本文中から抜き出して書きなさい。ただし、字数は［A］～［D］にそれぞれ示した字数とする。

「さわる」	「ふれる」
・［A（三字）］＝物的なかかわり	・相互的＝［B（八字）］
・医師が患者のお腹を「さわる」 ＝患者の体を［C（五字）］と捉えて見る態度	・人が一点物のうつわに「ふれる」 ＝一点物のうつわを［D（五字）］ように扱う態度

問四 [4]「ふれる」という言葉の使用を引き寄せている とあるが、対象が空気である場合に、「ふれる」という言葉の使用が引き寄せられると筆者が考える理由として最も適切なものを、**ア**～**エ**から選び、符号で書きなさい。

ア 空気の場合は、空気の動きがなくても、人が意志をもってはたらきかけて接触することに相互性がみられるから。

イ 空気の場合は、空気を入れ替えることによって、屋内の空気と屋外の空気とが接触することに相互性がみられるから。

ウ 空気の場合は、人が意志をもってはたらきかけることと、空気が流れ込んできて接触することに相互性がみられるから。

エ 空気の場合は、人の意志がなくても、空気が外から流れ込んできて接触することに相互性がみられるから。

問五 [5]接触面には「人間関係」があります とあるが、接触面に人間関係があるのは、私たちが接触面を通してどのようなことを読み取り、どのようにすることもあるためと筆者は述べているか。三十字以上三十五字以内でまとめて書きなさい。ただし、「接触面を通して」という書き出しに続けて書くこと。

四　次の文章を読んで、後の問いに答えなさい。

近ごろの歌仙には、民部卿定家《みんぶきやうていか》、宮内卿家隆《くないきやういへたか》とて、
一双にいはれけり。そのころ、「われも、われも」とたしなむ（好んで歌に打ちこむ）
人多けれど、いづれも、この二人には及ばざりけり（及ばなかった）。
ある時、後京極摂政《こきやうこくのせつしやう》、宮内卿を召して（お呼びになって）、「この世に
歌詠《よ》みに多く聞《きこ》ゆるなかに（歌人が大勢知られる中で）、いづれかすぐれたる。
心に思はむやう、ありのままにのたまへ（思っていることを、正直にお話しなされ）」と御尋ねありけるに、
「いづれも分《わ》きがたく（優劣のつけようがございません）」と申して、
思ふやうありけるを（心に思っていることがありそうなのを）、「いかに、いかに（さあ遠慮なく、遠慮なく）」と、
あながちに問はせたまひければ（ひたすらお尋ねになったので）、ふところより畳紙《たたうがみ》を落《おと》して、
やがて罷《まか》り出《い》でけるを（そのまま退出してしまった）、御覧《ごらん》ぜられければ（その紙をご覧になると）、

明けばまた秋のなかばも過ぎぬべし（この十五夜が明けると、秋の半ばが過ぎてしまうだろう）
かたぶく月の惜しきのみかは（傾く名月が惜しいだけではない。過ぎゆく秋も惜しいのだ）

と書きたりけり。
これは民部卿の歌なり。かねて（前々から、）かかる御尋ねあるべしとは（このようなお尋ねがあるとは）、
いかでか知らむ（どうして分かろうか）。もとよりおもしろくて（もともと、この歌を趣があると思って）、
書きて持たれたりけるなめり（紙に書いて持っていたのだろう）。

「十訓抄」による。

（注）畳紙＝畳んでふところに入れておく紙。

問一　いはれけり　を現代仮名遣いに改め、全て平仮名で書きなさい。

問二　あながちに問はせたまひければ　とあるが、この場面の説明として最も適切なものを、ア～エから選び、符号で書きなさい。

ア　家隆の様子を見て、後京極摂政が家隆に対して尋ねた。
イ　家隆の様子を見て、定家が後京極摂政に対して尋ねた。
ウ　定家の様子を見て、家隆が後京極摂政に対して尋ねた。
エ　定家の様子を見て、後京極摂政が定家に対して尋ねた。

問三　次の［　　］内の文は、本文の内容をまとめた一例である。［A］、［B］に入る最も適切な言葉を、それぞれ現代語で書きなさい。ただし、字数は［A］、［B］にそれぞれ示した字数とする。

> 家隆は、傾く十五夜の名月だけでなく、［A（五字）］を惜しむ心情を詠んだ定家の歌を紙に書いて持っていたことから、前々からこの歌を［B（四字）］と考えていたことが分かる。

◇M1（513—10）

2024(R6) 岐阜県公立高
K 教英出版

五

X市のある中学校では、「環境問題への取り組み」というテーマで調べ学習を行い、地域住民に向けてグループごとに発表することになった。田中さんたちのグループは、「家庭から出るごみを減らすためにX市が取り組んでいること」について調査した結果をもとに、発表原稿を作成した。次の［　　］内の発表原稿の一部を読んで、後の問いに答えなさい。

> 私たちは、家庭から出るごみを減らすためにX市が取り組んでいることについて、X市の職員の方がくれた資料をもとにまとめました。その結果について発表します。
>
> まずはこちらの紙製の空き箱をご覧ください。このような紙箱は「雑がみ」と呼ばれるものの一例です。X市では、紙箱・トイレットペーパーの芯・ノート・封筒などを雑がみとして、分別してリサイクルすることを推進しています。ところが、雑がみのうち九割以上が家庭ごみとして捨てられています。（以下略）

問一　くれた　を「X市の職員の方」に対する適切な敬語表現に直して書きなさい。

問二　田中さんたちのグループでは、雑がみを分別してリサイクルすることを呼びかけるちらしを地域に配布することになり、次の二つが候補となった。

【候補A】

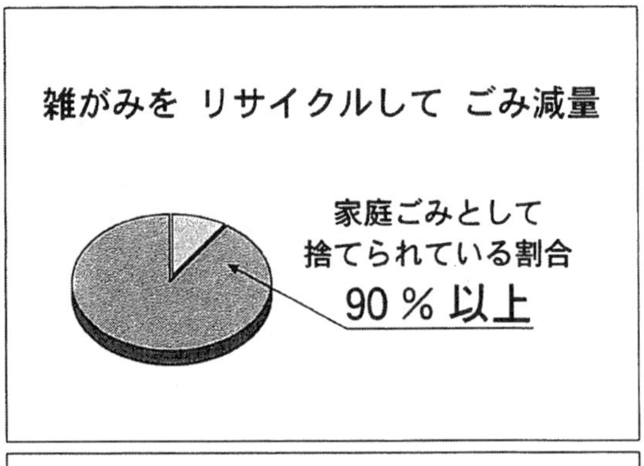

【候補B】

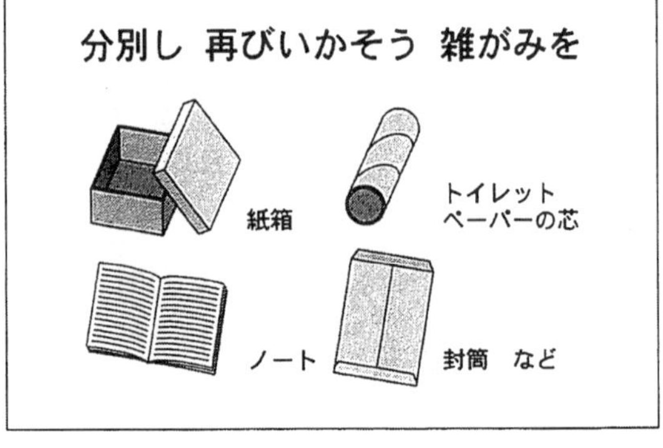

候補A、Bのどちらを配布するのがよいと思うか。あなたの考えを書きなさい。段落構成は二段落構成とし、第一段落ではあなたの考えを、第二段落ではその候補を選んだ理由を書きなさい。ただし、次の《注意》に従うこと。

《注意》
㈠　題名や氏名は書かないこと。
㈡　書き出しや段落の初めは一字下げること。
㈢　六行以上九行以内で書くこと。
㈣　候補AをA、候補BをBと書いてもよい。

令和６年度

学　力　検　査

数　　学

（50分）

注　意

1　指示があるまでは，この冊子を開いてはいけません。

2　解答用紙は，この冊子の中に，はさんであります。

3　答えは，全て解答用紙に記入しなさい。ただし，▢ の欄には，何も書いてはいけません。

4　答えに根号が含まれる場合は，根号を用いて書きなさい。

5　円周率は，π を用いなさい。

6　検査問題は６ページで，問題は 1 から 6 まであります。

1 次の(1)～(6)の問いに答えなさい。

(1) $8+(-4)\div 2$ を計算しなさい。

(2) $3x+y-2(x-3y)$ を計算しなさい。

(3) $\sqrt{3}+\dfrac{9}{\sqrt{3}}$ を計算しなさい。

(4) y が x に反比例し，$x=-6$ のとき $y=10$ である。$x=-3$ のときの y の値を求めなさい。

(5)　ある店で，８月の31日間，毎日ケーキとプリンが売られていた。下の図は，ケーキとプリンが８月の各日に売れた個数について，それぞれのデータの分布の様子を箱ひげ図に表したものである。この図から読み取れることとして正しいものを，**ア**～**エ**から全て選び，符号で書きなさい。

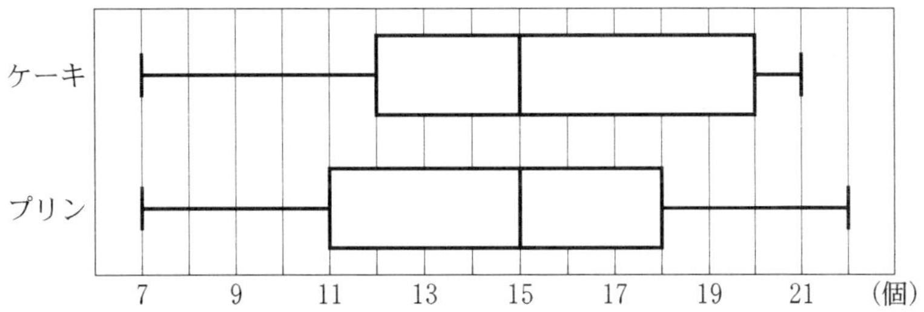

ア　ケーキとプリンでは，最大値が同じである。

イ　ケーキとプリンでは，中央値が同じである。

ウ　ケーキとプリンでは，プリンのほうが四分位範囲は大きい。

エ　ケーキとプリンでは，ケーキのほうが19個以上売れた日は多い。

(6)　下の図は，２つの半径 OA，OB と $\overset{\frown}{AB}$ で囲まれたおうぎ形と，長方形 OBCD を組み合わせた図形である。この図形を，直線 AD を軸として１回転させてできる立体の体積を求めなさい。

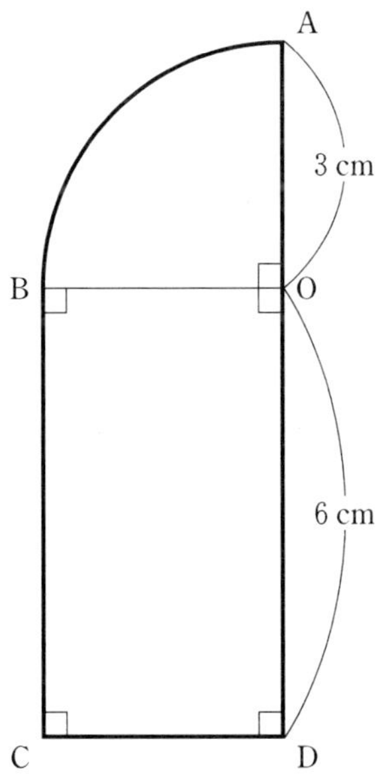

2 あるパーティー会場にテーブルが何台かある。これらを全て使い，パーティーの全ての参加者をテーブルごとに分けて座らせたい。いま，参加者をテーブルごとに6人ずつ分けると，テーブルが不足し，8人が座れない。

次の(1)，(2)の問いに答えなさい。

(1) パーティー会場にあるテーブルの台数を x 台とするとき，参加者の人数を x を使った式で表しなさい。

(2) 参加者をテーブルごとに7人ずつ分けると，テーブルは2台余るが，全ての参加者が7人ずつ座れる。

(ア) パーティー会場にあるテーブルは全部で何台かを求めなさい。

(イ) パーティー会場にあるテーブルを全て使い，全ての参加者をテーブルごとに6人か7人のどちらかに分けるとすると，6人のテーブルは全部で何台になるかを求めなさい。

3 右の図のような正三角形ABCがあり，点Pは頂点Aの位置にある。また，0から4までの数字が1つずつ書かれた5枚のカード 0 1 2 3 4 が，袋の中に入っている。

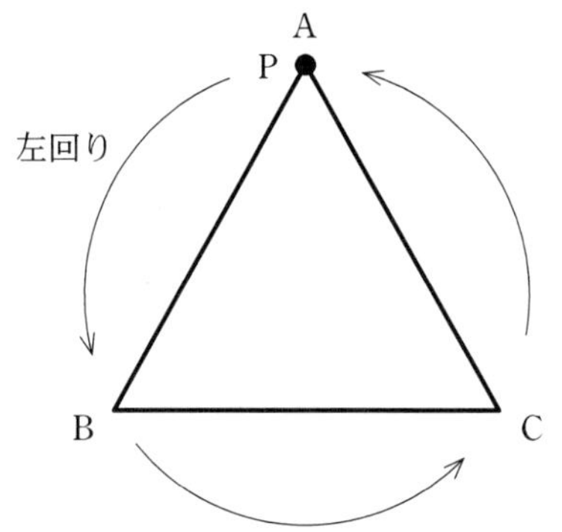

次の操作を2回行う。

【操作】
袋からカードを1枚取り出し，そのカードに書かれた数字の回数だけ，Pを正三角形の頂点から頂点へ左回りに移動させる。Pを移動させた後，取り出したカードを袋に戻す。

例えば，1回目に 2 のカードを，2回目に 0 のカードを取り出したとき，1回目の操作後にPは頂点Cにあり，2回目の操作後もPは頂点Cにある。

次の(1)～(3)の問いに答えなさい。

(1) 1回目の操作後にPが頂点Aにある確率を求めなさい。

(2) 1回目の操作後にPが頂点Aにあり，2回目の操作後もPが頂点Aにある確率を求めなさい。

(3) 2回目の操作後にPが頂点Aにある確率を求めなさい。

4 右の図1のように，P駅があり，P駅から東に向かうまっすぐな線路がある。また，P駅には，車両全体の長さが160 mの電車が停車しており，図2のように，電車の先頭部分は地点Aにある。電車は，P駅を出発してから20秒間は次第に速さを増していき，その後はP駅を出発してから40秒後まで一定の速さで走行する。電車がP駅を出発してからx秒後の地点Aから電車の先頭部分までの距離をy mとすると，xとyの関係は下の表のようになり，$0 \leqq x \leqq 20$の範囲では，xとyの関係は$y = ax^2$で表されるという。

図1

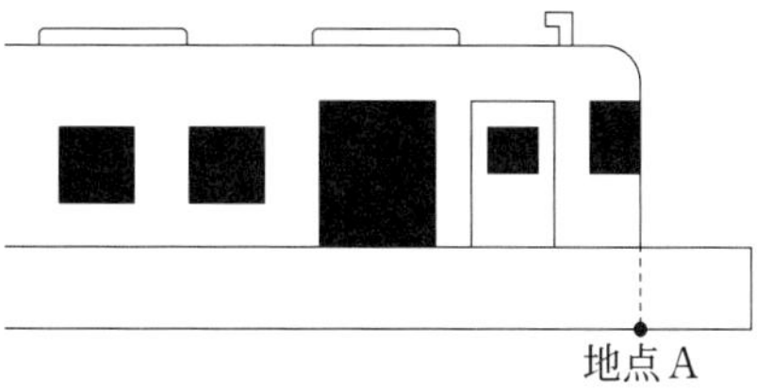

図2

x(秒)	0	10	20	30	40
y(m)	0	**ア**	200	400	**イ**

次の(1)~(5)の問いに答えなさい。

(1) aの値を求めなさい。

(2) 表中の**ア**，**イ**に当てはまる数を求めなさい。

(3) xの変域を$20 \leqq x \leqq 40$とするとき，yをxの式で表しなさい。

(4) xとyの関係を表すグラフをかきなさい。($0 \leqq x \leqq 40$)

(5) 線路と平行な道路がある。太郎さんは，はじめ，道路上で，電車の先頭部分と並ぶ位置にいた。電車がP駅を出発すると同時に太郎さんも走り始め，この道路を東に向かって一定の速さで走った。太郎さんは，走り始めた直後は電車より前方を走っていたが，走り始めてから10秒後に電車の先頭部分に追いつかれた。その後，太郎さんの横を電車が通り過ぎていき，やがて太郎さんは電車に完全に追い越された。太郎さんが電車に完全に追い越されたのは，電車がP駅を出発してから何秒後であったかを求めなさい。

5 下の図で，四角形ABCDは平行四辺形であり，∠BADの二等分線と辺CD，辺BCを延長した直線との交点をそれぞれE，Fとする。また，点Gは線分AF上の点で，∠ABG = ∠CBEである。

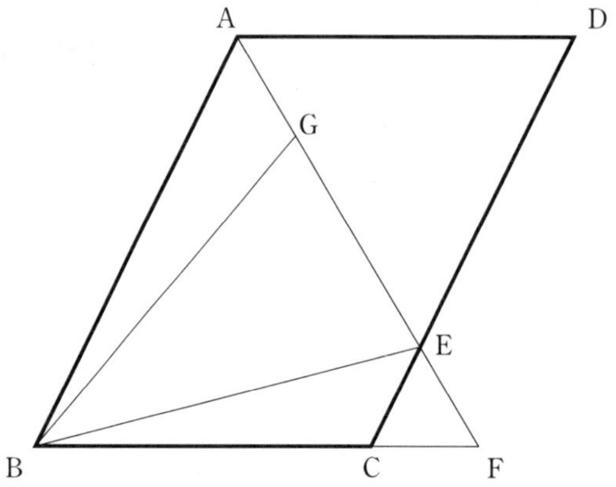

次の(1)，(2)の問いに答えなさい。

(1) △ABG ≡ △FBEであることを証明しなさい。

(2) AB = 5 cm，BC = 4 cmのとき，

(ア) AEの長さは，EFの長さの何倍であるかを求めなさい。

(イ) 平行四辺形ABCDの面積は，△BEGの面積の何倍であるかを求めなさい。

6 下の図のように，平面上に座標軸，原点O，点A(10，0)がある。この平面上に，x 座標が1以上10以下の整数で，y 座標が1以上8以下の整数である点Pをとり，OとA，AとP，PとOをそれぞれ結び，△OAPをつくる。

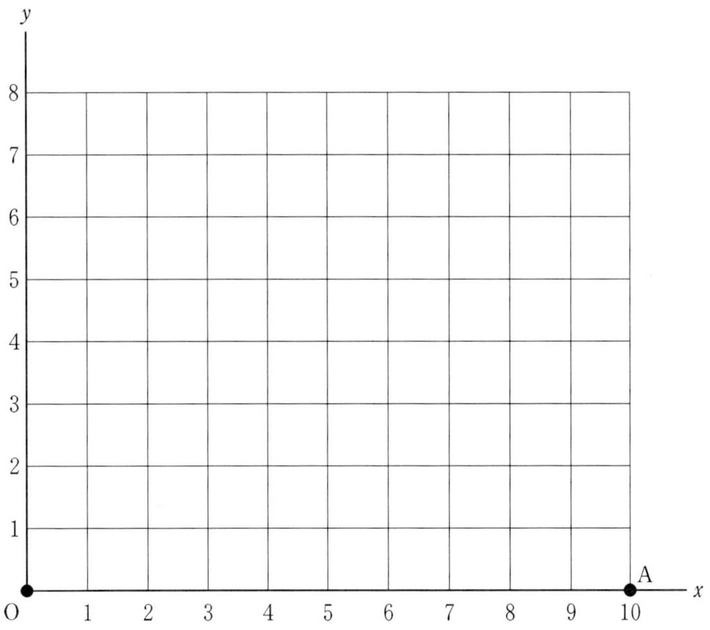

次の(1)～(3)の問いに答えなさい。

(1) Pのとり方は，全部で何通りあるかを求めなさい。

(2) 次の文章は，△OAPが直角三角形となるPのとり方について，花子さんが考えたことをまとめたものである。**ア**～**エ**にそれぞれ当てはまる数を書きなさい。

> △OAPの内角のうち，直角となるものに着目して，次の3つの場合に分けて考える。
>
> ① ∠OAP = 90° となるPのとり方は，全部で [**ア**] 通りある。
>
> ② ∠AOP = 90° となるPのとり方は，ない。
>
> ③ ∠OPA = 90° となるPのとり方は，点(5，[**イ**])，点(1，[**ウ**])など，全部で [**エ**] 通りある。

(3) △OAPの内角が全て鋭角となるPのとり方は，全部で何通りあるかを求めなさい。

令和６年度

学　力　検　査

英　　語

（50分）

注　意

1　指示があるまでは，この冊子を開いてはいけません。

2　解答用紙は，この冊子の中に，はさんであります。

3　答えは，全て解答用紙に記入しなさい。ただし，［　　］の欄には，何も書いてはいけません。

4　検査問題は７ページで，問題は［1］から［6］まであります。

5　［1］は，放送を聞いて答える問題です。問題は１，２があります。**なお，英文は，１の⑴～⑶は１回ずつ，それ以外は２回ずつ読みます**。

6　解答用紙の ＿＿＿＿＿ の部分には，１語ずつ書きなさい。

※教英出版注
音声は，解答集の書籍ＩＤ番号を教英出版ウェブサイトで入力して聴くことができます。

1　放送を聞いて答える問題

1　これから短い英文を読みます。英文は(1)～(5)まで５つあります。それぞれの英文を読む前に，日本語で内容に関する質問をします。その質問に対する答えとして最も適切なものを，**ア**～**エ**から１つずつ選び，符号で書きなさい。**なお，英文は，(1)～(3)は１回ずつ，(4)，(5)は２回ずつ読みます。**

(1)

ア

イ

ウ
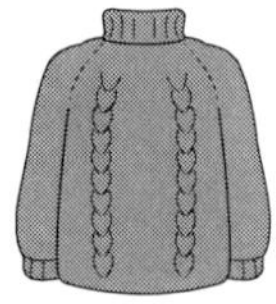

エ

(2)

ア
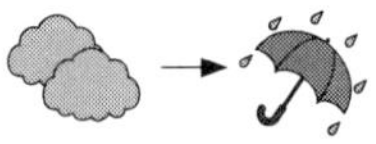

イ
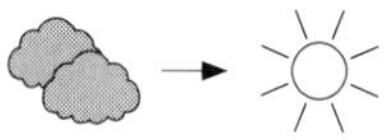

ウ
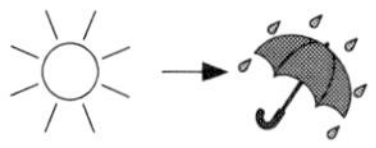

エ
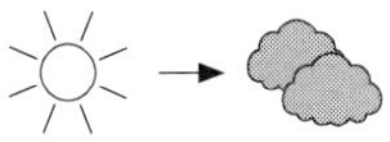

(3)　**ア**　four times a week.
イ　from 4 p.m.
ウ　since last year.
エ　with many members.

(4)

	Maki and Sam will clean ...	Maki and Sam will meet at ...	Maki and Sam will bring ...
ア	Green Park	9:00 a.m.	plastic bags
イ	their school	9:00 a.m.	a cap and drinks
ウ	their school	8:45 a.m.	plastic bags
エ	Green Park	8:45 a.m.	a cap and drinks

(5) ア The music club members have held many concerts for the students this year.

イ The music club members will sing songs which are popular among young people.

ウ The students have to go to the gym after 5 p.m. if they want to enjoy the concert.

エ The students have to practice the guitar hard if they want to join the music club.

2 これから読む英文は，中学生の健(Ken)が，学校新聞を作るために，動物園で働いているブラウンさん(Ms. Brown)にインタビューをしているときのものです。この英文を聞いて，(1)，(2)の問いに答えなさい。**なお，英文は2回読みます**。

英文を聞く前に，まず，(1)，(2)の問いを読みなさい。

(1) 次の①～③に対する答えを，健とブラウンさんの話の内容に即して完成させるとき，(　　)に入る最も適切な英語を，1語書きなさい。

① Who often took Ms. Brown to the zoo when she was small?

答え Her (　　) often took her to the zoo.

② What did Ms. Brown do for Taro when he was a baby?

答え She played with him in the water and (　　) with him at night.

③ According to Ms. Brown, why is it good for the students to go to the zoo?

答え Because they can find many (　　) animal facts that they can't learn from books or TV.

(2) 健とブラウンさんの話の内容に合っているものを，**ア**～**エ**から1つ選び，符号で書きなさい。

ア Ms. Brown became a big fan of elephants after she started working in the zoo.

イ Ms. Brown found that Taro's mother gave Taro milk well when he was born.

ウ Ms. Brown said that giving baby elephants milk from a bottle is easy.

エ Ms. Brown was happy when Taro started drinking a lot of milk from a bottle.

2 次の１～３の問いに答えなさい。

1　次の会話の（　　　）に入る最も適切な英語を，１語書きなさい。ただし，（　　　）内に示されている文字で書き始め，その文字も含めて答えること。

Kumi :　Hello. My name is Tanaka Kumi.

Josh :　Hi. I'm Joshua Santos. Please（c　　　）me Josh.

Kumi :　OK. Nice to meet you, Josh.

2　次の英文は，ジョーンズ先生（Mr. Jones）から英語部の部員への連絡です。質問の答えとして最も適切なものを，**ア**～**エ**から１つ選び，符号で書きなさい。

> My friend, Lucy White, will come to Japan from the U.K. next month. She plans to stay for a week. During her stay, she will visit this club. She is interested in Asian languages and wants you to teach her simple Japanese. She also wants you to learn about her country, so she will show you some pictures of the U.K. I hope you will have a good time.

What does Mr. Jones say about Ms. White?

ア　She wants the students to show pictures.　　**イ**　She wants to learn easy Japanese.

ウ　She will be in Japan for a month.　　**エ**　She will show pictures taken in Japan.

3　次の掲示物と会話を読んで，⑴，⑵の質問の答えとして最も適切なものを，**ア**～**エ**から１つずつ選び，符号で書きなさい。

Sakura Town Shogi Tournament

Group	Shogi Level	Fee (yen)
A	Very High	2, 000
B	High	1, 000
C	Middle	600
D	Low	300

【Information】
・Date : Sunday, July 21
・Time：9:00 a.m. — 5:00 p.m.
・Place : Culture Center
・Application deadline : June 21

・If you are under 18 years old, you need to pay only half of the fee.

・If you want to join the tournament, please send us an e-mail.　***sakura@***.com

Kaito :　Look at that poster about a *shogi* tournament!

Tom :　Oh, that sounds exciting. I have been playing *shogi* for five years.

Kaito :　Really? Me, too. How about joining the same group together? There are four groups. Let's join this group.

Tom :　Sure. Well, I need only 300 yen to join the tournament because of my age. You are 15 years old, too, right?

Kaito :　Yes. Oh, we have only one week before the application deadline. Let's send an e-mail soon.

（注）　level：レベル　　fee：参加料　　application deadline：申込締切

⑴　Which group are Kaito and Tom going to join?

ア　Group A　　**イ**　Group B　　**ウ**　Group C　　**エ**　Group D

⑵　When are Kaito and Tom talking?

ア　On June 14　　**イ**　On June 21　　**ウ**　On June 28　　**エ**　On July 14

(5) これから読む英文は，ある中学校で流れた校内放送です。放送の内容を正しく表しているものはどれでしょう。

Hello, everyone. I'm a member of the music club. Today, we are going to hold a music concert for the first time this year. We will sing songs with the piano and the guitar. We chose many songs loved by young people and have been practicing hard. We are sure that you will enjoy them. The concert will start at four o'clock and finish at five o'clock. Please come to the gym after school and enjoy our concert! We will see you there!

２

これから読む英文は，中学生の健（ Ken ）が，学校新聞を作るために，動物園で働いているブラウンさん（ Ms. Brown ）にインタビューをしているときのものです。この英文を聞いて，(1)，(2)の問いに答えなさい。なお，英文は２回読みます。英文を聞く前に，まず，(1)，(2)の問いを読みなさい。

（間 30 秒）では，始めます。

Ken : First, could you tell me why you decided to work in the zoo, Ms. Brown?

Ms. Brown : OK. I started working in the zoo because I love animals. When I was small, my father often took me to the zoo. That made me a big fan of animals, especially elephants. Now I feel happy to take care of the elephants.

Ken : Nice. Do you have any stories that made you happy in this zoo?

Ms. Brown : Yes. You know, there is an elephant named Taro in this zoo. When he was born, his mother couldn't give him milk well.

Ken : What did you do then?

Ms. Brown : I tried to give Taro milk from a bottle, but he didn't drink it at first. Giving milk to baby elephants is not easy. Actually, baby elephants only drink milk when they feel safe. So I did many things for Taro. For example, I played with him in the water and slept with him at night. I was so happy when he finally drank a lot of milk from the bottle.

Ken : That's great. Finally, could you give a message to the students in my school?

Ms. Brown : Sure. I think it's good to come to the zoo and see animals with your own eyes. You can find many interesting animal facts that you can't learn from books or TV.

Ken : Thank you for your time today.

Ms. Brown : You're welcome.

3 次の英文は，美香（Mika）が，電子書籍（e-book）と紙の書籍（printed book）について，英語の授業で発表したときのものです。1～3の問いに答えなさい。

Do you read e-books? E-books are books that you can read on digital devices such as a tablet. They have become very popular. So do you think that people will read only e-books in the future?

Look at Graph 1. This shows the sales of e-books and printed books in Japan from 2015 to 2021. You can see that the total sales of both books kept [①] between 2015 and 2018, but they started rising from 2019. The sales of printed books kept decreasing, and in 2021 they became the [②] in the seven years. On the other hand, the sales of e-books [③] increasing. In 2021, they became more than one quarter of the total sales of both books.

Graph 1

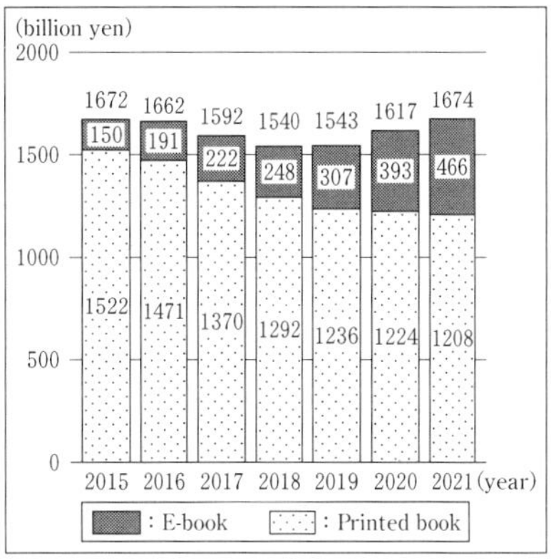

Actually, many kinds of books are becoming e-books today, but I found that picture books are different. One article says that most picture books are still read as printed books because they have special points. For example, children can enjoy touching books and turning their pages. They can also enjoy books of different shapes and sizes.

Then, how about the sales of picture books? Look at Graph 2. This shows the sales of picture books from 2013 to 2021. In 2013, they were 29.4 billion yen. In 2019, they decreased a little from 2017. However, they became more than 35 billion yen in 2021. According to one article, many long-selling picture books keep the sales of picture books good. In addition, many people who experienced different types of jobs became picture book artists. These new artists have been bringing unique ideas into picture books. These books are so attractive that children and even adults have become big fans of them. Because of these reasons, the sales of them got higher.

E-books are popular, but printed books have their own good points, too. So I believe printed books will still be read by many people in the future.

（注） digital device：デジタル端末　tablet：タブレット型端末　sales：売り上げ　total：合計の
on the other hand：一方で　picture book：絵本　turn：めくる　long-selling：長期間売れ続けている

1 本文中の [①] ～ [③] に入る英語の組み合わせとして最も適切なものを，**ア**～**エ**から1つ選び，符号で書きなさい。

ア ①—decreasing ②—highest ③—stopped　**イ** ①—decreasing ②—lowest ③—continued
ウ ①—increasing ②—lowest ③—stopped　**エ** ①—increasing ②—highest ③—continued

2 本文で美香が見せたGraph 2として最も適切なものを，**ア**～**エ**から1つ選び，符号で書きなさい。

ア
Graph 2

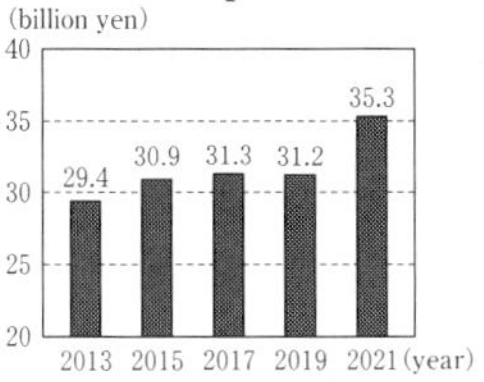

イ
Graph 2

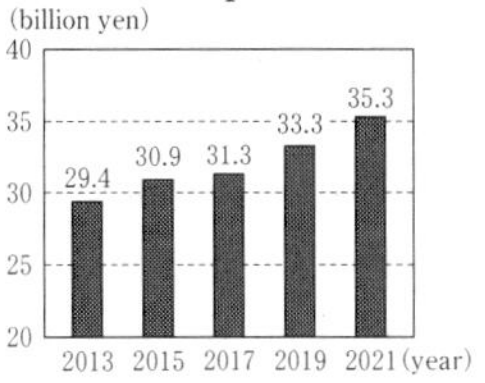

ウ
Graph 2

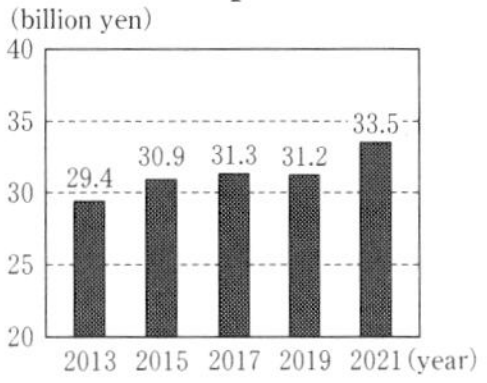

エ
Graph 2

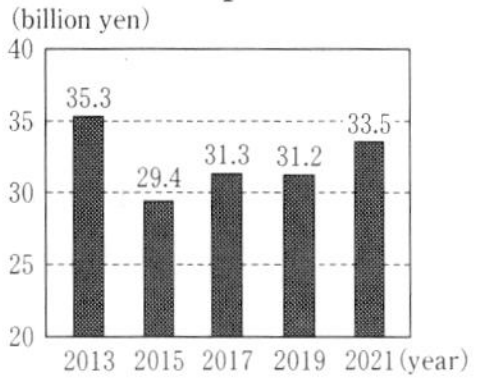

3 本文の内容に合っているものを，**ア**～**エ**から1つ選び，符号で書きなさい。

ア Mika explains that the experience of working as a picture book artist is useful in other jobs.
イ Mika says that new artists' attractive picture books are popular even among adults.
ウ Mika shows that even long-selling picture books cannot keep their sales good today.
エ Mika thinks that most people will stop reading printed books because of e-books in the future.

4 次の英文は，中学生のジョン（John），陸（Riku），朝美（Asami），花（Hana）が，道の駅（roadside station）について調べ，英語の授業で発表するために話し合いをしているときのものです。1～6の問いに答えなさい。

John : Let's talk about roadside stations for our presentation. Today we are going to think about two questions: "Why were roadside stations made?" and "Why are roadside stations becoming popular?"

Riku : About the first question, I found a good article. It says that roadside stations were originally made as a place for resting along the road. Drivers used them for restrooms, drinks, and road information. In 1993, 103 places were registered as roadside stations. Then the number has been increasing for 30 years. In 2023, there were 1, 209. Now Gifu has 56 roadside stations, and the number is the second largest in Japan! That made me surprised.

John : The second largest in Japan? I'm surprised to know that, too. We should show these facts first in our presentation. Let's move on to the second question.

Asami : Well, I found that some roadside stations are becoming popular because they give cultural and natural experiences to visitors. For example, at one roadside station in Gifu, visitors can experience making *soba*. I went there to do it with my family, and it was a lot of fun. At other roadside stations, visitors can enjoy picking fruits or even relax in hot springs!

John : I see. Now they are not just for resting. I think some of them have become a "destination" of a trip like an amusement park. Do you know any other reasons?

Asami : Yes. Many visitors look forward to getting special products from the area. For example, they can buy fresh fruits and vegetables. Actually, my grandmother sells vegetables at a roadside station. One day, I found her tomatoes with "POP advertising" there. Her name and smiling face were printed on it. It said, "Great tomato farmer with 35 years of experience!" I think people feel safe to see who made the products. In addition, she loves talking to people buying her tomatoes. She is happy that many people are now fans of her tomatoes. She says, "Because of the roadside station, I feel proud of my job."

John : Asami explained why roadside stations are attractive to visitors. They can enjoy cultural and natural experiences there. This should be the second point in our presentation. She also talked about the local people's feelings. It may be important to think about the value of roadside stations for the local people, too.

Hana : I agree. I visited one roadside station last Saturday and interviewed a staff member, Mr. Honda. He told me that the staff members and local people worked hard together to make the town attractive with the roadside station. They spent a long time and finally created special ice creams and jams with local milk and fruits. They also decided to sell traditional local dishes that they eat in their daily lives. He said, "I was glad that these new products and local dishes quickly got popular. But I was also glad that many people in the town were more connected and found the town's value that we didn't realize. Now we are proud of this town." It means that they discovered their town's attractive and unique points because of the roadside station. I thought this is a good point of roadside stations for the local people.

John : That's an important point. Let's talk about it at the end of our presentation. Well, look at these notes①. The main points of our presentation will be these three. Now we should decide the title. I think the best title to show the main idea of our presentation is "*Michi-no-Eki*: [②]." This includes all of your points. Do you agree?

< *Riku, Asami, and Hana agree with John.* >

John : Thank you. I'm sure everyone will enjoy our presentation!

（注） register：登録する　destination：目的地　POP advertising：ポップ広告　value：価値

1　朝美が，道の駅で家族と一緒に体験したことはどれか。本文で述べられているものを，**ア**～**エ**から1つ選び，符号で書きなさい。

ア

イ

ウ

エ

2　次のスライドは，ジョンが本文中の下線部①で見せたメモをもとに作成し，発表の始めに話の流れを示すために使用したものである。スライドの（　X　）と（　Y　）に入る最も適切なものを，**ア**～**エ**からそれぞれ1つずつ選び，符号で書きなさい。

ア　Attractive things for visitors

イ　Road information for drivers

ウ　What is one good point for local people?

エ　What is one serious problem for farmers?

Roadside Stations

1. The history and the number
2. (　　　　X　　　　)
3. (　　　　Y　　　　)

道の駅のシンボルマーク

3　本文中の　②　に入る最も適切なものを，**ア**～**エ**から1つ選び，符号で書きなさい。

ア　A place for buying, selling, and eating food from the local area

イ　A place for getting information and buying fruits and vegetables

ウ　A place for relaxing and feeling nature with family members

エ　A place for resting, having fun, and discovering the value of the area

4　次の質問に対する答えを，本文の内容に即して，英語で書きなさい。

(1)　Was Riku surprised that the number of roadside stations in Gifu is the second largest in Japan?

(2)　Why did Hana think that roadside stations are good for the local people?

5　本文の内容に合っているものを，**ア**～**オ**から1つ選び，符号で書きなさい。

ア　Asami explains that people can easily find cheap products because of POP advertising.

イ　Asami's grandmother feels proud of her job as a farmer because of the roadside station.

ウ　Hana says that Mr. Honda created some new products without spending a long time.

エ　John thinks that roadside stations cannot be a destination of a trip like an amusement park.

オ　Riku shows that there were over one thousand roadside stations in Japan in 1993.

6　次の英文は，ジョン，陸，朝美，花の発表を聞いたALT（外国語指導助手）が書いたコメントの一部です。（③　　），（④　　）に入る最も適切な英語を，本文中から抜き出して1語ずつ書きなさい。ただし，（　　）内に示されている文字で書き始め，その文字も含めて答えること。

After your wonderful presentation, I decided to visit some roadside stations during my next vacation. You said that we can enjoy (③ c　　) and natural experiences in the local area. It sounds like fun. By the way, people in this town often say, "We have nothing special around here." But to me, everything here is special. So it was interesting that Mr. Honda tried to make the town (④ a　　) by using the things in the area. I hope more people here will be proud of this town.

5 次の１，２の会話について，それぞれの[　　　]内の語を正しく並べかえて，英文を完成させなさい。

1 （休み時間の教室で）

Mr. Baker : What do you want to do in the future, Misaki?

Misaki : I still don't know. What [you / your / dream / was / when] were a student?

Mr. Baker : My dream was to live in Japan. I'm happy to teach English here now.

2 （放課後の教室で）

Mike : I heard you will join the speech contest next month.

Saki : Yes. I think it will be a good experience, but I need to practice more.

Mike : You should ask Mr. Brown for help. I [he / you / help / think / will] practice for the speech.

6 次の１，２の問いに答えなさい。

1 次の⑴，⑵の会話について，[　　] に示した＜例＞を参考にしながら，必要があれば[　　　]内の語を適切な形に変えたり，不足している語を補ったりして，それぞれの英文を完成させなさい。ただし，[　　　]内は４語以内とすること。また，文頭に来る語は，最初の文字を大文字にすること。

＜例＞（電話で）

Yumi : Hi, Bill. [　　do　　] now?

Bill : I'm studying math at home.　　　[答え]What are you doing　（４語）

⑴ （休み時間の教室で）

Kenji : I went to Hiroshima to see my grandmother last weekend.

Meg : That's nice. [　　go　　] there?

Kenji : By train and bus.

⑵ （職員室で）

Rina : I'm thinking about learning French.

Mr. White : Nice. French [　　speak　　] many countries as an official language now.

Rina : Wow, I see. I hope I can visit those countries in the future.

2 あなたは，英語の授業で，「映画を家で見ること」について，ALT（外国語指導助手）のグリーン先生（Mr. Green）から次のように質問をされました。グリーン先生との会話文の[　　　]に，映画を家で見ることの良い点について，あなたの考えを，次の《注意》に従って英語で書きなさい。

《注意》・文の数は問わないが，10 語以上 20 語以内で書くこと。

・短縮形（I'm や don't など）は１語と数え，符号（ , や . など）は語数に含めないこと。

＜グリーン先生との会話文＞

Mr. Green

I like watching movies at a movie theater. But we can also enjoy movies on a smartphone, a tablet, or TV at home. What are the good points about watching movies at home? Tell me your ideas.

You

There are some good points about watching movies at home. For example, [　　　　]

（注） smartphone：スマートフォン　　tablet：タブレット型端末

令和6年度

学　力　検　査

理　　　科

(50分)

注　意

1　指示があるまでは，この冊子を開いてはいけません。

2　解答用紙は，この冊子の中に，はさんであります。

3　答えは，全て解答用紙に記入しなさい。ただし，□の欄には，何も書いてはいけません。

4　検査問題は6ページで，問題は 1 から 5 まであります。

1　1～4について，それぞれの問いに答えなさい。

1　太陽と星の日周運動について調べた。

(1)　図1は，夏至の日に，観察を行った地点**P**で太陽が南中したとき，公転面上から見た地球と太陽の光を示した模式図である。a～dは角度を示している。南中高度を示す角度として最も適切なものを，図1のa～dから1つ選び，符号で書きなさい。

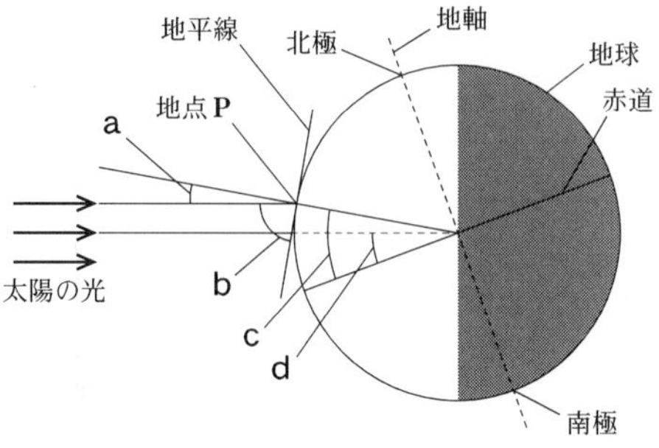

図1

(2)　図2は，同時刻に南中する星**A**～**C**の動きを透明半球にかいたものである。星**A**～**C**が沈む順序として最も適切なものを，**ア**～**キ**から1つ選び，符号で書きなさい。

ア　**A**，**B**，**C**の順に沈む。
イ　**A**，**C**，**B**の順に沈む。
ウ　**B**，**A**，**C**の順に沈む。
エ　**B**，**C**，**A**の順に沈む。
オ　**C**，**A**，**B**の順に沈む。
カ　**C**，**B**，**A**の順に沈む。
キ　全て同時に沈む。

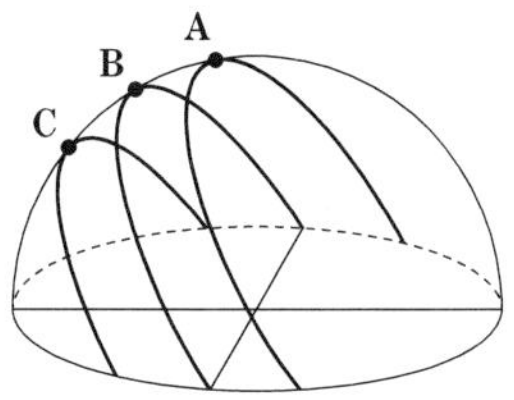

図2

2　抵抗の値が分からない抵抗器**X**と10Ωの抵抗器**Y**を用いて図3の回路を作り，電源の電圧を8.0Vにしたとき，電流計は0.20Aを示した。

(1)　回路全体の抵抗の値は何Ωか。

(2)　抵抗器**X**に加わる電圧の大きさは何Vか。

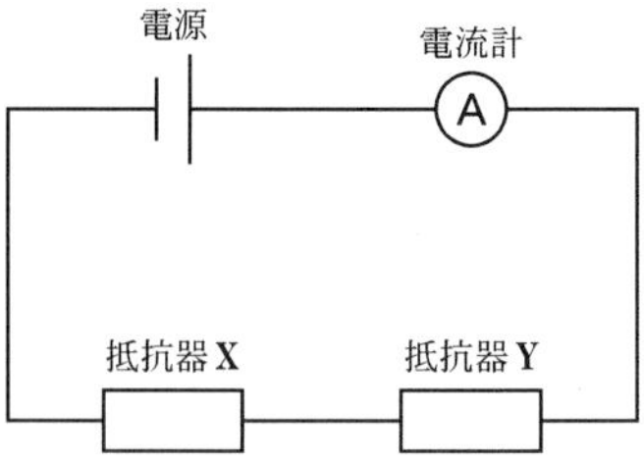

図3

3　銅の粉末を0.80gとり，ステンレス皿に入れ，次の操作1，2を5回くり返す実験を行った。表は，その結果をまとめたものである。

操作1…粉末をよくかき混ぜステンレス皿全体にうすく広げ，図4のようにガスバーナーで加熱する。

操作2…ガスバーナーの火を消し，よく冷ましてから，ステンレス皿の上の粉末の質量をはかる。

図4

熱した回数〔回〕	1	2	3	4	5
粉末の質量〔g〕	0.90	0.95	1.00	1.00	1.00

表

(1)　実験の結果から，0.80gの銅の粉末に結びつくことができる酸素の質量は最大何gか。

(2)　操作を5回くり返す間に，銅の粉末はだんだん黒い物質になった。この黒い物質は何か。化学式で書きなさい。

4　エンドウを用いて，遺伝の規則性を調べる実験を行った。丸い種子をつくる純系のエンドウの花に，しわのある種子をつくる純系のエンドウの花粉を受粉させた。こうしてできた子の代にあたる種子は全て丸い種子になった。

(1)　次の［　　　］の①～③に当てはまる正しい組み合わせを，**ア**～**カ**から1つ選び，符号で書きなさい。

エンドウの種子を丸くする遺伝子をA，しわにする遺伝子をaとすると，子の代にあたる丸い種子のエンドウの遺伝子の組み合わせは全て［　①　］である。このように，［　②　］が行われ，対になっている遺伝子が分かれて別々の生殖細胞に入ることを［　③　］という。

ア　①　AA　②　体細胞分裂　③　対立形質
イ　①　AA　②　体細胞分裂　③　分離の法則
ウ　①　AA　②　減数分裂　③　対立形質
エ　①　Aa　②　体細胞分裂　③　分離の法則
オ　①　Aa　②　減数分裂　③　対立形質
カ　①　Aa　②　減数分裂　③　分離の法則

(2)　実験でできた子の代にあたる種子を育てて自家受粉させると，孫の代にあたる種子が1200個できた。このうち，丸い種子はおよそ何個か。**ア**～**カ**から最も適切なものを1つ選び，符号で書きなさい。

ア　300個　**イ**　400個　**ウ**　600個　**エ**　800個　**オ**　900個　**カ**　1200個

2 次の観察と実験を行った。1～7の問いに答えなさい。

〔観察〕 植物の体のつくりを調べるために，ツバキの葉の切片を作り，プレパラートを作成し，顕微鏡で断面を観察した。図1は，そのスケッチである。

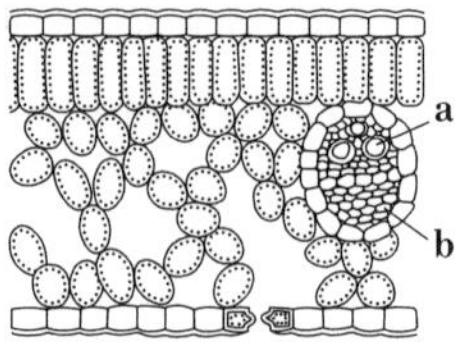

図1

〔実験〕 枝の長さ，葉の大きさや枚数がほぼ同じである4本のサクラの枝**A**～**D**を用意した。枝**A**は何も処理せず，枝**B**は葉の裏側にワセリンを塗り，枝**C**は葉の表側にワセリンを塗り，枝**D**は葉を全てとった。図2のように，枝**A**～**D**をメスシリンダーに1本ずつさし，水を入れ，最後に水面に油を入れた。次に，枝**A**～**D**をさしたメスシリンダー全体の質量をそれぞれ測定した後，明るく風通しのよいところに置いた。2時間後，枝**A**～**D**をさしたメスシリンダー全体の質量をそれぞれ測定し，水の減少量を調べた。表は，その結果をまとめたものである。ただし，蒸散以外による水の減少はないものとする。

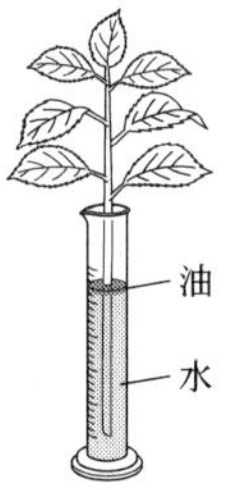

図2

	水の減少量〔g〕
枝**A**	4.8
枝**B**	1.5
枝**C**	3.7
枝**D**	0.4

表

1 観察について，正しく述べている文はどれか。**ア**～**エ**から最も適切なものを1つ選び，符号で書きなさい。

ア 切片を作るときは，葉をできるだけ厚く切る。

イ プレパラートを作成するときは，切片に水を1～2滴程度たらしてからカバーガラスをかける。

ウ 顕微鏡で観察を行うときは，反射鏡に直射日光が当たる明るく水平なところに顕微鏡を置く。

エ 顕微鏡で観察を行うときは，最初に最も高倍率の対物レンズで観察する。

2 観察で，ツバキの葉の細胞の中にはたくさんの緑色の粒が見られた。この緑色の粒を何というか。言葉で書きなさい。

3 次の［　　］には同じ言葉が当てはまる。［　　］に当てはまる言葉を書きなさい。

植物の葉や茎は器官である。動物や植物は，多くの細胞からできており，形やはたらきが同じ細胞が集まって［　　］をつくり，いくつかの［　　］が集まって特定のはたらきをもつ器官をつくる。

4 ツバキは双子葉類である。双子葉類に分類されるものを，**ア**～**オ**から全て選び，符号で書きなさい。

ア イネ　**イ** トウモロコシ　**ウ** タンポポ　**エ** ユリ　**オ** アサガオ

5 次の［　　］の(1)に当てはまる言葉を書きなさい。また，(2)に当てはまるものを，**ア**～**エ**から1つ選び，符号で書きなさい。

図3は，ツバキの茎の横断面を示した模式図である。植物の体で，根から吸収した水が通る管を［(1)］といい，［(2)］が［(1)］である。

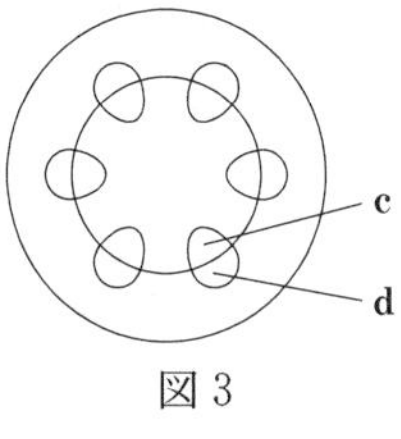

図3

ア 図1の**a**と図3の**c**　**イ** 図1の**b**と図3の**c**

ウ 図1の**a**と図3の**d**　**エ** 図1の**b**と図3の**d**

6 実験で，葉にワセリンを塗った目的を，「ワセリンを塗った部分における」に続けて，簡潔に説明しなさい。

7 次の［　　］の(1)，(2)に当てはまる正しい組み合わせを，**ア**～**エ**から1つ選び，符号で書きなさい。

実験の結果から，この植物の葉の蒸散量は葉の［(1)］で多いことが分かる。また，葉以外の部分で蒸散が［(2)］ことが分かる。

ア (1) 表側 (2) わずかに起こる　**イ** (1) 裏側 (2) わずかに起こる

ウ (1) 表側 (2) 全く起こらない　**エ** (1) 裏側 (2) 全く起こらない

3 次の実験を行った。1～7の問いに答えなさい。

〔実験〕 種類の分からない白い粉末**A**～**C**がある。粉末**A**～**C**はショ糖，塩化ナトリウム，硝酸カリウムのいずれかである。3つのビーカー**a**～**c**を用意し，それぞれに水を50.0g入れた。次に，ビーカー**a**には粉末**A**を，ビーカー**b**には粉末**B**を，ビーカー**c**には粉末**C**を，それぞれ25.0gずつ入れ，ビーカー**a**～**c**を40℃まで温め，よくかき混ぜて水への溶け方を調べた。その後，ビーカー**a**～**c**を20℃まで冷やし，よくかき混ぜて水への溶け方を調べた。表1はその結果をまとめたものであり，表2は3種類の物質の溶解度(100gの水に溶ける物質の質量)をまとめたものである。

温度〔℃〕	40	20
ビーカー**a**	透明になった	透明になった
ビーカー**b**	透明になった	溶け残った
ビーカー**c**	溶け残った	溶け残った

表1

水の温度〔℃〕	20	40
ショ糖〔g〕	197.6	235.2
塩化ナトリウム〔g〕	37.8	38.3
硝酸カリウム〔g〕	31.6	63.9

表2

1 次の［　　　］の(1)，(2)に当てはまる言葉をそれぞれ書きなさい。

実験で，ショ糖や塩化ナトリウム，硝酸カリウムのように水に溶けている物質を［　(1)　］といい，水のように［　(1)　］を溶かす液体を［　(2)　］という。

2 実験で，粉末**A**を溶かしたビーカー**a**の水溶液の質量パーセント濃度は何％か。小数第1位を四捨五入して，整数で書きなさい。

3 物質を水に入れてよくかき混ぜて時間がたった後の水溶液に，物質が溶けている様子を粒子のモデルで表したものとして最も適切なものを，**ア**～**エ**から1つ選び，符号で書きなさい。なお，●は溶けている物質を表している。

ア　　**イ**　　**ウ**　　**エ**

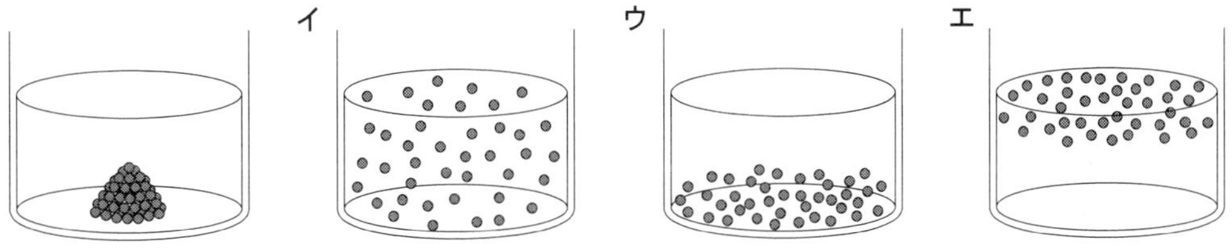

4 実験で，水に溶けている塩化ナトリウムは電離している。塩化ナトリウムが電離する様子を表す式を，化学式を使って書きなさい。

5 実験の結果から，粉末**A**，**B**，**C**はそれぞれ何か。正しい組み合わせを，**ア**～**カ**から1つ選び，符号で書きなさい。

ア	粉末**A**：ショ糖	粉末**B**：塩化ナトリウム	粉末**C**：硝酸カリウム
イ	粉末**A**：ショ糖	粉末**B**：硝酸カリウム	粉末**C**：塩化ナトリウム
ウ	粉末**A**：塩化ナトリウム	粉末**B**：ショ糖	粉末**C**：硝酸カリウム
エ	粉末**A**：塩化ナトリウム	粉末**B**：硝酸カリウム	粉末**C**：ショ糖
オ	粉末**A**：硝酸カリウム	粉末**B**：ショ糖	粉末**C**：塩化ナトリウム
カ	粉末**A**：硝酸カリウム	粉末**B**：塩化ナトリウム	粉末**C**：ショ糖

6 水に溶けた塩化ナトリウムと硝酸カリウムのうち，温度を下げることで結晶として取り出しやすい物質はどちらか。言葉で書きなさい。また，取り出しやすいと考えた理由を，「溶解度」という言葉を用いて，簡潔に説明しなさい。

7 実験で，ビーカー**b**を20℃まで冷やしたとき，結晶として取り出すことができる物質は何gか。

4 次の観測と調査を行った。1～7の問いに答えなさい。

〔観測〕 ある日の午前9時に校庭で空を見渡したところ，雲量は6であり，雨は降っていなかった。同時に風力と風向も観測したところ，風力は3で風向は東北東であった。このとき，教室内の乾湿計を見ると乾球は24.0℃，湿球は22.0℃を示していた。

〔調査〕 インターネットを使って，日本の海沿いの地点**X**について，午前5時から午後9時までの風速と風向を調べた。図1は，その結果をまとめたものである。この日は海風と陸風がはっきりと観測されていた。

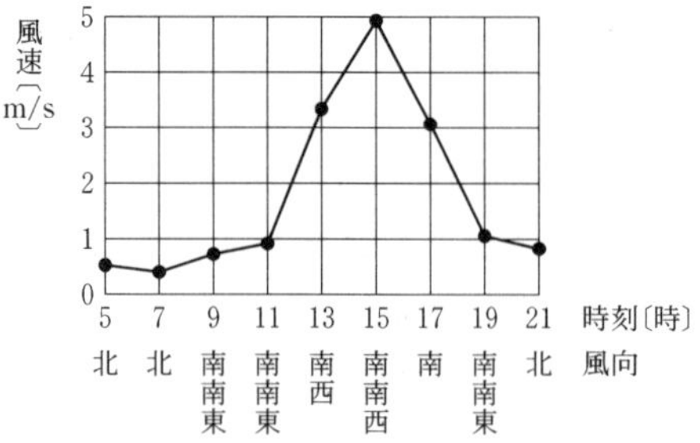

図1

1 次の［　　　］の(1)，(2)に当てはまる正しい組み合わせを，**ア**～**エ**から1つ選び，符号で書きなさい。

気象観測で，気温は地上から約［(1)］の高さの，直射日光が［(2)］ところではかる。

ア (1) 1.5 m (2) 当たる　　**イ** (1) 15 cm (2) 当たる

ウ (1) 1.5 m (2) 当たらない　　**エ** (1) 15 cm (2) 当たらない

2 観測の結果から，午前9時の天気，風向，風力を表す天気図記号をかきなさい。

3 表は，湿度表の一部である。観測を行った日の午前9時における教室内の湿度は何％か。

4 観測を行った日の午前10時，教室内の乾球は27.0℃を示していた。午前9時から午前10時まで，教室内の空気中に含まれている水蒸気量が変化しないとき，午前10時の湿度は何％か。小数第1位を四捨五入して，整数で書きなさい。ただし，24.0℃の飽和水蒸気量を21.8 g/m^3，27.0℃の飽和水蒸気量を25.8 g/m^{3}とする。

乾球の示度〔℃〕	乾球と湿球の示度の差〔℃〕					
	1	2	3	4	5	6
28	92	85	77	70	64	57
27	92	84	77	70	63	56
26	92	84	76	69	62	55
25	92	84	76	68	61	54
24	91	83	75	68	60	53

表

5 次の［　　　］の(1)，(2)に当てはまる正しい組み合わせを，**ア**～**エ**から1つ選び，符号で書きなさい。

図2は，海風と陸風を説明する模式図である。陸風は図2の［(1)］の向きにふく風であり，陸上の気温が海上の気温より［(2)］なることで気圧に差が生じてふく風である。

ア (1) **A** (2) 高く　　**イ** (1) **B** (2) 高く

ウ (1) **A** (2) 低く　　**エ** (1) **B** (2) 低く

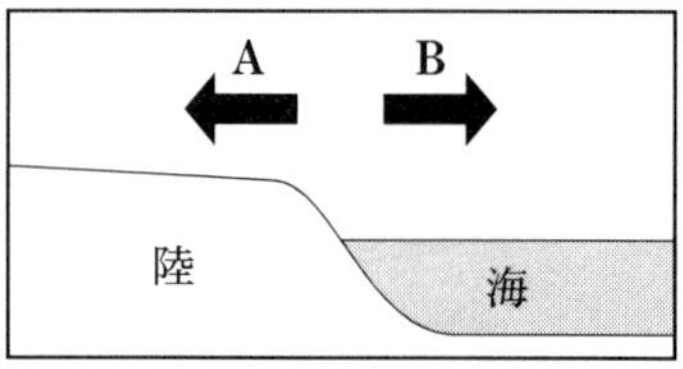

図2

6 調査の結果から，地点**X**を含む地域を上から見たときの模式図として最も適切なものを，**ア**～**エ**から1つ選び，符号で書きなさい。なお，海岸線の長さは5 kmであり，●は地点**X**の位置を表している。

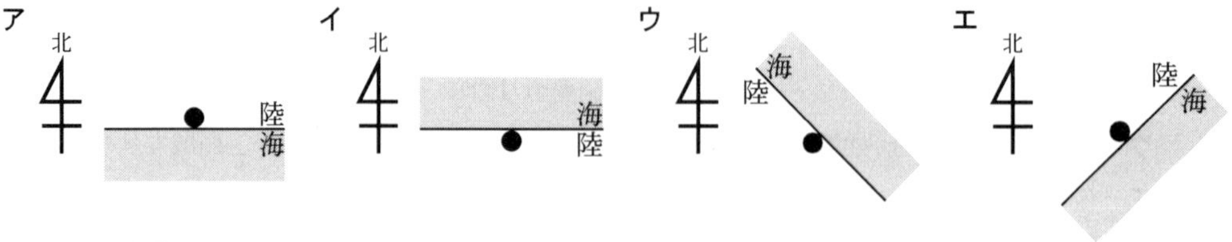

7 次の［　　　］の(1)～(3)に当てはまる正しい組み合わせを，**ア**～**エ**から1つ選び，符号で書きなさい。

日本付近の気象は，大陸と海洋の影響を受けている。夏になると［(1)］高気圧によって南東の風がふき，冬になると［(2)］高気圧によって北西の風がふく。このような風を［(3)］という。

ア (1) 太平洋 (2) シベリア (3) 季節風　　**イ** (1) シベリア (2) 太平洋 (3) 季節風

ウ (1) 太平洋 (2) シベリア (3) 偏西風　　**エ** (1) シベリア (2) 太平洋 (3) 偏西風

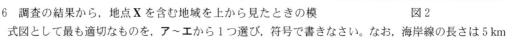

5 台車を用いて実験を行った。1～7の問いに答えなさい。ただし，100 g の物体にはたらく重力の大きさを1Nとする。

〔実験〕 図1のように，おもりを付けた糸を結んだ台車を水平な机の上に置いた。次に，静かに手をはなし，おもりを付けた糸に引かれて台車が運動する様子を，1秒間に60打点を打つ記録タイマーで，紙テープに記録した。図2は，紙テープを最初の打点から0.1秒ごとに切り取り，初めの10本をそれぞれ区間**a**～**j**として左から順に台紙にはり付けたものである。なお，おもりの質量は60 g，台車の質量は220 g であり，台車が動き始めた後，おもりは床に達して静止したが，台車はそのまま動き続け，車止めに当たって静止した。

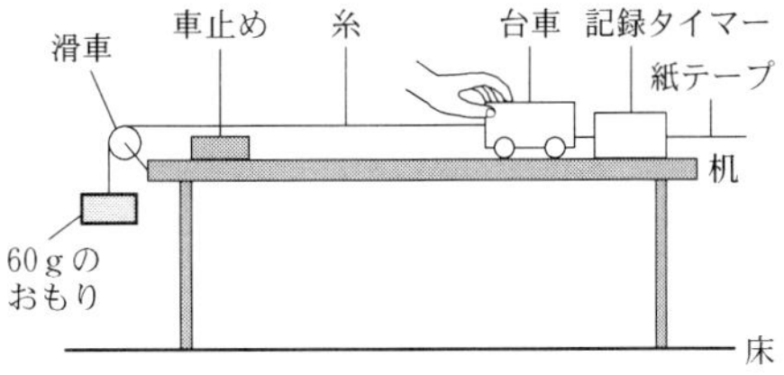

図1

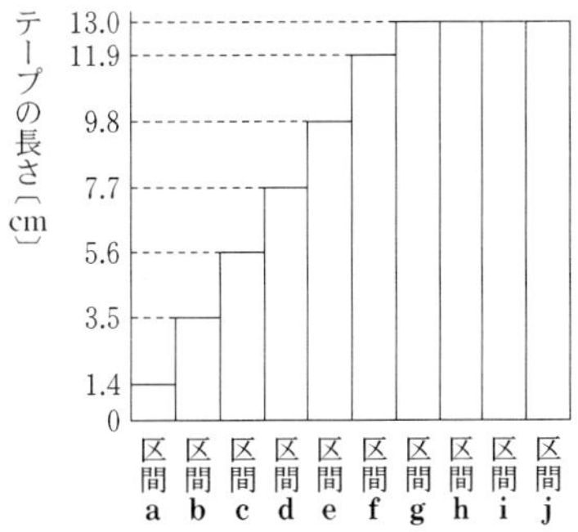

図2

1 実験で使用した台車にはたらく重力の大きさは何Nか。

2 台車を手で止めているとき，おもりには重力とつり合う力がはたらいている。その力を矢印で表しなさい。

3 図3は，紙テープの記録の最初の打点を**A**としたものである。実験で，最初の打点から0.1秒で切り取るためには，どの打点で切り取るとよいか。図3の**ア**～**エ**から1つ選び，符号で書きなさい。

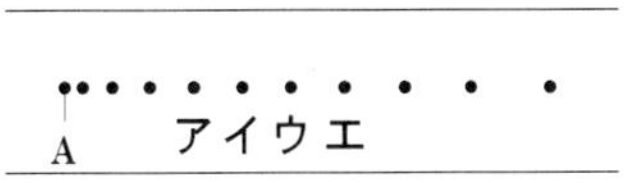

図3

4 実験で，区間**c**～**f**の台車の平均の速さは何 cm/s か。小数第1位を四捨五入して，整数で書きなさい。

5 実験で，区間**g**～**j**の台車にはたらく力について，正しく述べている文はどれか。**ア**～**ウ**から1つ選び，符号で書きなさい。

ア 台車にはたらく力は，糸が引く力と重力のみである。

イ 台車にはたらく力の合力の大きさは0Nである。

ウ 台車にはたらく力の合力の向きは，台車が進む向きと同じである。

6 実験で使用したおもりを，大きさは同じで質量が大きいおもりにかえ，同様の実験を行った。紙テープを切り取り，台紙にはり付けたものとして最も適切なものを，**ア**～**エ**から1つ選び，符号で書きなさい。

ア

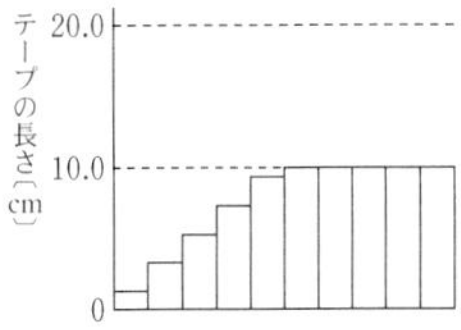

イ

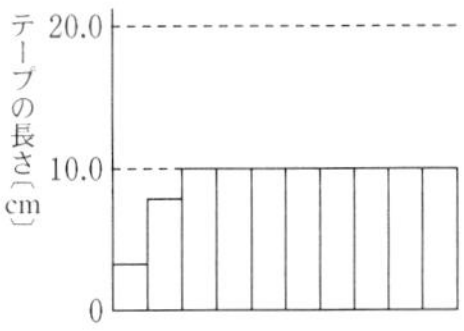

ウ

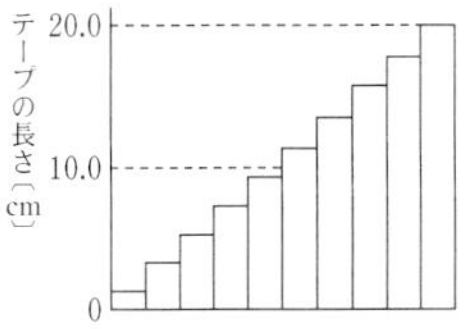

エ

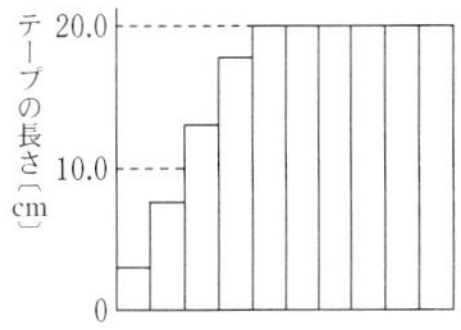

7 図4のように，机の片側を少し高くし，同様の実験を行った。台車が動き始めた後，おもりは床に達して静止したが，台車はそのまま動き続け，車止めに当たって静止した。台車が動き始めてから静止するまでの，手で止めた位置からの距離と時間の関係を表したグラフとして最も適切なものを，**ア**～**エ**から1つ選び，符号で書きなさい。なお，それぞれのグラフにおいて，点線は最初の実験を表す。

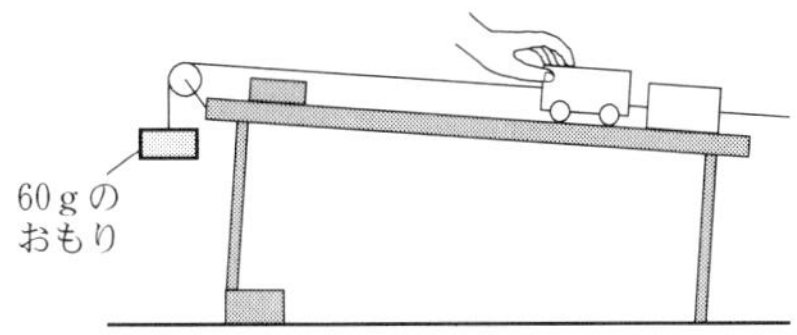

図4

ア

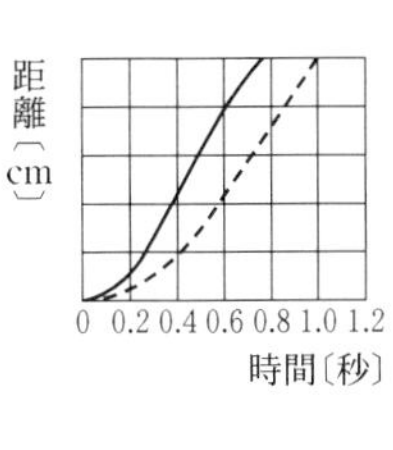

イ

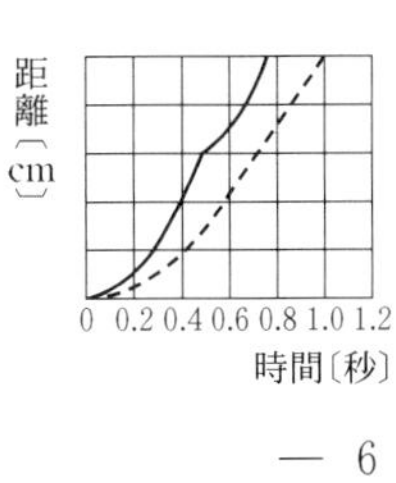

ウ

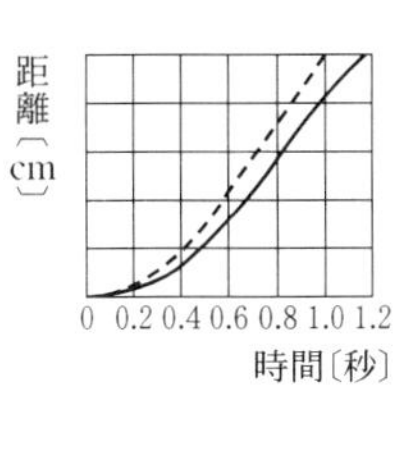

エ

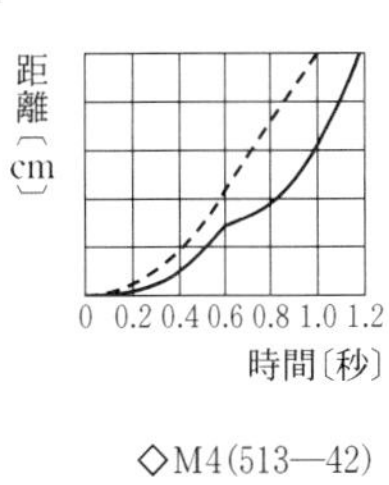

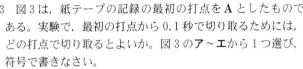

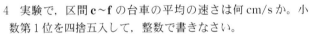

※教英出版注
音声は，解答集の書籍ＩＤ番号を教英出版ウェブサイトで入力して聴くことができます。

【放送原稿】第一次選抜

放送を聞いて答える問題

1

これから短い英文を読みます。英文は(1)から(5)まで５つあります。それぞれの英文を読む前に，日本語で内容に関する質問をします。その質問に対する答えとして最も適切なものを，**ア**から**エ**から１つずつ選び，符号で書きなさい。なお，英文は，(1)から(3)は１回ずつ，(4)，(5)は２回ずつ読みます。

(1)　これから読む英文は，エミリー（ Emily ）が，ある物について説明しているときのものです。何について説明をしているでしょう。

This is a present from my grandmother.　I like wearing this on a cold day because I feel warm.　This is one of my favorite clothes.

(2)　これから読む英文は，ボブ（ Bob ）と加奈（ Kana ）との会話です。加奈がハイキングに行ったときの天気の変化を正しく表しているものはどれでしょう。

Bob:　Kana, I heard you went hiking with your family yesterday.　How was the weather?

Kana :　In the morning, the weather was cloudy, but nice for climbing a mountain.　It became sunny when we were having lunch.　We didn't have rain yesterday.

Bob :　That's nice.

(3)　これから読む英文は，恵美（ Emi ）と留学生のマーク（ Mark ）との会話です。その会話の最後で，恵美がひとこと付け加えるとすると，どの表現が最も適切でしょう。なお，恵美がひとこと付け加えるところで，チャイムが鳴ります。

Emi :　What club will you join, Mark?

Mark :　I want to join the tennis club.

Emi :　Wow, I'm a member of the tennis club.　Do you have any questions?

Mark :　Yes.　I have one question.　How often do you practice?

Emi :　Usually,（チャイムの音）

(4)　これから読む英文は，真紀（ Maki ）が，サム（ Sam ）と一緒に参加する清掃活動について，電話に残したメッセージです。メッセージの内容を正しく表しているものはどれでしょう。

Hi, Sam.　This is Maki.　I got information about the summer cleaning activity at Green Park this Saturday.　The activity will start at 9 a.m., so let's meet at 8:45 a.m. at our school and go there together.　Plastic bags for trash will be given at the park, so we don't have to bring them.　It will probably be hot on that day, so don't forget to bring a cap and drinks.　See you on Saturday.　Bye.

令和６年度

学　力　検　査

社　　会

（50分）

注　意

1　指示があるまでは，この冊子を開いてはいけません。

2　解答用紙は，この冊子の中に，はさんであります。

3　答えは，全て解答用紙に記入しなさい。ただし，［　　］の欄には，何も書いてはいけません。

4　検査問題は６ページで，問題は［1］から［3］まであります。

◇M5(513—43)

1 かおりさんのクラスでは，歴史の授業で学習したことの中から，班ごとにテーマを設定して，まとめを書いた。1～13の問いに答えなさい。

A班　現代に伝わる奈良・京都の文化

［資料１］

奈良には，日本で最初の仏教文化である飛鳥文化を代表する資料１の [Ⅰ] や，①平城京に都が置かれていた時代の文化財が多くあり，世界遺産に認定されているものもある。また，京都では，桓武天皇が平安京に都を移してから，②天皇や貴族を中心とした政治が行われ，様々な文化が発展した。承久の乱後には，鎌倉幕府によって朝廷を監視するための [Ⅱ] が置かれ，南北朝時代には，③足利氏の将軍を中心とする幕府が開かれた。そして，④室町時代から安土桃山時代にかけて，現代にも伝わる文化がいくつも現れた。

1 [Ⅰ] に当てはまる，現存する世界最古の木造建築といわれている寺を，**ア**～**エ**から一つ選び，符号で書きなさい。

ア　延暦寺　　**イ**　興福寺　　**ウ**　法隆寺　　**エ**　東大寺

2 下線①について，次の [a]，[b] に当てはまる言葉の正しい組み合わせを，**ア**～**エ**から一つ選び，符号で書きなさい。

［資料２］

木簡の写真

※お詫び：著作権上の都合により，写真は掲載しておりません。

> 710年に [a] の都の長安にならって造られた平城京の都の跡からは，当時 [b] として使われた資料２のような木簡が出土している。

ア　a＝隋　b＝調や庸を都に運ぶときの荷札　　**イ**　a＝隋　b＝正式な貿易船の証明

ウ　a＝唐　b＝調や庸を都に運ぶときの荷札　　**エ**　a＝唐　b＝正式な貿易船の証明

3 下線②について，次の [c] に当てはまる言葉を書きなさい。

> 白河天皇は，自分の子孫を確実に天皇の位につけるため，位を譲って上皇になり，その後も政治を動かした。このように上皇が中心となって行う政治を [c] という。

4 [Ⅱ] に当てはまる機関の名を書きなさい。

5 下線③について，次の [d]，[e] に当てはまる言葉と文の正しい組み合わせを，**ア**～**エ**から一つ選び，符号で書きなさい。

［資料３］　室町幕府の仕組み

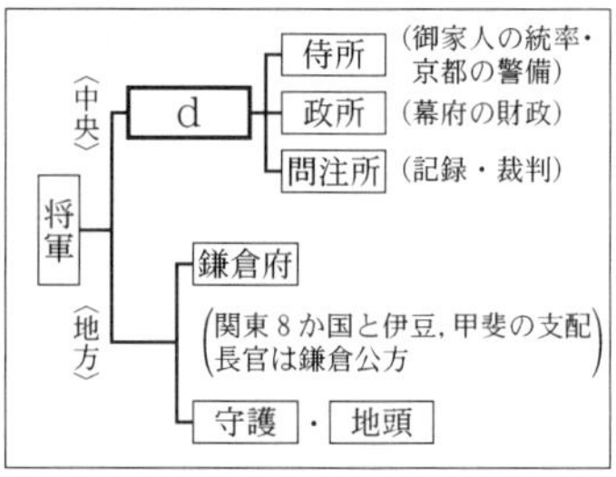

> 資料３は，室町幕府の仕組みを示したものであり，将軍の補佐役である [d] には，細川氏などの有力な守護大名が任命された。14世紀後半に将軍になった足利義満は，[e]，その後，太政大臣となって権力を握った。

ア　d＝管領　e＝南北朝の統一を実現し　　**イ**　d＝管領　e＝建武の新政を始め

ウ　d＝老中　e＝南北朝の統一を実現し　　**エ**　d＝老中　e＝建武の新政を始め

6 下線④について，次の**ア**～**ウ**の出来事を，年代の古い順に並べ，符号で書きなさい。

ア　千利休は，妙喜庵待庵という茶室を造り，わび茶と呼ばれる芸能を完成させた。

イ　観阿弥・世阿弥の親子は，幕府の保護を受け，能を大成した。

ウ　足利義政は，銀閣と同じ敷地にある書院造の東求堂同仁斎を，書斎として用いた。

B班　江戸時代の防災と災害への対応

住宅の密集する江戸では火事が多く，1657年の明暦の大火では10万人もの死者が出た。その後，幕府は，火の燃え広がりを防ぐために，広小路や火除け地を設けたり，⑤町火消しを作らせたりするなど，火災に強いまちづくりを進め，⑥江戸は目覚ましく発展した。また，江戸時代には，たびたび，災害などによってききんが起こることがあった。特に，大きなききんが起こったときには，物価が大きく上がり，百姓一揆や打ちこわしが増加することもあったので，幕府は，こうした状況に対応するために様々な改革を行った。

7 下線⑤を組織させ，目安箱を設置した，江戸幕府の将軍の名を書きなさい。

8　下線⑥について，次の [f]，[g] に当てはまる言葉の正しい組み合わせを，**ア**～**エ**から一つ選び，符号で書きなさい。

> 江戸は「 [f] 」といわれ，18 世紀の初めには，人口が約 100 万人を数える世界最大級の大都市となった。江戸が大消費地になると，京都や大阪を中心とする上方で作られた上質の品物が，略地図 1 の ━ で示した [g] で大阪から大量に運ばれた。[g] では，酒などを運ぶ樽廻船や，その他の品物を運ぶ菱垣廻船が運航した。

ア　f＝将軍のおひざもと　g＝南海路
イ　f＝将軍のおひざもと　g＝西廻り航路
ウ　f＝天下の台所　g＝南海路
エ　f＝天下の台所　g＝西廻り航路

［**略地図 1**］

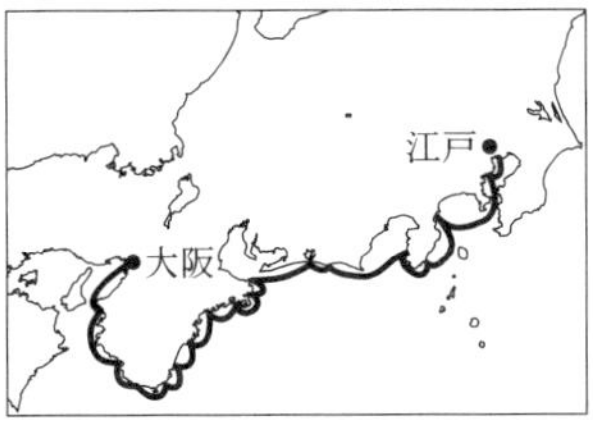

9　B 班は，まとめを補うために，略年表 1 を作成した。次の出来事は，略年表 1 の**ア**～**エ**のどの期間の出来事か。一つ選び，符号で書きなさい。

> 大阪町奉行所の元役人の大塩平八郎が，奉行所の対応に不満をもち，弟子など 300 人ほどで大商人を襲い，米や金を生活に苦しむ人々に分けようとした。

［**略年表 1**］

年	主な出来事
1657	明暦の大火が起こる
	↕　……**ア**
1716	享保の改革が始まる
1732	享保のききんが起こる
	↕　……**イ**
1782	天明のききんが起こる
1787	寛政の改革が始まる
	↕　……**ウ**
1833	天保のききんが起こる
	↕　……**エ**
1841	天保の改革が始まる

C 班　エネルギーと産業の発展

1872 年に，新橋と幕末最大の貿易港であった [Ⅲ] との間に，日本で初めての鉄道が開通してから，鉄道などの輸送機関では石炭が利用された。また，石炭は，産業革命期に造られた大工場の動力源として，さらには，⑦その後発展した重化学工業の分野でも利用された。日本は，⑧アメリカから始まった世界恐慌の影響で深刻な打撃を受けたときに，重化学工業の発展によって経済を回復させたが，この時期にも石炭が主要なエネルギー源となった。第二次世界大戦後には，石炭の増産が最優先で進められ，経済復興を支えたが，1960 年代には，石油が石炭にかわってエネルギーの中心となり，臨海型の工業地域が形成された。しかし，工業が発展した一方で，⑨公害が社会問題となり，その対策も進められてきた。

10　[Ⅲ] に当てはまる都市の名を，漢字 2 字で書きなさい。

11　下線⑦について，次の [h]，[i] に当てはまる言葉の正しい組み合わせを，**ア**～**エ**から一つ選び，符号で書きなさい。

> 資料 4 の官営の八幡製鉄所は，[h] で得た賠償金を基に，略地図 2 の [i] の場所に建設された。初めは生産量の低い状況が続いたが，後に国内の鉄の大半をまかなうようになり，後の重化学工業発展の基礎になった。

ア　h＝日清戦争　i＝X　**イ**　h＝日清戦争　i＝Y
ウ　h＝日露戦争　i＝X　**エ**　h＝日露戦争　i＝Y

［**資料 4**］

八幡製鉄所の写真

※お詫び：著作権上の都合により，写真は掲載しておりません。

［**略地図 2**］

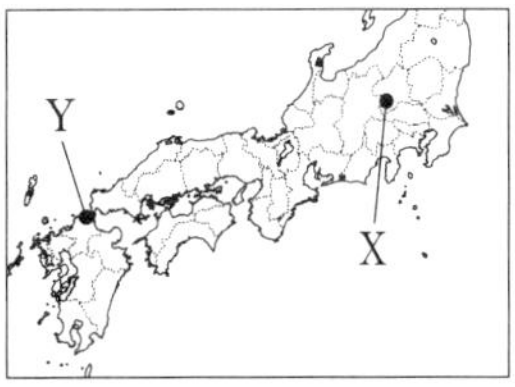

12　下線⑧について，次の [j] に当てはまる文を，グラフを参考にして，「公共事業」，「失業者」という二つの言葉を用いて，簡潔に書きなさい。

> アメリカは，大不況に対応するため，ローズベルト大統領の下，1933 年からニューディール（新規巻き直し）という政策を始めた。この政策では，農業や工業の生産を調整する一方で，[j] などして，景気の回復を図った。

［**グラフ**］　**アメリカの失業者数の推移**

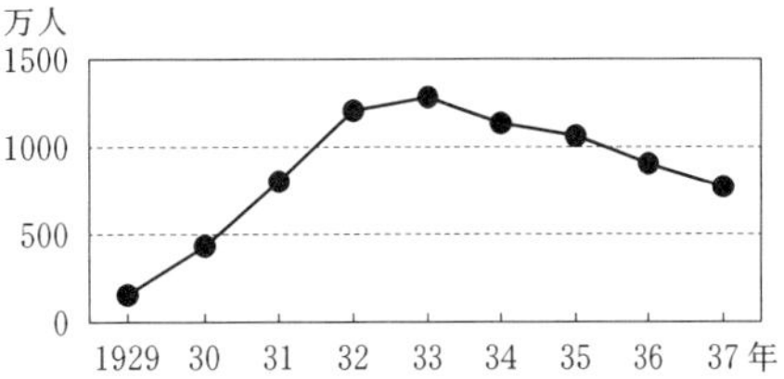

（「新編世界歴史統計」より作成）

13　下線⑨について，略年表 2 の Z の期間に，日本で起きた出来事を，**ア**～**エ**から一つ選び，符号で書きなさい。

ア　足尾銅山鉱毒事件が社会問題となる　**イ**　京都議定書が採択される
ウ　環境基本法が制定される　**エ**　環境庁が設置される

［**略年表 2**］

年	主な出来事
1950	特需景気が起こる
1960	所得倍増計画が出される
	↕　……Z
1973	石油危機が起こる

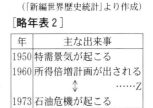

2 りょうさんとゆうなさんは，世界や日本の様々な地域の産業の変化に関心をもち，まとめを書いた。1～12の問いに答えなさい。

［りょうさんのまとめ］

《南アメリカの産業の変化》
アンデス山脈は，プレートの境界付近の，①火山や地震の震源が帯のように分布する場所に位置している。山脈の中央部には，標高4000 m付近でも暖かいところがあり，人々は日干しれんがや石で造られた家に住んでいる。また，住居より標高の低い場所で主食となる［ I ］を栽培するなど，伝統的な暮らしも見られる。近年は，交通網の整備や資源の開発などにより，都市に移り住む人，鉱山で働く人，観光産業に従事する人もいる。

《南太平洋の産業の変化》
②日付変更線の西側に位置する島国のサモアでは，河口や入り江の周辺に［ Ⅱ ］と呼ばれる森林が広がり，漁業などを中心とした生活が見られる。近年は，外国の生活様式が広まり，生活の中に増えてきた輸入製品を購入するお金を得るため，ニュージーランドなどへ出稼ぎに行く人もいる。

《アフリカの産業の変化》
焼畑農業や牧畜などの伝統的な生活が見られる一方で，植民地時代以後，少ない種類の農作物や鉱産資源の輸出に頼るモノカルチャー経済も広まった。③ナイジェリアをはじめ多くの国では，現在でもモノカルチャー経済の状態にあるため様々な課題が生じており，解決するための取り組みが進められている。また，共通の問題を協力して解決するために④アフリカ連合を結成し，発展に向けた努力をしている。

1　下線①は，略地図1の（灰色の帯）で示された場所である。この場所を何というか，書きなさい。

［略地図1］

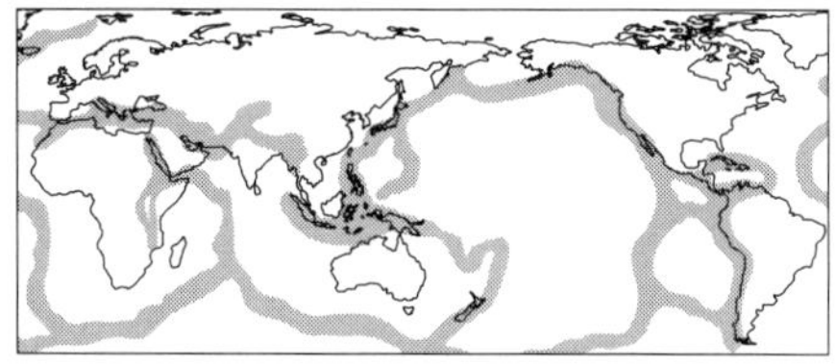

2　［ I ］に当てはまる言葉を，**ア**～**エ**から一つ選び，符号で書きなさい。

ア　タロいも　**イ**　じゃがいも　**ウ**　米　**エ**　小麦

3　下線②について，次の［ a ］，［ b ］に当てはまる言葉の正しい組み合わせを，略地図2を参考にして，**ア**～**エ**から一つ選び，符号で書きなさい。

> 標準時子午線の異なる国や地域の間では，その経度の差が15度につき1時間の時差が生じる。地球を一周すると［ a ］時間の時差になるため，経度180度を基準に日付変更線を設けて日付を調整している。そのため，略地図2の矢印の方向に日付変更線をまたいで移動するときは，日付を1日［ b ］ことになる。

ア　a＝12　b＝進める　　**イ**　a＝12　b＝遅らせる

ウ　a＝24　b＝進める　　**エ**　a＝24　b＝遅らせる

［略地図2］　北極を中心に描いた地図

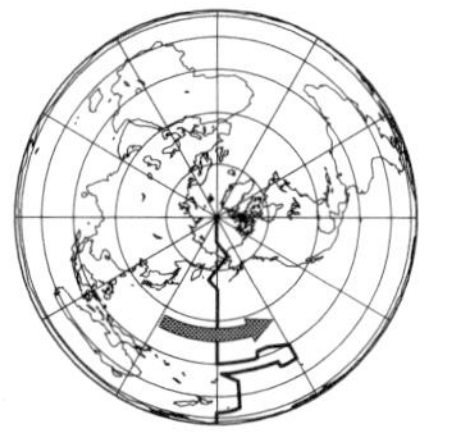

注：経線，緯線は30度ごとに示してある。また，―― は日付変更線を示している。

4　［ Ⅱ ］に当てはまる言葉を，**ア**～**エ**から一つ選び，符号で書きなさい。

ア　マングローブ　**イ**　タイガ　**ウ**　サバナ　**エ**　ステップ

5　下線③について，次の［ c ］に当てはまる文を，「原油の価格」，「国の収入」という二つの言葉を用いて，簡潔に書きなさい。

> 輸出品の内訳がグラフ1のようになっているナイジェリアでは，グラフ2のように，世界的な経済の状況などによって［ c ］ことが難しいということが課題になっている。

［グラフ1］ナイジェリアの主な輸出品の内訳（2017年）

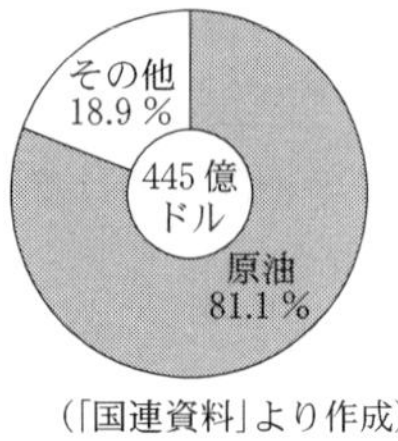

（「国連資料」より作成）

［グラフ2］　国際市場での1バレルあたりの原油の価格とナイジェリアの輸出額の推移

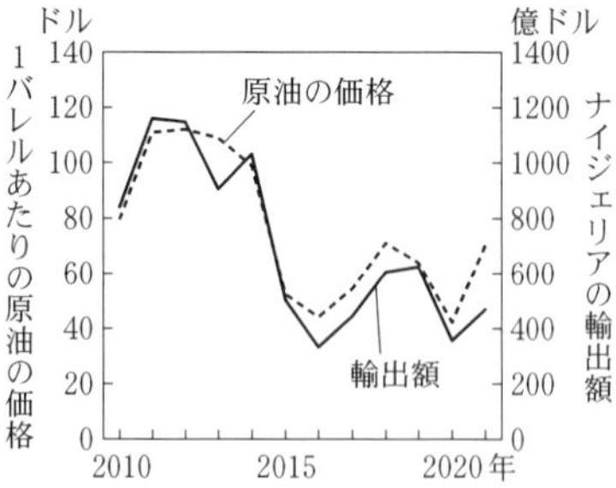

注：1バレル＝約159リットル。
（「THE WORLD BANK Commodity Markets」などより作成）

6　下線④の略称を，大文字のアルファベット2字で書きなさい。

国語解答用紙

□の欄には、何も記入しないこと。

一

① い

②

③

④

⑤ い

⑥ た

⑦ じる

⑧

⑨ な

⑩ ねる

2点×10

二

問一

問二

問三

問四　咲桜莉が、　　　感じを受けたから。

問五A

問五B

問一．３点
問二．３点
問三．５点
問四．８点
問五．３点×２

三

問一

問二

問三A

問三B

問三C

問三D

問一．３点
問二．３点
問三．２点×４
問四．３点
問五．８点

受検番号

合計

※100点満点

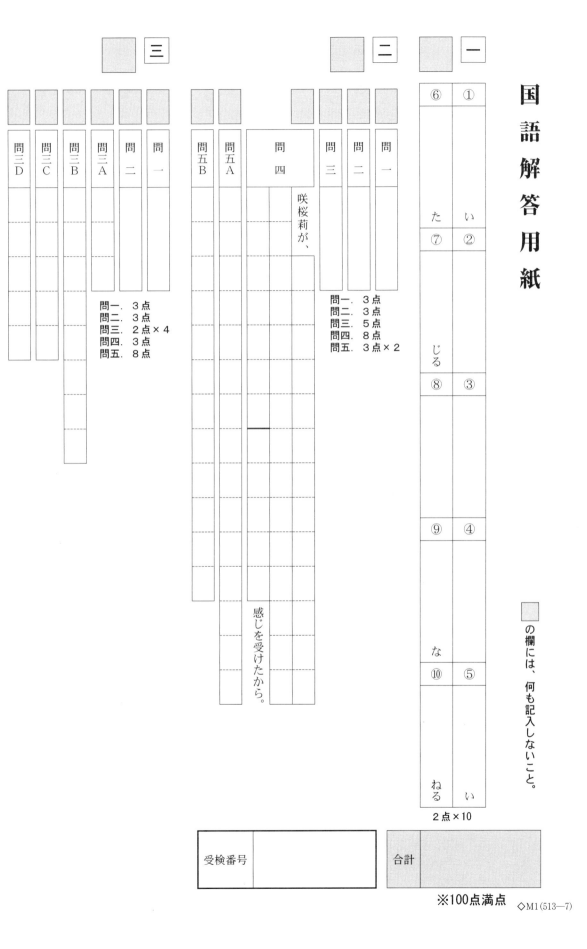

5

(1)10点
(2)(ア)３点
(イ)５点

(1)		証明
(2)	(ア)	倍
	(イ)	倍

6

(1)３点
(2)２点×４
(3)５点

(1)		通り
(2)	ア	
	イ	
	ウ	
	エ	
(3)		通り

受検番号	

合計	

※100点満点

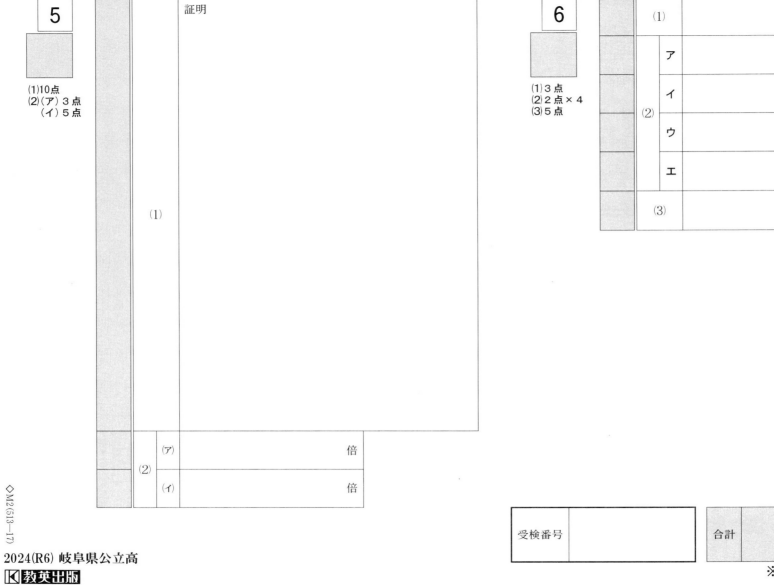

5

	1	What _____ _____ _____ _____ _____ were a student?
	2	I _____ _____ _____ _____ _____ practice for the speech.

4点×2

6

	1	(1)	there?
		(2)	French many countries as an official language now.
	2		(記入例) No, I don't.
			There are some good points about watching movies at home. For example, _____ _____ _____ _____ _____ _____ _____ _____ (10) _____ _____ _____ _____ _____ _____ _____ _____ _____ _____ (20)

1．4点×2
2．6点

2024(R6) 岐阜県公立高
教英出版

受検番号		合計	

※100点満点

4

3点×7

1	
2	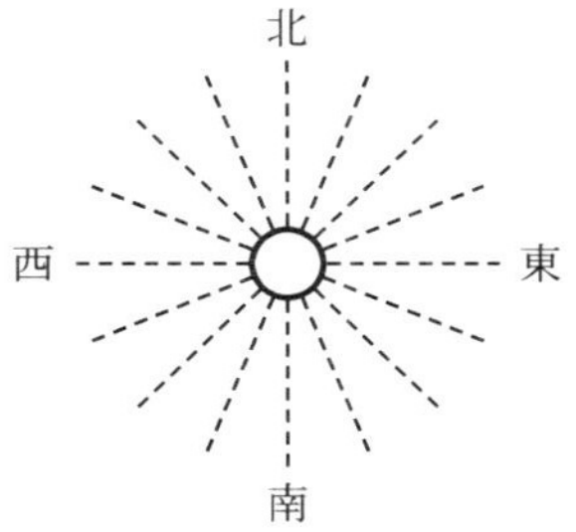
3	%
4	%
5	
6	
7	

5

3点×7

1	N
2	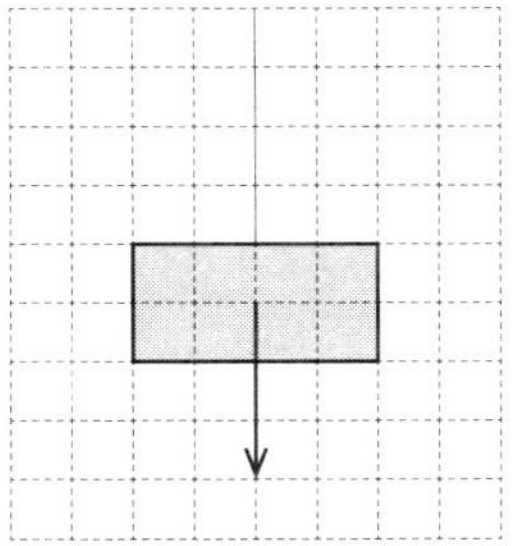
3	
4	cm/s
5	
6	
7	

受検番号	

合計	

※100点満点

3

1. 2点
2. 2点
3. (1) 3点
(2) 2点
4. 4点
5. 2点
6. 完答3点
7. 3点
8. 2点
9. 3点
10. (1) 3点
(2) 2点
11. 2点

1		裁判
2		
3	(1)	
	(2)	
4		
5		
6		
7		
8		
9		
10	(1)	
	(2)	
11		

受検番号	

合計	

※100点満点

社　会　解　答　用　紙

■ の欄には，何も記入しないこと。

1

1．２点
2．３点
3．２点
4．２点
5．３点
6．３点
7．２点
8．３点
9．３点
10．２点
11．３点
12．４点
13．２点

	1	
	2	
	3	
	4	
	5	
	6	古い出来事　──→　新しい出来事
		──→　　──→
	7	
	8	
	9	
	10	
	11	
	12	
	13	

2

1．２点
2．３点
3．３点
4．３点
5．４点
6．２点
7．３点
8．２点
9．３点
10．３点
11．２点
12．３点

	1	
	2	
	3	
	4	
	5	
	6	
	7	
	8	
	9	
	10	
	11	
	12	

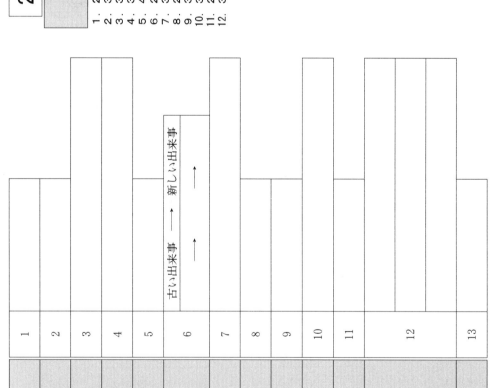

理　科　解　答　用　紙

（灰色の欄）の欄には，何も記入しないこと。

1

2点×8

1	(1)		
	(2)		
2	(1)		Ω
	(2)		V
3	(1)		g
	(2)		
4	(1)		
	(2)		

2

1．3点
2．2点
3．2点
4．完答3点
5．(1)2点
(2)3点
6．3点
7．3点

1		
2		
3		
4		
5	(1)	
	(2)	
6		ワセリンを塗った部分における
7		

3

1．2点×2
2．3点
3．2点
4．3点
5．3点
6．完答3点
7．3点

1	(1)	
	(2)	
2		%
3		
4		→
5		
6	物質	
	理由	
7		g

英 語 解 答 用 紙

の欄には，何も記入しないこと。

1

3点×9

1	(1)		
	(2)		
	(3)		
	(4)		
	(5)		
2	(1)	①	
		②	
		③	
	(2)		

2

3点×4

1		
2		
3	(1)	
	(2)	

3

4点×3

1	
2	
3	

4

3点×9

1		
2	X	
	Y	
3		
4	(1)	________, he ________.
	(2)	Because the local people discovered their town's attractive and ________ points that they didn't ________.
5		
6	③	
	④	

【解答

数　学　解　答　用　紙

（灰色の欄）の欄には，何も記入しないこと。

1

4点×6
（(5)は完答）

	(1)	
	(2)	
	(3)	
	(4)	
	(5)	
	(6)	cm^3

2

4点×3

	(1)		人
	(2)	(ア)	台
		(イ)	台

3

4点×3

	(1)	
	(2)	
	(3)	

4

(1) 2点
(2) 2点×2
(3) 3点
(4) 4点
(5) 5点

	(1)		
	(2)	ア	
		イ	
	(3)		$y =$
	(4)		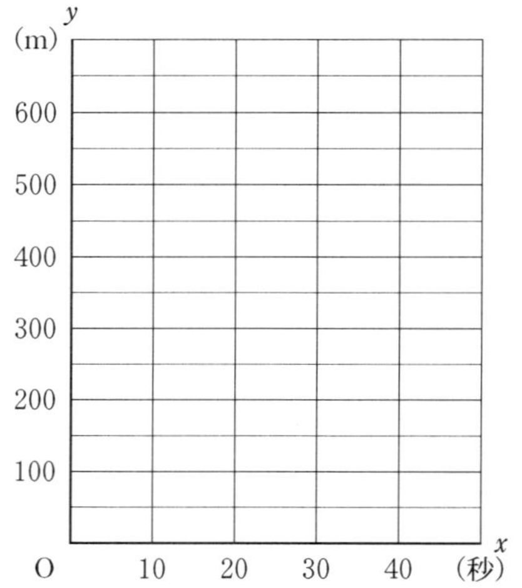
	(5)		秒後

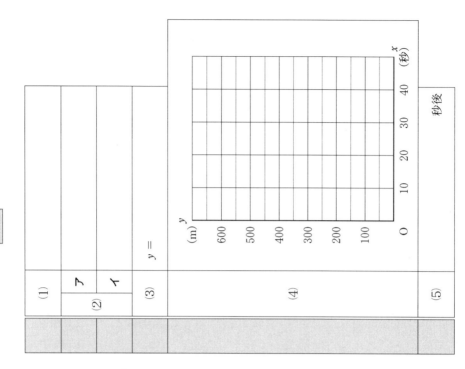

問四

問五

接触面を通して

こともあるため。

四

問一

問二

問三A

問三B

問一．３点
問二．４点
問三．４点×２

五

問一

問二

問一．５点
問二．10点

［ゆうなさんのまとめ］

《中国・四国地方の産業の変化》

⑤中国・四国地方は，四国山地より南の南四国，中国山地より北の［ Ⅲ ］，その間の瀬戸内の三つの地域からなり，それぞれの地域の特徴を生かした農業や漁業，石油化学などの工業が盛んである。近年は，⑥交通網が発達したことで，近畿地方や関東地方への農産物などの出荷や，瀬戸内海を渡って通勤や通学をする人々も増えてきた。

《関東地方の産業の変化》

⑦都心に企業などが集中し，周辺の地域から通勤・通学する者も多い。臨海部には工業地帯が形成され，都市周辺では都市に向けた畜産や野菜の栽培が，内陸では火山灰が堆積した赤土の［ Ⅳ ］におおわれた台地で畑作が行われている。近年は，⑧交通網の発達により，関東地方だけでなく，その他の地方からも農産物が都市に届けられている。

7　下線⑤について，グラフ3の**ア**～**ウ**は，略地図3に示された都市の1月と8月の平均降水量を示している。高松市に当たるものを，**ア**～**ウ**から一つ選び，符号で書きなさい。

8　［ Ⅲ ］に当てはまる地域の名を書きなさい。

9　下線⑥について，表1のA，Bは徳島県，愛媛県，グラフ4のC，Dは自動車，船舶のいずれかである。徳島県と自動車の正しい組み合わせを，**ア**～**エ**から一つ選び，符号で書きなさい。

［グラフ3］　1月と8月の平均降水量

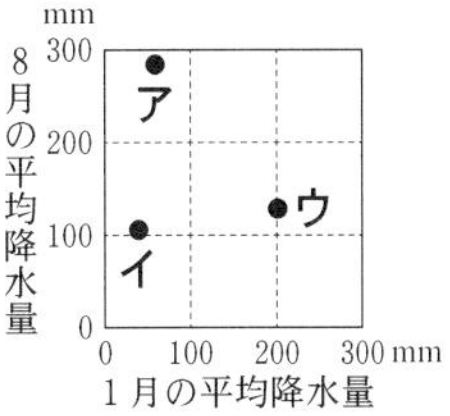

（「理科年表2022」より作成）

［略地図3］

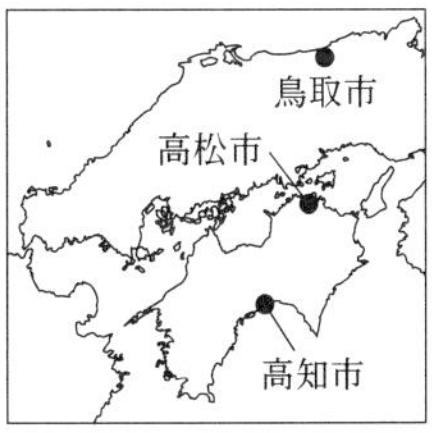

［表1］　四国発の高速バス利用者の割合（2019年）

出発地＼行き先	大阪府・京都府・兵庫県	広島県岡山県	その他	利用者の合計（人）
A	57.2％	33.8％	9.0％	9,002
B	90.2％	2.8％	7.0％	19,590
香川県	86.4％	5.0％	8.6％	12,688
高知県	67.8％	22.7％	9.5％	5,522

注：「その他」の行き先は，関東地方，北陸地方，愛知県，福岡県。

［グラフ4］　四国発国内貨物輸送量の，輸送手段別割合の変化

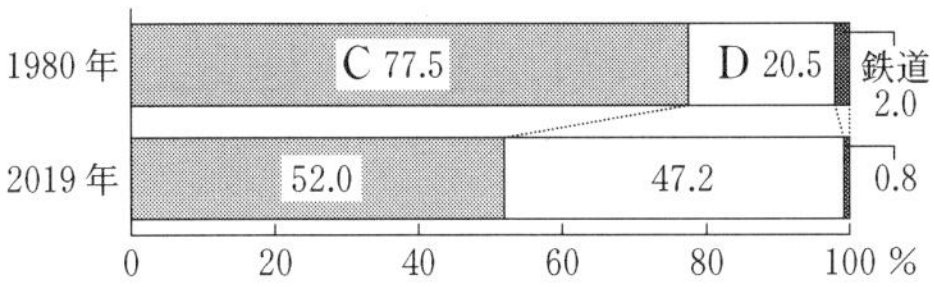

（表1，グラフ4とも「四国運輸局資料」より作成）

ア　徳島県＝A　自動車＝C　　**イ**　徳島県＝A　自動車＝D

ウ　徳島県＝B　自動車＝C　　**エ**　徳島県＝B　自動車＝D

10　下線⑦について，略地図4は東京都の港区の位置を示し，グラフ5のE，Fは1985年，2020年のいずれかである。次の［ d ］，［ e ］に当てはまる言葉の正しい組み合わせを，**ア**～**エ**から一つ選び，符号で書きなさい。

略地図4の港区では，1990年代に地価が下がりはじめ，再開発が進み，高層マンションや商業施設が建設され，人口が流入する［ d ］が起こった。2020年には，グラフ5のように人口や年齢別の人口割合も変化し，［ e ］歳代の割合が増加した。

［略地図4］

［グラフ5］　港区の年齢別人口割合

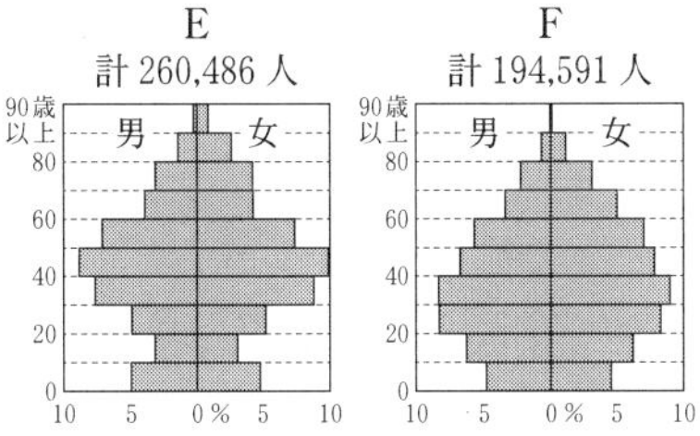

（「国勢調査資料」より作成）

ア　d＝都心回帰の現象　e＝40　　**イ**　d＝都心回帰の現象　e＝20

ウ　d＝ドーナツ化現象　e＝40　　**エ**　d＝ドーナツ化現象　e＝20

11　［ Ⅳ ］に当てはまる言葉を書きなさい。

12　下線⑧について，表2の**ア**～**エ**は，キャベツ，なす，じゃがいも，もものいずれかである。キャベツに当たるものを，**ア**～**エ**から一つ選び，符号で書きなさい。

［表2］　東京都中央卸売市場の入荷量の割合（2021年）

ア		イ		ウ		エ	
産地	％	産地	％	産地	％	産地	％
北海道	56.2	高知県	44.9	群馬県	25.9	山梨県	51.8
鹿児島県	16.2	群馬県	21.7	愛知県	23.7	福島県	28.3
長崎県	15.9	栃木県	13.8	千葉県	21.4	山形県	8.9
その他	11.7	その他	19.6	その他	29.0	その他	11.0

（「東京都中央卸売市場資料」より作成）

3 りこさんとゆうまさんは，職業講話を聞いて学んだことについてまとめを書いた。1～11の問いに答えなさい。

［りこさんのまとめ］ **講師：裁判官のＳさん**

《仕事の内容》

刑事裁判や［ a ］において，当事者の話をよく聞いて，法律に基づいて判決を下す。

《インタビューの記録（一部）》

質問：「どのようなところにやりがいを感じますか。」

答え：「裁判所は，公正な裁判が行われるように，①三権分立の原則に基づいて，②国会や③内閣から独立しています。したがって，他の権力からの圧力や干渉を受けることなく，自らが最終的に判断を下すことができるという点に，誇りとやりがいを感じます。」

《分かったこと，考えたこと》

裁判官の仕事は，④人権を守る責任感と公平さが必要だと分かった。今後⑤裁判員として裁判に参加することも考えられるので，主権者としてしっかりと制度について理解しておきたい。

1 ［ a ］に当てはまる言葉を，次の文を参考にして書きなさい。

［ a ］は，個人と企業の間，個人と個人の間など，私人の間の争いについての裁判である。審理では，訴えた人が原告，訴えられた人が被告となって，意見を述べ合う。

［資料１］

思想家の写真

※お詫び：
著作権上の都合により，写真は掲載しておりません。

2 下線①について，18世紀に著書「法の精神」で三権分立を説いた，資料１のフランスの思想家の名を書きなさい。

3 下線②について，⑴，⑵に答えなさい。

⑴ 表１の［ A ］～［ C ］に当てはまる言葉の正しい組み合わせを，**ア**～**エ**から一つ選び，符号で書きなさい。

ア A＝常会　B＝特別会　C＝臨時会

イ A＝常会　B＝臨時会　C＝特別会

ウ A＝臨時会　B＝特別会　C＝常会

エ A＝臨時会　B＝常会　C＝特別会

［表１］ **2021年の国会の動き**

日にち	主な出来事
1月18日	［ A ］が召集される
10月 4日	［ B ］が召集される
10月14日	衆議院が解散される
10月31日	衆議院議員総選挙が行われる
11月10日	［ C ］が召集される
12月 6日	［ B ］が召集される

⑵ 衆議院で可決された法律案が参議院で否決された場合でも，衆議院で再可決されれば法律となる。総議員数465人の衆議院で450人の議員が出席した場合，再可決のためには最低何人の賛成が必要となるか。**ア**～**エ**から一つ選び，符号で書きなさい。

ア 226人　**イ** 233人　**ウ** 300人　**エ** 310人

4 下線③について，次の［ b ］に当てはまる文を，「過半数」という言葉を用いて，簡潔に書きなさい。

内閣は，内閣総理大臣とその他の国務大臣で組織される。日本国憲法では，内閣総理大臣が国務大臣を任命することや，国務大臣のうち［ b ］ことが定められている。

［資料２］

第１条　すべての人間は，生れながらにして自由であり，かつ，尊厳と権利とについて平等である。人間は，理性と良心とを授けられており，互いに同胞の精神をもって行動しなければならない。

5 下線④について，資料２は，1948年に国際連合の総会において採択された宣言の一部を示したものである。この宣言の名を書きなさい。

6 下線⑤について，裁判員が行うこととして適切なものを，**ア**～**オ**から全て選び，符号で書きなさい。

ア 被疑者を取り調べ，必要があれば起訴する。

イ 公判で必要があれば被告人や証人に質問する。

ウ 被告人が有罪か無罪かを評議・評決する。

エ 被告人が有罪の場合の刑罰を評議・評決する。

オ 被告人に判決を言い渡す。

［ゆうまさんのまとめ］　**講師：スーパーマーケットの店長のＴさん**

《仕事の内容》

⑥商品の仕入れ・販売の計画を立てたり，⑦従業員の募集などの人事や会計事務の管理を行ったりする。

《インタビューの記録（一部）》

質問：「スーパーマーケットの経営で，工夫しているところは何ですか。」

答え：「⑧少子高齢化が進み，家族の形が多様化する中で，小分けのお総菜を増やすなどの工夫をしています。また，国産の食品に加えて，⑨様々な国や地域から輸入された食品を豊富に取りそろえています。さらに，支払いが簡単にできるように，⑩クレジットカードや電子マネーの利用ができるようにしています。」

《分かったこと，考えたこと》

スーパーマーケットでは，社会の変化や消費者の要望を，経営に生かしていることが分かった。私たち消費者は，お店や商品に関する多くの情報を集め，自分の意思と判断で適切な買い物ができるようにしていきたい。

7　下線⑥について，次の［ c ］，［ d ］に当てはまる言葉の正しい組み合わせを，**ア**～**エ**から一つ選び，符号で書きなさい。

グラフ１は，ある商品の需要量，供給量，価格の関係を示している。価格がＰ円であるとき，供給量が需要量を［ c ］おり，［ d ］が売れ残りの量となるので，一般に，この商品の価格は下落する。

ア　ｃ＝下回って　ｄ＝ＲとＱの和　　**イ**　ｃ＝下回って　ｄ＝ＲとＱの差

ウ　ｃ＝上回って　ｄ＝ＲとＱの和　　**エ**　ｃ＝上回って　ｄ＝ＲとＱの差

［グラフ１］

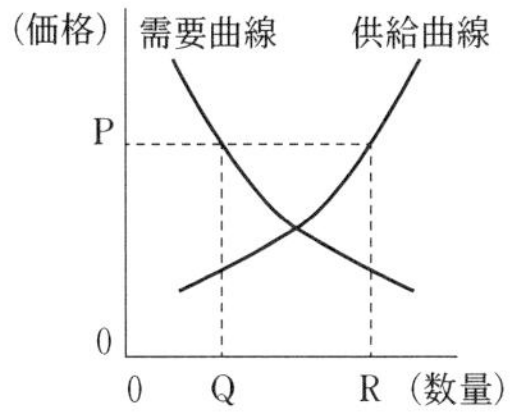

8　下線⑦について，資料３はＴさんが作成した求人広告の一部である。この内容は，労働三法の一つである，労働時間や賃金などの最低限の労働条件を定めた法律に基づいて作成された。この法律の名を書きなさい。

［資料３］

業務：レジ，商品管理
給与：固定給 18 万円～
時間：9:00～18:00 の間で実働 8 時間
休日：週休 2 日制

9　下線⑧について，表２のⅠ，Ⅱは 1990 年，2015 年，グラフ２のⅢ，Ⅳは核家族世帯，単独世帯のいずれかである。2015 年と単独世帯の正しい組み合わせを，**ア**～**エ**から一つ選び，符号で書きなさい。

ア　2015 年＝Ⅰ　単独世帯＝Ⅲ

イ　2015 年＝Ⅰ　単独世帯＝Ⅳ

ウ　2015 年＝Ⅱ　単独世帯＝Ⅲ

エ　2015 年＝Ⅱ　単独世帯＝Ⅳ

［表２］　高齢者一人に対する現役世代の人数

年	人
Ⅰ	2.1
Ⅱ	5.1

注：高齢者とは 65 歳以上，現役世代とは 20～64 歳の世代をさす。

（「国立社会保障・人口問題研究所資料」より作成）

［グラフ２］　家族類型別世帯数の変化

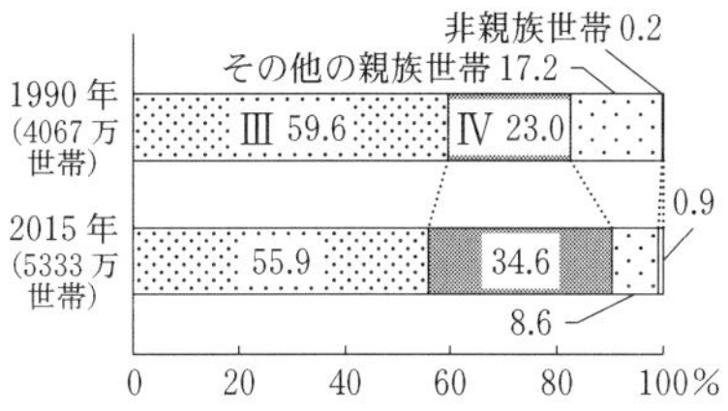

（「国勢調査報告」などより作成）

10　下線⑨について，⑴，⑵に答えなさい。

⑴　次の［ e ］，［ f ］に当てはまる言葉の正しい組み合わせを，**ア**～**エ**から一つ選び，符号で書きなさい。

表３を見ると，2023 年５月は，2022 年 10 月よりも１ドルあたりの円の価値が 10 円高かったので，１ドルは［ e ］円である。日本の企業がアメリカの企業から 50 ドルの食品を輸入するときの金額を比べると，2023 年５月は，2022 年 10 月よりも，500 円［ f ］なる。

［表３］　為替相場

年月	１ドル
2022 年 10 月	147 円
2023 年　5 月	［ e ］円

（「日本銀行資料」より作成）

ア　ｅ＝137　ｆ＝安く　**イ**　ｅ＝137　ｆ＝高く　**ウ**　ｅ＝157　ｆ＝安く　**エ**　ｅ＝157　ｆ＝高く

⑵　途上国の原料や製品を適正な価格で継続的に購入することを通じて，途上国の生産者の経済的な自立を目指す運動のことを何というか，**ア**～**エ**から一つ選び，符号で書きなさい。

ア　マイクロクレジット　**イ**　クーリング・オフ　**ウ**　フェアトレード　**エ**　セーフティーネット

11　下線⑩について，次の［ g ］に当てはまる数字を書きなさい。

現在，クレジットカードは，原則として［ g ］歳から，本人の意思のみで申し込むことができる。

令和五年度

学力検査

国語

（50分）

岐阜県公立高等学校

注意

一　指示があるまでは、この用紙を開いてはいけません。
二　解答用紙は、この用紙の裏面です。
三　答えは、全て解答用紙に記入しなさい。ただし、□の欄には、何も書いてはいけません。
四　字数を指示した解答については、句読点、かぎ（「　」）なども一字に数えなさい。
五　検査問題は七ページで、問題は[一]から[五]まであります。

一　次の①～⑩の傍線部について、漢字は平仮名に、片仮名は漢字に改めなさい。

① 数種類の塗料を混ぜ合わせる。
② 誰もが羨むほど仲が良い。
③ 経営者として敏腕をふるう。
④ 湖畔には多くの観光施設がある。
⑤ 緩やかな坂道が続く。
⑥ 贈り物をきれいにホウソウする。
⑦ 図書館で本をカりる。
⑧ ツウカイな冒険小説を楽しむ。
⑨ バスのテイリュウ所で待つ。
⑩ 日本の夏はムし暑い。

二　次の文章は、江戸時代に、忠敬《ただたか》のもとで測量の手伝いをしている平次《へいじ》が、測量の記録を書き換えてしまったことについて謝罪する場面を描いたものである。平次は、忠敬たちとともに各地の測量を行いながら、蝦夷地《えぞち》（現在の北海道）に向かっている。これを読んで、後の問いに答えなさい。

忠敬は少し間をおいてから、口を開いた。

「おまえは学問を何と心得ておるのだ。」

[1]質問に怒りは感じられなかったが、すぐに答えることはできなかった。出世の手段、と正直に答えたら、見捨てられるに決まっている。

淡い灯《あか》りがかすかにゆれた。

「身を立てる手段か。」

見抜かれている。仕方なく、平次はうなずいた。

「うむ、わしもかつてはそうであった。おまえと同じような年のころだな。」

平次は少し顔をあげた。今はちがうのだろうか。無言の問いに、忠敬が答える。

「今は多少なりとも学問がわかって、より真剣に向き合っておる。人は、金を持った年寄りが道楽でやっている、と言うがな。」

「おれも真剣です。」

それだけは言っておきたかった。学問を軽んじているつもりはない。

「その点は否定せんよ。だが、方向がまちがっておる。」

忠敬は手厳しく断定した。

「あらかじめ用意した答えを導くために、都合のいい数字をあてはめる。それは学問においては絶対にやってはならないことだ。予想と観測結果がちがうことなど、いくらでもある。それがどうしてか考える。学問はそこからはじまるのだ。」

言いたいことはわかる。でも今回は、それほど重要な問題ではなかったはずだ。どうしても言い訳したくなってしまうが、平次はこらえた。

ところが、忠敬は平次の頭の中を読んでいた。

「一事が万事だよ。小さなことだから、ほかに影響がないから……そう言って、いいかげんなことをしていたら、悪いくせがついてしまう。基本をおろそかにせず、コツコツと努力するのが肝心《かんじん》だ。父上から教えられなかったか。」

「……教わりました。」

平次は自分が恥ずかしくなっていた。失敗を取り返そう、褒めてもらおう、とばかり考えて、[2]大切なことを忘れていたのだ。

「読みとれないところはそのまま空白にしておけばよかったのですね。」

「そうだ。ひとつでもでっちあげたら、記録全体が信用のおけぬものとなってしまう。」

自分のしでかしたことをようやく理解して、平次は畳に額をすりつけた。

「本当に申し訳ございませんでした。このまま江戸に、そして津和野(注)に帰ります。」

本心であった。もうここにいてはいけない、と思った。父のことは

(注)秀蔵《しゅうぞう》に頼んで、自分は一からやりなおすしかない。

「それでよいのか。」

「え?」

思わず、口にしていた。

「それでよいのか、と聞いておる。」

「よくはないのですが……。」

とまどいながら、平次は答えた。

「あいつは学問には向いておらん。」

話が飛んだ。あいつとは、秀蔵のことだろう。

「頭は悪くないが、まじめさがない。おまえをかばったのは、帰りたくてのことかもしれぬ。それでも、おまえに見所《みどころ》がなければ、あんなことはしないだろう。」

忠敬はかすかに笑みを浮かべたようだった。

「わしはまだあいつを信じておる。ゆえに、今回は不問にしよう。」

「あ、ありがとうございます。」

すわったまま飛びあがりそうな勢いで、平次は言った。

「ただし、今回だけだぞ。」

忠敬はもう、笑みを引っこめている。

「蝦夷地の測量は大切な任務だ。二度と同じあやまちをくりかえしてはならぬ。」

「はい。肝に銘じます。」

[3]平次は心の奥が温かくなってくるのを感じていた。父がいなくなってから、多くの人がやさしくしてくれる。それは同情からくるものだ。

しかし、今度はちがう。秀蔵も忠敬も、平次の熱意を認めてくれたのだ。やり方はまちがっていた。学問に対する気持ちも、褒められたものではない。でも、それを反省して前に進め、と言ってもらえた。

「おれ、がんばります。まだ未熟で、失敗も多いけど、できることを地道にしっかりやります。」

「そうだ。失敗をおそれるなよ。失敗から学べばいいのだ。」

(中略)

忠敬は立ちあがって、平次を手招きした。

「みなが寝静まってから、星が出るとはな。」

つぶやきながら外へ出ると、忠敬は空を指さした。流れの速い雲のあいだに、ちらちらと星がまたたいている。

「いくら手を伸ばしても、天の星にはとどかぬ。［　　］、頭で道理を考え、手足を動かして測量すれば、地を歩いていても星にとどくかもしれぬ。それが学問だ。」

そう語った忠敬は、振り返って、照れたように表情を崩した。

「わしがこんなことを言うのは、まだ早いな。十年ばかり地べたをはいずれば、格好がつくかもしれぬが。」

言葉のひとつひとつにとてつもない重みを感じて、平次はかたくなっていた。自分は広大な学問の世界の、入り口をちらりとのぞいただけである。踏みこむ覚悟ができているのか、まだ自信がない。

蝦夷地に行けば、それが手に入るだろうか。

ふいに、父の言葉を思い出した。

「はるか昔、西洋の偉い学者が言ったそうだ。『学問に王道なし』。近道をしようとすると、必ずしっぺ返しをくらうぞ。」

そのときは聞き流していた言葉の意味が、今実感された。数をかぞえながら、一歩ずつ歩いていくことで、たどりつける場所がある。[4]自分もそこへ行きたいと思った。

人の思いをよそに、星はただ輝いている。

「星の旅人　伊能忠敬と伝説の怪魚」(小前亮)による。

（注）　津和野＝島根県の町。平次の出身地。
父＝平次の父は蝦夷地の測量中に行方不明になっており、平次は忠敬の手伝いをしながら父の行方を捜そうとしていた。
秀蔵＝忠敬の息子で、測量隊の一員。記録を書き換えた平次をかばっている。

問一　[　　] に入る最も適切な言葉を、**ア**～**エ**から選び、符号で書きなさい。

ア　ところで　**イ**　まして　**ウ**　だが　**エ**　なぜなら

問二　[1]質問に怒りは感じられなかったが　の中から、動詞をそのまま抜き出して書きなさい。また、この場合の活用形を書きなさい。

問三　[2]大切なことを忘れていたのだ　とあるが、平次が父から教えられた大切なこととは、どのようなことか。本文中から最も適切な部分（二十字）を抜き出して書きなさい。

問四　[3]平次は心の奥が温かくなってくるのを感じていた　とあるが、平次の心の奥が温かくなったのは、忠敬が自分の何を認め、どのような言葉をかけてくれたと感じたからか。三十字以上三十五字以内でまとめて書きなさい。ただし、「学問」、「反省」という二つの言葉を使い、「自分の」という書き出しに続けて書くこと。

問五　[4]自分もそこへ行きたいと思った　とあるが、次の [　　] 内の文は、このときの平次の気持ちについて本文を踏まえてまとめた一例である。 [A] 、 [B] に入る最も適切な言葉を、それぞれ本文中から抜き出して書きなさい。ただし、字数は [A] 、 [B] にそれぞれ示した字数とする。

> 忠敬の言葉に [A（八字）] を感じ、自分の覚悟に自信を持てなかったが、父の言葉を思い出し、一歩ずつ進むことでしかたどりつけない [B（八字）] の中の真理を追究しようとしている。

三

次の文章を読んで、後の問いに答えなさい。

幸福だけしか起こらない、なんてことは人生にはありません。

いちばん大事なひとを失ってしまう。これこそはと思っていた大事なことで何か失敗する。自信があって、やっていたことなのに、自分よりもっとうまくできるひとを見つけてしまった。信頼していた友人に裏切られた。など、とにかくさまざまなマイナスが、間隔を置いて、ときにはまとまって、やってくることもあるでしょう。

読者のあなたには、幸せになってもらいたいですが、世界はあなたを中心に回っているわけではありません。あなたが幸せになるように、みんなが[1]調整してくれているわけでもありません。必ず不本意な出来事は起こるのです。そういうときに、あきらめてしまうかどうかです。

ちょっとしたことであきらめるのなら、それは、あなたが本当にやりたかったことではありません。本当にやりたいことだと覚悟を決めるためには、それ以外のことをあきらめなければならないかもしれません。何かを手に入れるということは、何かをあきらめるということなのです。

自分のことをよくわからないひとは、あきらめる勇気がないために、あれもこれもと欲張って、けっきょく[2]大切なものを手に入れられない可能性が多い。たとえば年に何回かはディズニーランドに行きたいし、三十代で新築マンションも買いたいし、（中略）親の面倒は見たいし、などあれもこれもと考えていたら、エネルギーが分散してしまいます。

ほかのひとがわけなく手に入れているように見えるものでも、自分は手に入らないかもしれない。そんなことは、気にしないことです。ほかのひとと自分を比べてはいけません。これは、幸福になる秘訣《ひけつ》のひとつです。ほかの人びととなんかどうでもいいと思うことです。それは、自分を大事にすることに通じます。

ほかのひとと比べるんなら、みんなのためにがんばって、自分の苦労をいとわないひとと比べなさい。そのひとがどれぐらい大変で、どれぐらいの(注)コストを払い、どれぐらいのことをしているのかを、具体的に知ることです。そしたら自分なんか、まだまだだ。まだ楽をしている。まだ恵まれている、というふうに思えるはずです。そうしたら、がんばれます。

なんやかんや言っても、たいていのひとは、そのひと3の人生の条件を、ほかの誰かに整えてもらっています。親が整えてくれたり、友人や知り合いが整えてくれたり、社会が整えてくれたり、学校や、会社が整えてくれたり。本当に自分ひとりでがんばりました、なんていうひとはいないのです。

どのようにそれが整ったかというと、ほかのひとが見返りなしに、あなたのために活動してくれたからです。それを考えたら、ではお返しに自分は何をすればいいか、というところに頭が回るはずです。

もうひとつ、ほかのひとの役に立ち、ほかのひとに喜んでもらうことと、自分の喜びとが、(注)シンクロしてくるというのがとても大事です。見栄《みえ》を張っても無駄だし、嘘《うそ》をついてもしょうがないし。素直に社会の法則を理解して、社会の中で生きていくのがよろしい。

4社会学は、どういうものか。社会には、法則性があるんです。おおぜいの人びとがてんでんばらばら、勝手に生きていますけど、その結果、社会にはルールや決まりができあがっています。それは、法則によって動いていて、それを科学的・客観的に研究できます。これに背くようなことを考えても、空想的な議論になってしまいます。社会の法則に合致しないんですから。

社会学を学ぶということは、社会がこのように、人びとの勝手な希望や意思から、独立に動いているんだということを知ることです。それを踏まえて、自分が行動するには、じゃあ、どうしたらいいかっていうふうに作戦を立てます。そうすると、少ないコストで、無駄なコストを払わないで、必要なところにエネルギーを集中できるので、あなたが幸せになる可能性がぐんと高まります。

社会学を学ばないで、友だちの噂《うわさ》話なんかに左右されたり、マスメディアや雑誌の情報を［　］にして行動しても、ろくな結果になりません。（中略）

あなたは世界でたった一人の、ユニークな存在です。あなたにピッタリ合う生き方の処方箋《せん》は、あなた自身が見つけるしかありません。そうやって自分の人生に責任を持つというのが、幸福を手に入れる、いちばんよい方法だと思います。

（「ふしぎな社会」（橋爪大三郎）ちくま文庫による。）

（注）コスト＝ここでは、何かをするためにかかる労力のこと。
シンクロ＝シンクロナイズの略。同時に起こること。

問一 ［　］には、「人の言葉の真偽などをよく考えず、そのまま受け入れること」という意味の言葉が入る。［　］に入る適当な言葉を平仮名三字で書きなさい。

問二 1調整 と同じ構成の熟語を、ア～エから選び、符号で書きなさい。

ア 視点　イ 豊富　ウ 興亡　エ 消火

問三　[2]大切なもの　とあるが、次の［　　］内の文は、大切なものを手に入れるために筆者が必要だと考えていることについて、本文を踏まえてまとめた一例である。［A］、［B］に入る最も適切な言葉を、それぞれ本文中から抜き出して書きなさい。ただし、字数は［A］、［B］にそれぞれ示した字数とする。

> 大切なものを手に入れるためには、あれもこれもと考えて、［A(八字)］することがないよう、大切なもの以外は［B(七字)］を持つことが必要である。

問四　[3]の　と同じ意味・用法の「の」を、**ア**～**エ**から選び、符号で書きなさい。

ア　友人の作ったケーキを食べる。　**イ**　何時に帰ってくるの。

ウ　学校の宿題に取り組む。　**エ**　外を歩くのが好きだ。

問五　[4]社会学は、どういうものか　とあるが、筆者が考える社会学とはどのような学問か。最も適切なものを、**ア**～**エ**から選び、符号で書きなさい。

ア　社会のルールや決まりから独立した勝手な希望や意思を尊重しあい、人びとは社会を動かしている。その希望や意思を科学的・客観的に研究する学問。

イ　社会の中で人びとはルールや決まりに背いて、勝手な空想から各自が法則性を見いだしている。その法則性を科学的・客観的に研究する学問。

ウ　社会の法則を常に意識した生き方を強いられた人びとは、勝手に生きることを否定されている。その生き方を科学的・客観的に研究する学問。

エ　社会の中で、人びとは勝手に生きているように見えるが、法則に従ったルールや決まりができあがっている。その法則を科学的・客観的に研究する学問。

問六　この文章で述べられている筆者の考えと合っているものはどれか。最も適切なものを、**ア**～**エ**から選び、符号で書きなさい。

ア　幸福を手に入れるためには、他人と自分とを比べず自分を大事にすることと、他人の役に立ち喜んでもらうことを自分の喜びとすることが必要である。

イ　幸福を手に入れるためには、他人と自分とを比べ自分を大事にすることと、自分に合う生き方を他人に探してもらうことが必要である。

ウ　幸福を手に入れるためには、他人に頼らずに周囲より高い評価を得ることと、自分の人生の条件を自らの力で整えていくことが必要である。

エ　幸福を手に入れるためには、他人の気持ちに寄り添い自分の気持ちは優先しないことと、他人が自分のために活動するのを受け入れないことが必要である。

四　次の【Ⅰ】の文章と【Ⅱ】の和歌を読んで、後の問いに答えなさい。

【Ⅰ】

八日。障《さは》る(都合の悪い)ことありて、なほ(依然として)同じ所なり。今夜《こよひ》、月は［　　］にぞ入る。これを見て、業平《なりひら》の君《きみ》の「山の端《は》逃げて入れずもあらなむ」(山の陵線よ、逃げて月を入れないでほしい)といふ歌なむ思ほゆる。(歌のことが思い出される)もし、海辺にて詠《よ》ままましかば、(業平の君が海辺で詠んだならば)「波立ち障《さ》へて入れずもあらなむ」(波が立って邪魔をして月を入れないでほしい)とも、(とでも)詠みてましや。(詠んだのだろうか)今、この歌を思ひ出でて、或人《ある》の詠めりける、(ある人が詠んだ歌は)

A　照る月のながるる見れば(照る月が流れて沈んでいくのを見ると)
　　天の川出づるみなとは海にざりける(天の川が流れ出る所は海だったのだなあ)

とや。(とかいうのであった)

「土佐日記」による。

【Ⅱ】　業平の君の歌

飽《あ》かなくにまだきも月の隠るるか(まだ見足りないのにもう月が隠れてしまうのか)
　　山の端逃げて入れずもあらなむ(山の陵線よ、逃げて月を入れないでほしい)

(注)　業平の君＝平安時代の歌人。

問一　なほ　を現代仮名遣いに改め、全て平仮名で書きなさい。

問二　［　　］に入る最も適切な言葉を、【Ⅰ】のAの和歌から抜き出して書きなさい。

問三　波立ち障へて　は、【Ⅱ】の和歌のどの部分を言い換えているか。【Ⅱ】の和歌から抜き出して書きなさい。

問四　【Ⅰ】の内容を説明したものとして最も適切なものを、ア～エから選び、符号で書きなさい。

ア　作者は、月が沈んでゆく情景を目にして、同じように月が沈む情景を詠んだ業平の和歌を思い浮かべ、業平ならどのような和歌を詠むだろうかと想像したことを日記に書いている。

イ　作者は、月が沈んでゆく情景を目にして、月が見えなくなることを残念に思っていたところ、作者の気持ちを紛らわそうと業平が和歌を詠んでくれたと日記に書いている。

ウ　作者は、月が沈んでゆく情景を目にして、同じように月が沈む情景を詠んだ業平の和歌を思い出そうとしてみたが、自分は思い出すことができなかったと日記に書いている。

エ　作者は、月が沈んでゆく情景を目にして、一緒に月を見ている業平が詠んだ和歌を思い出したので、その和歌の出来ばえについて二人で語り合ったと日記に書いている。

五

Ａ中学校では、「情報機器の普及」というテーマで調べ学習を行い、グループごとに発表することになった。あるグループは、市内で調査した結果をもとに、発表原稿を作成した。次の【調査結果】と、【発表原稿の一部】を読んで、後の問いに答えなさい。

【調査結果】

「情報機器の普及によって受けると思う影響」（複数回答可）

① 手で字を書くことが減る。89％
② 漢字を手で正確に書く力が衰える。89％
③ 人に直接会いに行って話すことが減る。55％
④ パソコンやスマートフォンなどで、気軽に文章を作成するようになる。23％
⑤ パソコンやスマートフォンなどで、漢字を多く使うようになる。16％

【発表原稿の一部】

私たちは、情報機器の普及によって受けると思う影響について、市内で調査を行いました。その結果について発表します。

「情報機器」とは、現在、私たちの身の回りに広く行き渡っている「パソコン」や「スマートフォン」などのことです。

調査結果の④と⑤から分かるように、約二割の人は、気軽に文章を作成したり、漢字を多く使うようになったりすると回答しています。

一方、①と②から分かるように、［　　　］と回答しています。

（中略）

情報機器の普及によって私たちはさまざまな影響を受けていることが分かりました。このような社会において、私たちはどのようなことを大切にしていくとよいか考えていきたいです。

以上で発表を終わります。ありがとうございました。

問一　［　　　］に入る適切な言葉を、三十字以上四十字以内で書きなさい。

問二　情報機器が普及し、インターネットが発達する社会において、あなたはどのようなことを大切にしたいと思うか。あなたの考えを書きなさい。段落構成は二段落構成とし、第一段落ではあなたが大切にしたいと思うことを、第二段落ではそのように考えた理由を書きなさい。

ただし、次の《注意》に従うこと。

《注意》
㈠　題名や氏名は書かないこと。
㈡　書き出しや段落の初めは一字下げること。
㈢　六行以上九行以内で書くこと。

令和５年度

学　力　検　査

数　　学

（50分）

注　意

1　指示があるまでは，この用紙を開いてはいけません。

2　解答用紙は，この用紙の裏面です。

3　答えは，全て解答用紙に記入しなさい。ただし，□の欄には，何も書いてはいけません。

4　答えに根号が含まれる場合は，根号を用いて書きなさい。

5　検査問題は６ページで，問題は 1 から 6 まであります。

1 次の(1)～(6)の問いに答えなさい。

(1) $2\times(-3)+3$ を計算しなさい。

(2) $2ab\div\frac{b}{2}$ を計算しなさい。

(3) $(\sqrt{5}-\sqrt{3})^2$ を計算しなさい。

(4) 2個のさいころを同時に投げるとき，出る目の数の和が6の倍数にならない確率を求めなさい。

(5) 関数 $y=-2x^2$ について述べた文として正しいものを，**ア**～**エ**から全て選び，符号で書きなさい。

ア　x の値が 1 ずつ増加すると，y の値は 2 ずつ減少する。

イ　x の変域が $-2 \leqq x \leqq 4$ のときと $-1 \leqq x \leqq 4$ のときの，y の変域は同じである。

ウ　グラフは x 軸について対称である。

エ　グラフは下に開いている。

(6) 線分 AB の垂直二等分線を，定規とコンパスを使って作図しなさい。なお，作図に用いた線は消さずに残しなさい。

2　右の図のように，水平に置かれた直方体状の容器 A，B がある。A の底面は，周の長さが 20 cm の正方形で，B の底面は，周の長さが 20 cm の長方形である。また，A と B の高さは，ともに 40 cm である。

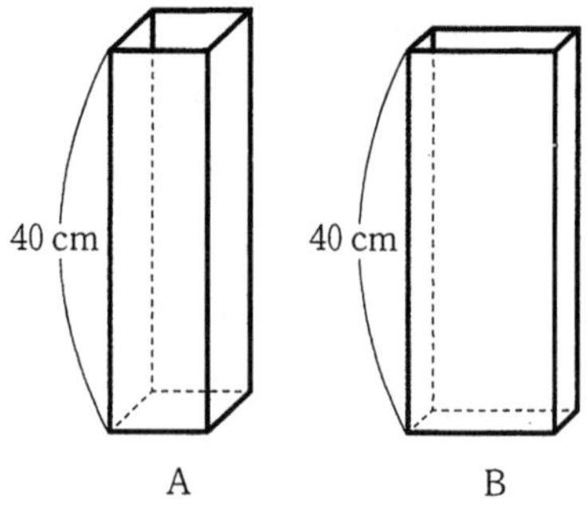

次の(1)～(3)の問いに答えなさい。

(1)　A の底面の面積を求めなさい。

(2)　B の底面の長方形の 1 辺の長さを x cm としたとき，B の底面の面積を x を使った式で表しなさい。

(3)　B に水をいっぱいになるまで入れ，その水を全て空の A に移したところ，水面の高さが 30 cm になった。B の底面の長方形において，短いほうの辺の長さを求めなさい。

3　下の図は，ある中学校の 3 年 A 組の生徒 35 人と 3 年 B 組の生徒 35 人が 1 学期に読んだ本の冊数について，クラスごとのデータの分布の様子を箱ひげ図に表したものである。

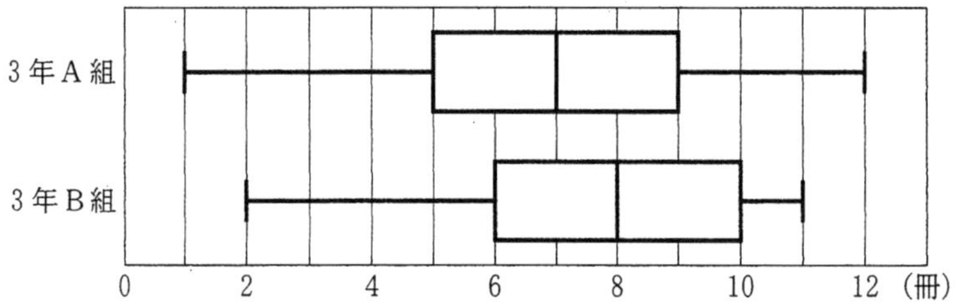

次の(1)～(3)の問いに答えなさい。

(1)　3 年 A 組の第 1 四分位数を求めなさい。

(2)　3 年 A 組の四分位範囲を求めなさい。

(3)　図から読み取れることとして正しいものを，**ア**～**エ**から全て選び，符号で書きなさい。

ア　3 年 A 組と 3 年 B 組は，生徒が 1 学期に読んだ本の冊数のデータの範囲が同じである。

イ　3 年 A 組は，3 年 B 組より，生徒が 1 学期に読んだ本の冊数のデータの中央値が小さい。

ウ　3 年 A 組は，3 年 B 組より，1 学期に読んだ本が 9 冊以下である生徒が多い。

エ　3 年 A 組と 3 年 B 組の両方に，1 学期に読んだ本が 10 冊である生徒が必ずいる。

4 ある遊園地に，図1のような，A駅からB駅までの道のりが4800 mのモノレールの線路がある。モノレールは，右の表の時刻に従ってA駅とB駅の間を往復し，走行中の速さは一定である。

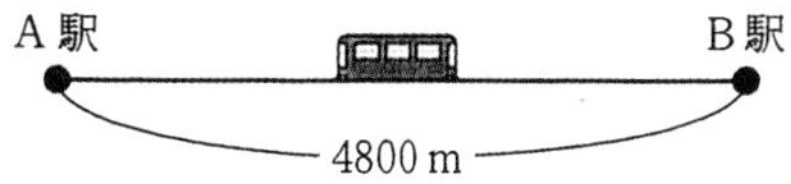

図1

モノレールの時刻表	
A発 → B着	B発 → A着
13：00 → 13：08	13：16 → 13：24
13：32 → 13：40	13：48 → 13：56

表

モノレールが13時にA駅を出発してからx分後の，B駅からモノレールのいる地点までの道のりをy mとする。13時から13時56分までのxとyの関係をグラフに表すと，図2のようになる。

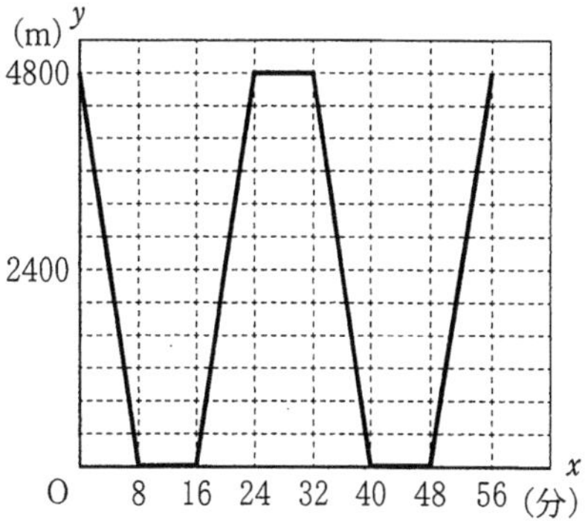

図2

次の(1)～(3)の問いに答えなさい。ただし，モノレールや駅の大きさは考えないものとする。

(1) モノレールがA駅とB駅の間を走行するときの速さは，分速何 mであるかを求めなさい。

(2) xの変域を次の(ア)，(イ)とするとき，yをxの式で表しなさい。

(ア) $0 \leqq x \leqq 8$ のとき

(イ) $16 \leqq x \leqq 24$ のとき

(3) 花子さんは13時にB駅を出発し，モノレールの線路沿いにある歩道をA駅に向かって一定の速さで歩いた。花子さんはB駅を出発してから56分後に，モノレールと同時にA駅に到着した。

(ア) 花子さんが初めてモノレールとすれ違ったのは，モノレールが13時にA駅を出発してから，何分後であったかを求めなさい。

(イ) 花子さんは，初めてモノレールとすれ違った後，A駅に向かう途中で，B駅から戻ってくるモノレールに追い越された。花子さんが初めてモノレールとすれ違ってから途中で追い越されるまでに，歩いた道のりは何 mであったかを求めなさい。

5　下の図で，△ABC の 3 つの頂点 A，B，C は円 O の周上にあり，点 D は ∠BAC の二等分線と円 O との交点である。また，線分 AD と辺 BC の交点を E とし，B を通り線分 DC に平行な直線と AD，辺 AC との交点をそれぞれ F，G とする。

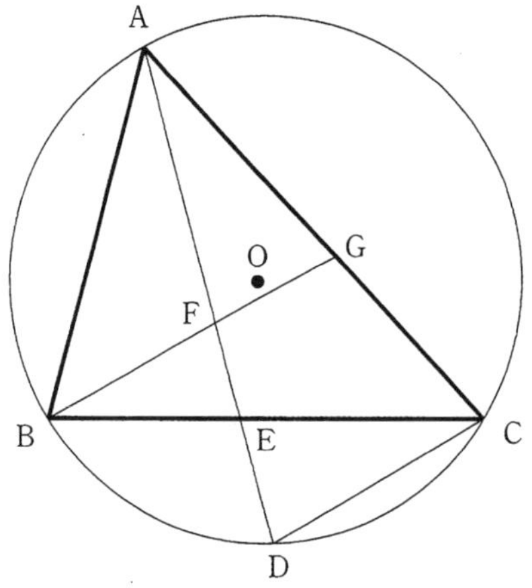

次の(1)，(2)の問いに答えなさい。

(1)　△AEC ∽ △BGC であることを証明しなさい。

(2)　AB = 4 cm，BC = 5 cm，CA = 6 cm のとき，

　(ア)　CE の長さを求めなさい。

　(イ)　△BEF の面積は，△AFG の面積の何倍であるかを求めなさい。

6 10以上の自然数について，次の作業を何回か行い，1けたの自然数になったときに作業を終了する。

【作業】 自然数の各位の数の和を求める。

例えば，99の場合は，＜例＞のように自然数が変化し，2回目の作業で終了する。

＜例＞ 99 → 18 → 9

次の(1)〜(5)の問いに答えなさい。

(1) 1999の場合は，作業を終了するまでに自然数がどのように変化するか。＜例＞にならって書きなさい。

(2) 10以上30以下の自然数のうち，2回目の作業で終了するものを全て書きなさい。

(3) 次の文章は，3けたの自然数の場合に何回目の作業で終了するかについて，太郎さんが考えたことをまとめたものである。**ア**には a，b，c を使った式を，**イ**，**ウ**には数を，それぞれ当てはまるように書きなさい。

> 3けたの自然数の百の位の数を a，十の位の数を b，一の位の数を c とすると，1回目の作業でできる自然数は，［ア］と表すことができる。［ア］の最小値は1で，最大値は［イ］である。
>
> ① ［ア］が1けたの自然数のとき
>
> 　1回目の作業で終了する。
>
> ② ［ア］が2けたの自然数のとき
>
> 　1回目の作業では終了しない。作業を終了するためには，［ア］が［ウ］のときはあと2回，他のときはあと1回の作業を行う必要がある。
>
> したがって，3けたの自然数のうち，3回目の作業で終了するものでは，［ア］＝［ウ］が成り立つ。

(4) 百の位の数が1である3けたの自然数のうち，3回目の作業で終了するものを求めなさい。

(5) 3けたの自然数のうち，3回目の作業で終了するものは，全部で何個あるかを求めなさい。

令和５年度

学　力　検　査

英　　　語

（50分）

注　意

1　指示があるまでは，この用紙を開いてはいけません。

2　解答用紙は，この用紙の裏面です。

3　答えは，全て解答用紙に記入しなさい。ただし，[　　] の欄には，何も書いてはいけません。

4　解答用紙の ＿＿＿＿ の部分には，１語ずつ書きなさい。

5　検査問題は７ページで，問題は [1] から [6] まであります。

※教英出版注
音声は，解答集の書籍ＩＤ番号を教英出版ウェブサイトで入力して聴くことができます。

1 放送を聞いて答える問題

1　これから短い英文を読みます。英文は(1)～(5)まで５つあります。それぞれの英文を読む前に，日本語で内容に関する質問をします。その質問に対する答えとして最も適切なものを，**ア**～**エ**から１つずつ選び，符号で書きなさい。なお，英文は２回ずつ読みます。

(1)

(2)

(3) **ア**　I'll teach you how to do it.

イ　I'm also busy on Friday.

ウ　You have no plans on Tuesday.

エ　You've done it many times before.

(4)

	The shoes are …	The colors of the shoes are …	The shoes are …
ア	light and soft	red, blue and green	60 dollars
イ	light and hard	red, blue and green	40 dollars
ウ	light and soft	red, blue and yellow	40 dollars
エ	light and hard	red, blue and yellow	60 dollars

(5) ア John Green came to Japan to make his new movie.

イ John Green is going to watch his new movie with his fans.

ウ John Green has visited Japanese temples and shrines many times.

エ John Green will go back to America without visiting other countries.

2 これから読む英文は，中学生の加奈(Kana)とブラウン先生(Mr. Brown)が話をしているときのものです。この英文を聞いて，(1)，(2)の問いに答えなさい。なお，英文は2回読みます。

英文を聞く前に，まず，(1)，(2)の問いを読みなさい。

(1) 次の①～③に対する答えを，加奈とブラウン先生の話の内容に即して完成させるとき，(　　　)に入る最も適切な英語を，1語書きなさい。

① Why is Mr. Brown surprised about the windows of Kana's house?

答え Because they are (　　　) of leaves.

② Who told Kana about energy problems?

答え Her (　　　) told her about them.

③ Why does Mr. Brown think that Kana's idea is good?

答え Because she can (　　　) electricity and eat vegetables.

(2) 加奈とブラウン先生の話の内容に合っているものを，ア～エから1つ選び，符号で書きなさい。

ア Mr. Brown says that it's a good idea to talk about the colors of plants in English class.

イ Mr. Brown says that the plants have not grown higher than the windows.

ウ Kana says that she should use an air conditioner to keep the room cool for plants.

エ Kana says that she can make the room a little cooler by using plants.

2 次の１～３の問いに答えなさい。

1　次の会話の（　　　）に入る最も適切な英語を，１語書きなさい。ただし，（　　　）内に示されている文字で書き始め，その文字も含めて答えること。

Meg :　Which season do you like the best, Yumi?

Yumi :　I like summer the best. I enjoy swimming in the sea. How about you?

Meg :　My favorite season is（w　　）. It's the coldest season, but I can enjoy skiing.

Yumi :　I see. I think every season has some good points.

2　次の会話を読んで，質問の答えとして最も適切なものを，**ア**～**エ**から１つ選び，符号で書きなさい。

Yuki :　I hear you are going to visit Nara during the next holidays. What are you going to do there?

Mike :　I am going to visit Todai-ji Temple. Do you know any other good places to visit?

Yuki :　Sorry, I don't know. How about asking Ken about good places? He has visited Nara many times because he has a cousin there.

Mike :　Good idea!

What is Yuki's advice?

ア　To tell Ken's cousin to make plans in Nara
イ　To get some information about Nara from Ken
ウ　To ask Ken's cousin to travel together in Nara
エ　To give Ken some information about Nara

3　次のデパートの掲示物と会話を読んで，(1)，(2)の質問の答えとして最も適切なものを，**ア**～**エ**から１つずつ選び，符号で書きなさい。

【Floor Information】

Fifth Floor	Eating Area/Event Stage
Fourth Floor	Restaurants/Books
Third Floor	Clothes/Shoes
Second Floor	Watches/Bags
First Floor	Food/Information

【Event Information】

・Concerts at the Event Stage
　First concert　2:00 p.m. — 2:30 p.m.
　Second concert　3:00 p.m. — 3:30 p.m.
・If you buy clothes from 2:00 p.m. to 2:30 p.m., you can get a discount.

Aki :　It's already 1:00 p.m. I'm hungry. Let's go to a restaurant on the fourth floor.

Bill :　Well, the restaurants may be crowded. Why don't we buy food on the first floor and bring it to the Eating Area? There are many tables, so we can have lunch there.

Aki :　Sounds good! Oh, look at the event information. After lunch, I want to go to a concert. I also want to buy a T-shirt as a present for my brother. His birthday is next week.

Bill :　OK. Well, if we go to the second concert, we can visit the clothes stores first and get a discount.

Aki :　Perfect!

（注） floor：階　　Eating Area：食事スペース

(1)　Where will Aki and Bill eat lunch?
ア　On the first floor　　**イ**　On the third floor
ウ　On the fourth floor　　**エ**　On the fifth floor

(2)　What is Aki going to do first with Bill after eating lunch?
ア　To go to the first concert　　**イ**　To go to the second concert
ウ　To go to the clothes stores　　**エ**　To go back home

(5)　これから読む英文は，来日したジョン・グリーン（ John Green ）に関するニュースです。ニュースの内容に合っているものはどれでしょう。

The American actor, John Green, arrived in Japan today. He came here to introduce his new movie "The Best Hero" to his fans. He is going to visit movie theaters in Tokyo, Nagoya and Osaka, and watch the movie with his fans at one of the theaters. John is interested in Japanese temples and shrines, but he has never been to any of them before. So he is excited to visit some temples and shrines in Kyoto. He will stay in Japan for five days and then visit other Asian countries before he goes back to America.

2

これから読む英文は，中学生の加奈（ Kana ）とブラウン先生（ Mr. Brown ）が話をしているときのものです。この英文を聞いて，(1)，(2)の問いに答えなさい。なお，英文は２回読みます。英文を聞く前に，まず，(1)，(2)の問いを読みなさい。

（間 30 秒）では，始めます。

Kana : Hello, Mr. Brown. Do you have time now?

Mr. Brown : Hi, Kana. What's up?

Kana : I'm preparing for the presentation in English class. I want to talk about "Green Curtains". Could you tell me what you think about my topic?

Mr. Brown : Green Curtains?

Kana : Yes. Please look at this picture.

Mr. Brown : Oh, I'm surprised! The windows are full of leaves. The plants have grown higher than the windows.

Kana : These are called Green Curtains. I make them at my house every year.

Mr. Brown : I see. Why did you become interested in them?

Kana : My sister told me about energy problems. Then, I learned that making Green Curtains is one way to save energy.

Mr. Brown : Great. Can you tell me more about Green Curtains?

Kana : Of course. Because of Green Curtains, the sun light doesn't come into the room so much, and that makes the room a little cooler. So I don't have to use the air conditioner a lot. It means I can save electricity in my house.

Mr. Brown : Wow, that's nice. And these are cucumbers, right?

Kana : Yes. Cucumbers are popular vegetables for making Green Curtains.

Mr. Brown : Your idea is good. You can both save electricity and eat vegetables. Your classmates will be interested in your topic.

Kana : Thank you, Mr. Brown.

Mr. Brown : You're welcome.

※教英出版注
音声は，解答集の書籍ＩＤ番号を教英出版ウェブサイトで入力して聴くことができます。

【放送原稿】第一次選抜

放送を聞いて答える問題

1

これから短い英文を読みます。英文は(1)から(5)まで５つあります。それぞれの英文を読む前に，日本語で内容に関する質問をします。その質問に対する答えとして最も適切なものを，**ア**から**エ**から１つずつ選び，符号で書きなさい。なお，英文は２回ずつ読みます。

(1)　これから読む英文は，ジュディ（ Judy ）が，電車に置き忘れたノートについて駅員に説明しているときのものです。ジュディが探しているノートを正しく表しているものはどれでしょう。

I'm looking for my notebook.　The color is black.　It has a picture of a white bear.　And my name "Judy" is written under the white bear.

(2)　これから読む英文は，ハンバーガーショップでの店員とエミリー（ Emily ）との会話です。エミリーが注文したものを正しく表しているものはどれでしょう。

Staff :　Hello.　May I help you?
Emily :　I want two hamburgers and one apple juice, please.
Staff :　Sure.　Anything else?　Would you like an ice cream?
Emily :　No, thank you.

(3)　これから読む英文は，久美（ Kumi ）とボブ（ Bob ）との会話です。その会話の最後で，久美がひとこと付け加えるとすると，どの表現が最も適切でしょう。なお，久美がひとこと付け加えるところで，チャイムが鳴ります。

Kumi :　Hi, Bob.　Are you free after school next Tuesday or Friday?
Bob :　I already have plans on Tuesday.　But I'm free on Friday.
Kumi :　Then, how about coming to the tea ceremony club on Friday?　I want to enjoy the tea ceremony with you.
Bob :　Well, I've seen the tea ceremony on TV, but I've never experienced it before.　Do you think I can do it well?
Kumi :　Don't worry.　（チャイムの音）

(4)　これから読む英文は，ある商品のコマーシャルです。コマーシャルの内容を正しく表しているものはどれでしょう。

So fast, so cool!　These shoes are designed for running.　They are called "Shoes X".　"Shoes X" are not heavy at all.　They are light and soft like feathers.　You will realize that you can run much faster than before with "Shoes X".　You can choose from three colors: red, blue and yellow.　"Shoes X" are only 40 dollars.　If you buy them this month, you can get a bag for free though the bag is usually 20 dollars.　Buy "Shoes X" now!

3 次の英文は，春樹（Haruki）が，キャンプ場（camping site）での経験をきっかけに，キャンプについて調べ，英語の授業で発表したときのものです。1～3の問いに答えなさい。

During summer vacation this year, I went camping with my father for the first time. At night, we ate delicious food and looked at the beautiful stars. My father said, "When I was your age, I often went camping." He also said, "We're lucky to live in Gifu because we have many good camping sites. Each camping site has its own good points." On that day, I became a big fan of camping. Then I used the Internet and some books to learn about camping.

Look at the table. This shows five prefectures with the largest number of camping sites in Japan in 2021. I am glad to find that Gifu is one of them. Hokkaido has more than 200 camping sites. The second is Nagano. You can see the number of camping sites in Yamanashi is a little larger than the number in Gifu. I think all of these five prefectures have great nature.

Next, look at the graph. This shows the number of people who went camping from 1989 to 2019 in Japan. The largest number was in 1994. It is called the first camping boom. But the number [①] in 1999. In 2009, the number became about a [②] of the number in 1994. However, from 2009 to 2019, it kept [③] again.

Why is camping becoming popular again? I read an article and found two reasons. First, many young people think camping is cool and attractive. Because of camping anime and camping videos of famous people, they are interested in camping now. Second, a lot of people who experienced camping in the first camping boom have become parents, and started to go camping again with their children today. My father is one of them.

When I go camping, I can relax in nature. I hope the beautiful nature will continue to grow into the future.

Table

First	A	222
Second	B	149
Third	C	99
Fourth	D	93
Fifth	Niigata	79

Graph

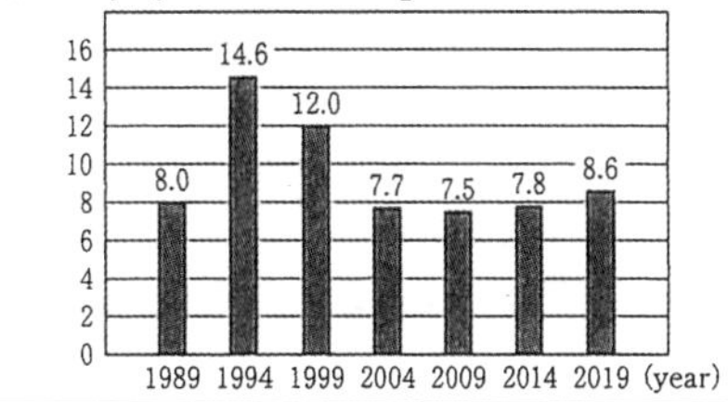

(注) table：表　prefecture：都道府県　first camping boom：第一次キャンプブーム

1 Table の [C] に入る最も適切なものを，ア～エから1つ選び，符号で書きなさい。

ア Gifu　　イ Hokkaido　　ウ Nagano　　エ Yamanashi

2 本文中の [①] ～ [③] に入る英語の組み合わせとして最も適切なものを，ア～エから1つ選び，符号で書きなさい。

ア ①—increased　②—half　③—decreasing　　イ ①—increased　②—third　③—decreasing

ウ ①—decreased　②—half　③—increasing　　エ ①—decreased　②—third　③—increasing

3 本文の内容に合っているものを，ア～エから1つ選び，符号で書きなさい。

ア Haruki found that the number of people who went camping kept increasing from 1989 and it never decreased.

イ Haruki found that many people who went camping in the first camping boom go camping again with their children today.

ウ Haruki said that his father went camping this summer for the first time because he thought it was cool.

エ Haruki said that the first camping boom happened because of camping anime and videos of famous people.

4 次の英文は，中学生の花(Hana)，海斗(Kaito)，陸(Riku)，美香(Mika)が，ペットボトル(plastic bottle)のリサイクル(recycling)について調べ，英語の授業で話し合いをしているときのものです。1～6の問いに答えなさい。

Hana : Today's topic is the recycling of plastic bottles. It's important to think about how to solve the problem of plastic bottle waste. What do you think about it? Kaito, could you tell us your idea first?

Kaito : OK. I think we can do some small things in our daily lives for recycling. For example, when we throw away plastic bottles at home, we can remove the caps and labels, and wash the bottles for recycling. It may sound like a small thing. But when I went to the recycling center, I learned it's very important for recycling. In the center, I was surprised to see what the staff members were doing. They were removing the caps with their hands. I still remember that one of them said, "We'll be happy if you just remove the caps and labels, and wash the bottles. Then, more waste can turn into resources!" Through this experience, I found that everyone should do something good for recycling.

Hana : Wow, you had a great experience. You learned that [①]. Is that right?

Kaito : That's right.

Riku : I see your point, Kaito. But in my opinion, we should think about how to live without plastic bottles first. If we don't buy drinks in plastic bottles, we don't even need to think about recycling. Do you remember the 3 Rs? Among the 3 Rs, I think "Reduce" is the most important. "Reuse" is the second most important, and "Recycle" should be the last choice. After recycling, most of the plastic bottles become different products such as food trays or clothes. But it's not possible to collect all the plastic bottles for recycling. Also, I hear that it's difficult to repeat the recycling of these products many times. So recycling isn't perfect. We should think about how to stop using plastic bottles. For example, we can use our own water bottles. It seems a small change, but it's important to start something.

Hana : Thank you Riku. You mean that [②], right?

Riku : Yes.

Mika : Well, I understand Riku's idea. But because of new technology, we can make new plastic bottles from used plastic bottles. This way is called "B to B", "Bottle to Bottle". According to research, the recycling rate of "B to B" is still low. It was only 15.7% in 2020. But the number of plastic bottles made from used plastic bottles has been increasing little by little.

Hana : I don't know much about "B to B". Can you tell us more about "B to B"?

Mika : Sure. There are some good points of "B to B". For example, plastic bottles can be used as "resources" almost forever. It means that used plastic bottles can become resources to make new plastic bottles. Now, imagine your life without plastic bottles. It would be difficult to live. They're very useful, so I don't think a lot of people will stop using them. The number of plastic bottles will not decrease a lot with Riku's idea. We should start from small things for recycling. So I agree with Kaito. As one way, we should send clean plastic bottles without caps and labels to the recycling center.

Hana: Thank you. I think only [③] has a different opinion about recycling of plastic bottles. [③] explained a different way to solve the problem of plastic bottle waste. But I think all of your ideas are almost the same in one point. You all want to say that the things we do may be small, but [④], right?

< *Kaito, Riku and Mika agree with Hana.* >

Hana: Thank you . "All great things have small beginnings." It was nice talking with you today.

(注) waste：ごみ　throw away：捨てる　cap：ふた　label：ラベル　recycling center：リサイクル施設
resource：資源　Reduce：リデュース　Reuse：リユース　Recycle：リサイクル
food tray：食品トレー　water bottle：水筒　recycling rate：リサイクル率　little by little：少しずつ

1 海斗は，リサイクル施設の職員がどのような作業をしているのを見て驚いたか。本文で述べられているものを，ア～エから１つ選び，符号で書きなさい。

ア
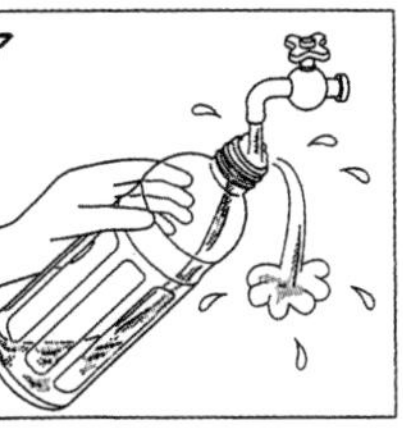

イ

ウ

エ

2 本文中の ① と ② に入る最も適切なものを，ア～エからそれぞれ１つずつ選び，符号で書きなさい。

ア even small things that we do in our daily lives are related to recycling
イ there is new technology to solve the problem of plastic bottle waste
ウ we should think about how we can stop using plastic bottles before recycling
エ the 3 Rs are not important to solve the problem of plastic bottle waste now

3 本文中の ③ と ④ に入る組み合わせとして最も適切なものを，ア～エから１つ選び，符号で書きなさい。

ア ③ Kaito ④ it's necessary to think about how to increase the recycling rate
イ ③ Kaito ④ it's important for us to think about what we can do and to take action
ウ ③ Riku ④ it's necessary to think about how to increase the recycling rate
エ ③ Riku ④ it's important for us to think about what we can do and to take action

4 次の質問に対する答えを，本文の内容に即して，英語で書きなさい。

(1) Does Riku think "Recycle" is the most important thing to do among the 3 Rs?
(2) According to Mika, what is one good point of "B to B"?

5 本文の内容に合っているものを，ア～オから１つ選び，符号で書きなさい。

ア Mika says that the number of plastic bottles made from used ones has not been increasing.
イ Mika says that the recycling rate of "B to B" was lower than 15% in 2020.
ウ Mika thinks that many people will continue using plastic bottles because they are useful.
エ Hana knew a lot about "B to B" before she talked with Kaito, Riku and Mika.
オ Hana thinks that the ideas of Kaito, Riku and Mika are the same in all points.

6 次の英文は，陸が英語の授業で花，海斗，美香と話し合ったことをもとに，考えをまとめたレポートの一部です。(⑤　　)，(⑥　　)に入る最も適切な英語を，本文中から抜き出して１語ずつ書きなさい。ただし，(　　)内に示されている文字で書き始め，その文字も含めて答えること。

I think "Reduce" is really important, but I learned different ideas about the recycling of plastic bottles today. Mika told us about a (⑤ w　　) that is called "B to B". I was surprised to know that used plastic bottles can become resources to make new plastic bottles. I also learned a lot from Kaito. Now, I think we should do something good for recycling. Then, more waste can (⑥ t　　) into resources. I want to think more about how to live with plastic bottles well.

5 次の1，2の会話について，それぞれの[　　　]内の語を正しく並べかえて，英文を完成させなさい。

1 （家で）

Mother : Tom, are you still reading a book? It's time to go to bed! It's already 11:00 p.m.

Tom : Yes, but this book is so interesting that I can't stop reading it.

Mother : Well, [been / long / you / have / how] reading it?

Tom : Oh, for more than four hours. I should stop here and go to bed.

2 （休み時間の教室で）

Emi : I heard you went to the zoo. Did you see the baby lion?

Ms. Baker : Yes. I'll show [it / you / some / of / pictures].

Emi : Wow, it's so cute! I want to go and see it.

6 あなたは，英語の授業で，「インターネットショッピング（online shopping）」について，長所と短所を述べる立場に分かれて話し合いをしました。それぞれの人物のメモをもとに，実際に話し合いをしたときの会話文を完成させなさい。会話文の ① ， ② には，それぞれメモに即して，適切な英語を書きなさい。また， ③ には，インターネットショッピングの長所についてのあなたの考えを，次の《注意》に従って英語で書きなさい。ただし， ③ は，朝美（Asami）の意見とは違う内容とすること。

《注意》・文の数は問わないが，10語以上20語以内で書くこと。

・短縮形（I'm や don't など）は1語と数え，符号（ , や . など）は語数に含めないこと。

＜Asami のメモ＞

長所	・家まで直接配送してもらえるため，商品を運ぶ必要がない。

＜Kenji のメモ＞

短所	・インターネットの安全な使い方を知らない人もいるため，問題が起こるかもしれない。

＜実際に話し合いをしたときの会話文＞

Asami

I think that online shopping is good because you ① goods from the shop. They are directly sent to your house.

Kenji

You may be right, Asami. But online shopping has a bad point, too. Some people don't ② the Internet in a safe way. So some of them may have problems.

You

I see what you mean, Kenji. But I still think online shopping is good because ③

（注） directly：直接に

令和5年度

学　力　検　査

理　　科

(50分)

注　意

1　指示があるまでは，この用紙を開いてはいけません。

2　解答用紙は，この用紙の裏面です。

3　答えは，全て解答用紙に記入しなさい。ただし，[　　]の欄には，何も書いてはいけません。

4　検査問題は6ページで，問題は[1]から[5]まであります。

1　1～4について，それぞれの問いに答えなさい。

1　堆積岩を観察して調べた。

(1)　次の［　　　］の①，②に当てはまる正しい組み合わせを，**ア**～**カ**から1つ選び，符号で書きなさい。

砂，泥，れきは，粒の大きさで分類されている。粒の大きさが最も大きいものを［　①　］といい，最も小さいものを［　②　］という。

ア　①　砂　②　泥　　**イ**　①　泥　②　砂　　**ウ**　①　れき　②　砂

エ　①　砂　②　れき　　**オ**　①　泥　②　れき　　**カ**　①　れき　②　泥

(2)　堆積岩について，正しく述べている文はどれか。**ア**～**エ**から最も適切なものを1つ選び，符号で書きなさい。

ア　堆積岩はマグマが冷えて固まった岩石である。

イ　凝灰岩にうすい塩酸をかけると，とけて気体が発生する。

ウ　石灰岩は火山灰が固まった岩石である。

エ　チャートは，鉄のハンマーでたたくと鉄が削れて火花が出るほどかたい。

2　コリウスを光の当たらないところに一晩置いた。翌日，図1のように，ふ入りの葉の一部をアルミニウムはくでおおい，十分に光を当てた。その後，エタノールで脱色してからヨウ素液にひたした。

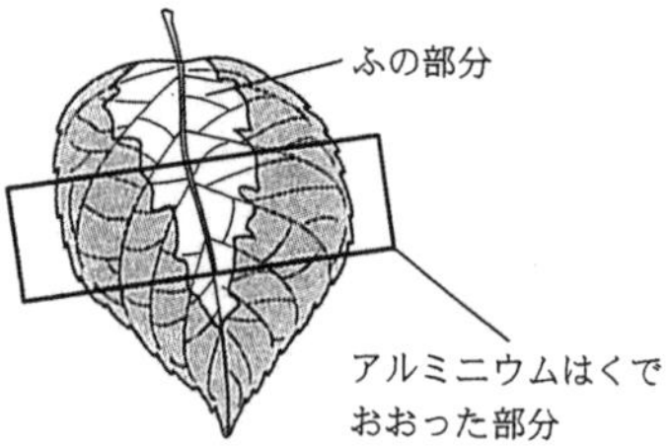

図1

(1)　ヨウ素液にひたしたときの葉の模式図として最も適切なものを，**ア**～**エ**から1つ選び，符号で書きなさい。なお，模式図で黒くぬられている部分は，青紫色になった部分を示している。

ア

イ

ウ

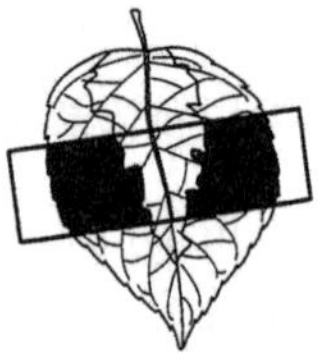

エ

(2)　図2は，植物の昼のはたらきと夜のはたらきによる気体の出入りを模式的に表したものである。①，②は気体，③，④は植物のはたらきを示している。①～④に当てはまる正しい組み合わせを，**ア**～**エ**から1つ選び，符号で書きなさい。

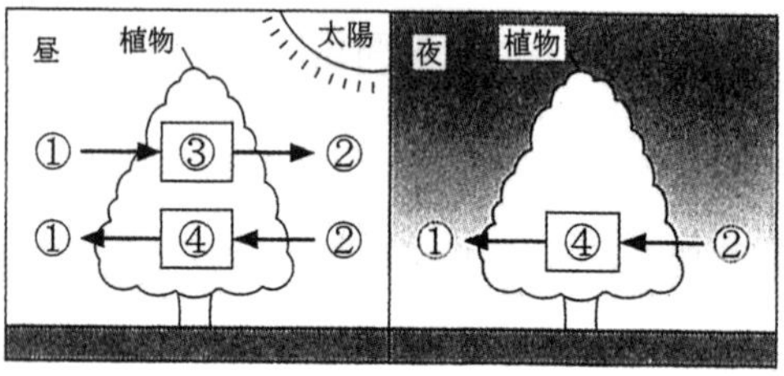

図2

ア	①　二酸化炭素	②　酸素	③　光合成	④　呼吸
イ	①　二酸化炭素	②　酸素	③　呼吸	④　光合成
ウ	①　酸素	②　二酸化炭素	③　光合成	④　呼吸
エ	①　酸素	②　二酸化炭素	③　呼吸	④　光合成

3　図3のように，1辺の長さが6 cmの正方形に切りとったプラスチック板をスポンジの上に置き，水を入れてふたをしたペットボトルを逆さまにして立てると，スポンジが沈んだ。このとき，正方形のプラスチック板と，水を入れてふたをしたペットボトルの質量の合計は360 gであった。ただし，100 gの物体にはたらく重力の大きさを1 Nとする。また，$1\,\mathrm{Pa} = 1\,\mathrm{N/m^2}$である。

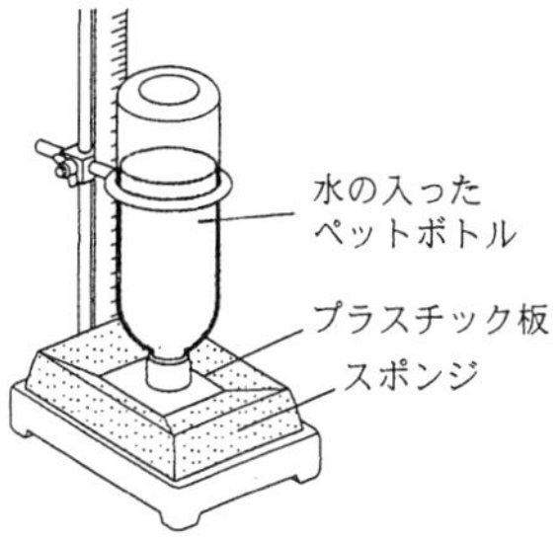

図3

(1)　プラスチック板からスポンジの表面が受ける圧力は何Paか。

(2)　プラスチック板を1辺の長さが半分の正方形にしたとき，プラスチック板からスポンジの表面が受ける圧力は約何倍になるか。**ア**～**オ**から最も適切なものを1つ選び，符号で書きなさい。

ア　約$\frac{1}{4}$倍　　**イ**　約$\frac{1}{2}$倍　　**ウ**　約1倍　　**エ**　約2倍　　**オ**　約4倍

4　表は，4種類の物質における，固体がとけて液体に変化するときの温度と，液体が沸騰して気体に変化するときの温度をまとめたものである。

	鉄	パルミチン酸	窒素	エタノール
固体がとけて液体に変化するときの温度〔℃〕	1535	63	− 210	− 115
液体が沸騰して気体に変化するときの温度〔℃〕	2750	360	− 196	78

表

(1)　固体がとけて液体に変化するときの温度を何というか。言葉で書きなさい。

(2)　表の4種類の物質のうち，20 ℃のとき固体の状態にあるものを，**ア**～**エ**から全て選び，符号で書きなさい。

ア　鉄　　**イ**　パルミチン酸　　**ウ**　窒素　　**エ**　エタノール

2 次の実験を行った。1～6の問いに答えなさい。

〔実験〕 4本の試験管**A**～**D**を用意し，それぞれにデンプン溶液を10 cm^3入れた。さらに，試験管**A**，**C**には，水で薄めただ液を2 cm^3ずつ入れ，試験管**B**，**D**には，水を2 cm^3ずつ入れた。それぞれの試験管を振り混ぜた後，図1のようにヒトの体温に近い約40℃の湯の中に試験管**A**，**B**を，氷水の中に試験管**C**，**D**を，それぞれ10分間置いた。その後，試験管**A**～**D**に入っている液体を半分に分け，一方にヨウ素液を入れ，もう一方にベネジクト液と沸騰石を入れてガスバーナーで加熱し，それぞれの試験管の中の様子を観察した。表は，その結果をまとめたものである。

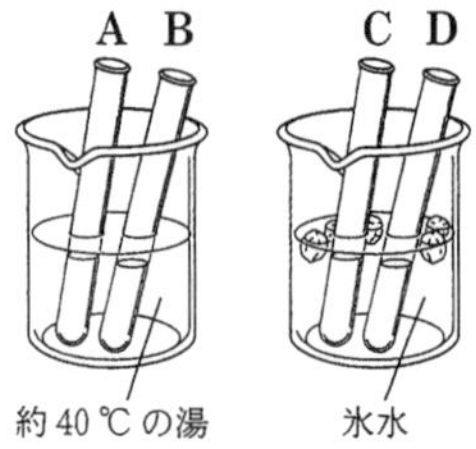

図1

	ヨウ素液との反応による色の変化	ベネジクト液との反応による変化
A	変化しなかった。	赤褐色の沈殿が生じた。
B	青紫色に変化した。	変化しなかった。
C	青紫色に変化した。	変化しなかった。
D	青紫色に変化した。	変化しなかった。

表

1 実験で，試験管**B**，**D**に水を入れた理由として最も適切なものを，**ア**～**エ**から1つ選び，符号で書きなさい。

ア 反応しやすくするため。
イ 溶液中のにごりを完全になくすため。
ウ 溶液の色の変化を見やすくするため。
エ 調べる条件以外の条件を同じにするため。

2 次の［　　］の(1)，(2)に当てはまる最も適切なものを，**ア**～**カ**からそれぞれ1つずつ選び，符号で書きなさい。

実験で，試験管［(1)］の結果を比べると，だ液にはデンプンを他の糖に分解するはたらきがあることが分かる。また，試験管［(2)］の結果を比べると，だ液のはたらきが温度によって変化することが分かる。

ア **A**と**B**　**イ** **A**と**C**　**ウ** **A**と**D**　**エ** **B**と**C**　**オ** **B**と**D**　**カ** **C**と**D**

3 だ液に含まれる，デンプンを分解する消化酵素として最も適切なものを，**ア**～**エ**から1つ選び，符号で書きなさい。

ア トリプシン　**イ** リパーゼ　**ウ** ペプシン　**エ** アミラーゼ

4 図2は，ヒトの体内における血液の循環の様子を模式的に表したものである。デンプンは分解されてブドウ糖になる。この分解されたブドウ糖を最も多く含む血液が流れる部位はどれか。図2の**a**～**e**から最も適切なものを1つ選び，符号で書きなさい。

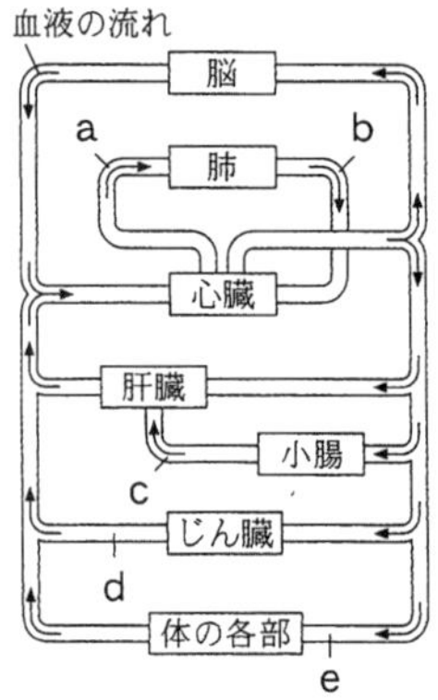

図2

5 タンパク質や脂肪などの養分の分解には，様々な器官の消化液や消化酵素が関わっている。脂肪の分解に関わるものを，**ア**～**エ**から全て選び，符号で書きなさい。

ア 小腸の壁の消化酵素　**イ** 胃液中の消化酵素
ウ 胆汁　**エ** すい液中の消化酵素

6 次の［　　］の(1)～(3)に当てはまる正しい組み合わせを，**ア**～**カ**から1つ選び，符号で書きなさい。

脂肪は消化の過程で［(1)］とモノグリセリドに分解される。［(1)］とモノグリセリドは，［(2)］で吸収され，再び脂肪になって［(3)］に入り，やがて血管に入って全身の細胞へ運ばれる。

ア (1) 脂肪酸　(2) 柔毛　(3) リンパ管　**イ** (1) アミノ酸　(2) 肝臓　(3) 毛細血管
ウ (1) 脂肪酸　(2) 肝臓　(3) リンパ管　**エ** (1) アミノ酸　(2) 柔毛　(3) 毛細血管
オ (1) 脂肪酸　(2) 柔毛　(3) 毛細血管　**カ** (1) アミノ酸　(2) 肝臓　(3) リンパ管

3 次の実験1，2を行った。1～7の問いに答えなさい。

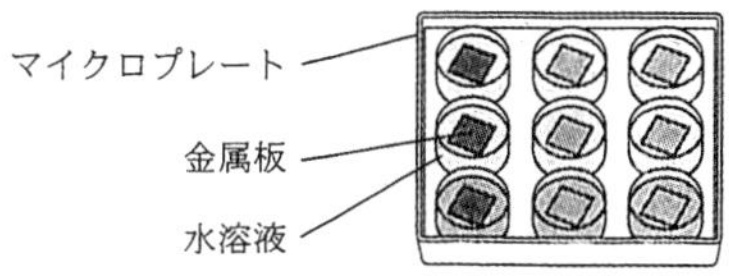

図1

〔実験1〕 図1のように，マイクロプレートの縦の列に同じ種類の金属板，横の列に同じ種類の水溶液を入れ，それぞれの金属板の様子を観察した。表は，その結果をまとめたものである。

表

	銅板	亜鉛板	マグネシウム板
硫酸マグネシウム水溶液	変化しなかった。	変化しなかった。	変化しなかった。
硫酸亜鉛水溶液	変化しなかった。	変化しなかった。	マグネシウム板がうすくなり，物質が付着した。
硫酸銅水溶液	変化しなかった。	亜鉛板がうすくなり，赤色の物質が付着した。	マグネシウム板がうすくなり，赤色の物質が付着した。

〔実験2〕 ビーカーに5％の硫酸亜鉛水溶液と亜鉛板を入れ，12％の硫酸銅水溶液と銅板を入れた袋状のセロハンを，ビーカーの中に入れた。図2のように，亜鉛板と銅板に，光電池用プロペラ付きモーターをつなぐと，プロペラが回転した。

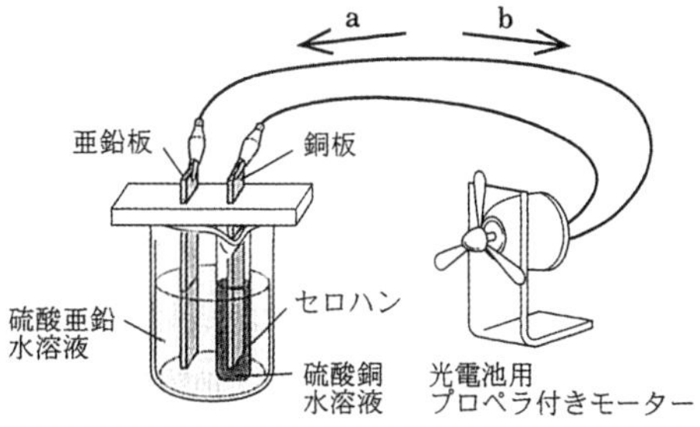

図2

1 次の□の(1)，(2)に当てはまる正しい組み合わせを，**ア**～**エ**から1つ選び，符号で書きなさい。

実験1で，硫酸亜鉛水溶液にマグネシウム板を入れたとき，マグネシウム板に付着した物質は亜鉛である。これは，マグネシウム原子が電子を［(1)］マグネシウムイオンになり，亜鉛イオンが電子を［(2)］亜鉛原子になったからである。

ア (1) 1個失って (2) 1個受け取って　　**イ** (1) 1個受け取って (2) 1個失って
ウ (1) 2個失って (2) 2個受け取って　　**エ** (1) 2個受け取って (2) 2個失って

2 実験1で，硫酸銅水溶液にマグネシウム板や亜鉛板を入れたとき，赤色の物質が付着した。このとき，硫酸銅水溶液の青色は実験前と比べてどうなったか。**ア**～**ウ**から最も適切なものを1つ選び，符号で書きなさい。

ア 濃くなった。　**イ** 変化しなかった。　**ウ** うすくなった。

3 実験1の結果から，銅，亜鉛，マグネシウムの3種類の金属を，イオンへのなりやすさが大きい順に左から並べたものはどれか。**ア**～**カ**から最も適切なものを1つ選び，符号で書きなさい。

ア 銅，亜鉛，マグネシウム　**イ** 亜鉛，銅，マグネシウム　**ウ** マグネシウム，銅，亜鉛
エ 銅，マグネシウム，亜鉛　**オ** 亜鉛，マグネシウム，銅　**カ** マグネシウム，亜鉛，銅

4 次の□の(1)，(2)に当てはまる正しい組み合わせを，**ア**～**エ**から1つ選び，符号で書きなさい。

実験2で，銅板は電池の［(1)］極であり，図2の［(2)］の向きに電流が流れる。

ア (1) ＋ (2) a　**イ** (1) ＋ (2) b　**ウ** (1) － (2) a　**エ** (1) － (2) b

5 実験2で使用した12％の硫酸銅水溶液100 mLに含まれる硫酸銅の質量は何gか。小数第1位を四捨五入して，整数で書きなさい。ただし，12％の硫酸銅水溶液の密度は1.13 g/cm^3とする。

6 実験2で，銅板では銅イオンが銅に変化する反応が起こる。銅板で起こる反応を，化学反応式で書きなさい。ただし，電子はe^-で表すものとする。

7 実験2で使われているセロハンには，イオンなどが通過できる小さな穴があいている。亜鉛板側から銅板側にセロハンを通過する主なイオンは何か。イオンの化学式で書きなさい。

4　県内のある場所で月と金星を観察した。1～5の問いに答えなさい。

〔観察1〕　ある日の日の出前に，月と金星を東の空に観察することができた。図1は，そのスケッチである。

図1

〔観察2〕　別の日の日の入り後に，月を観察したところ，月食が見られた。

〔観察3〕　観察2から29日間，日の入り後の西の空に見えている金星を天体望遠鏡の倍率を一定にしたまま観察した。図2は，そのスケッチの一部である。ただし，天体望遠鏡で見える像は上下左右が逆になっているので，肉眼で見たときの向きに直してある。

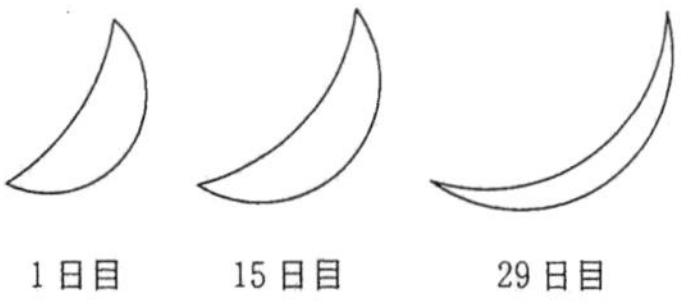

図2

1　地球のまわりを公転する月のように，惑星のまわりを公転する天体を何というか。言葉で書きなさい。

2　図3は，地球の北極側から見た，地球と月の位置関係と太陽の光を示した模式図である。

(1)　月が公転する向きは図3のA，Bのどちらか。符号で書きなさい。

(2)　観察1で見た月の，地球との位置関係として最も適切なものを，図3の**ア**～**ク**から1つ選び，符号で書きなさい。

(3)　観察2で見た月の，地球との位置関係として最も適切なものを，図3の**ア**～**ク**から1つ選び，符号で書きなさい。

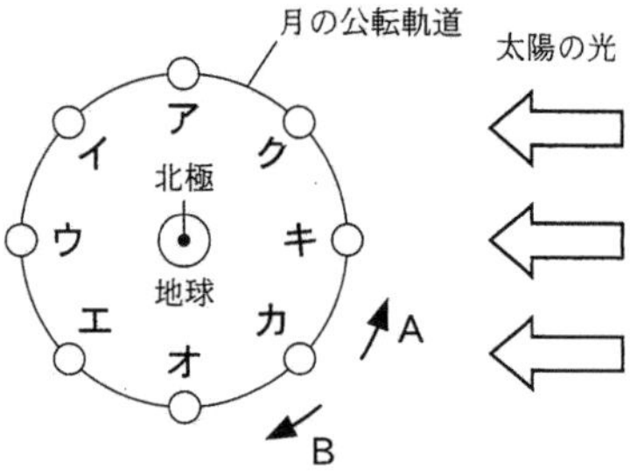

図3

3　図4は，太陽と金星と地球の位置関係を示した模式図である。観察1の結果から，この日の地球から見た金星の位置として最も適切なものを，図4の**ア**～**エ**から1つ選び，符号で書きなさい。

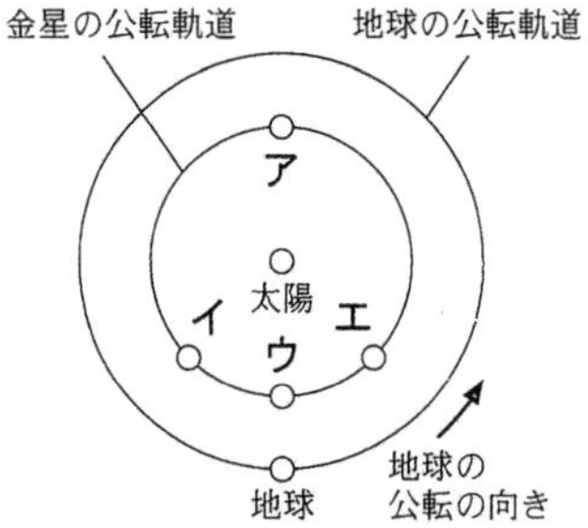

図4

4　金星は，日の出前の東の空か，日の入り後の西の空に見ることができるが，真夜中には見ることができない。その理由を，「金星は」に続けて，簡潔に説明しなさい。

5　次の［　　　］の(1)，(2)に当てはまる正しい組み合わせを，**ア**～**カ**から1つ選び，符号で書きなさい。

観察3の結果から，観察された金星の大きさは，観察1日目に比べ29日目の方が大きくなった。これは，金星の公転周期が地球の公転周期よりも［　(1)　］，金星の位置が地球に近くなったからである。また，日の入り後から金星が沈むまでの金星が観察できる時間を，観察1日目と29日目で比べると，［　(2)　］。

ア　(1)　長く　(2)　1日目の方が長かった　　**イ**　(1)　短く　(2)　1日目の方が長かった

ウ　(1)　長く　(2)　変わらなかった　　**エ**　(1)　短く　(2)　変わらなかった

オ　(1)　長く　(2)　1日目の方が短かった　　**カ**　(1)　短く　(2)　1日目の方が短かった

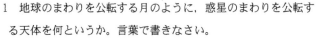

5 次の実験を行った。1～6の問いに答えなさい。

〔実験〕 図1のような回路を作り，抵抗器**A**に流れる電流と加わる電圧の大きさを調べた。次に，抵抗の値が異なる抵抗器**B**に変え，同様の実験を行った。表は，その結果をまとめたものである。

電圧〔V〕		0	3.0	6.0	9.0	12.0
電流〔A〕	抵抗器**A**	0	0.15	0.30	0.45	0.60
	抵抗器**B**	0	0.10	0.20	0.30	0.40

表

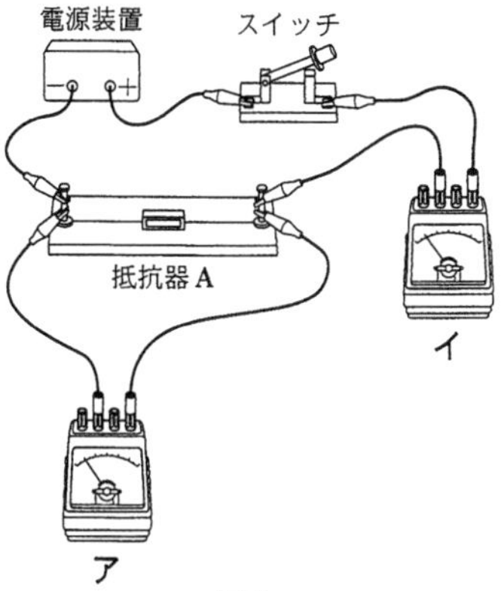

図1

1 図1で，電圧計は**ア**，**イ**のどちらか。符号で書きなさい。

2 抵抗器を流れる電流の大きさは，加わる電圧の大きさに比例する。この法則を何というか。言葉で書きなさい。

3 実験の結果から，抵抗器**A**の抵抗の値は何Ωか。

4 実験で使用した抵抗器**B**の両端に5.0Vの電圧を4分間加え続けた。抵抗器**B**で消費された電力量は何Jか。

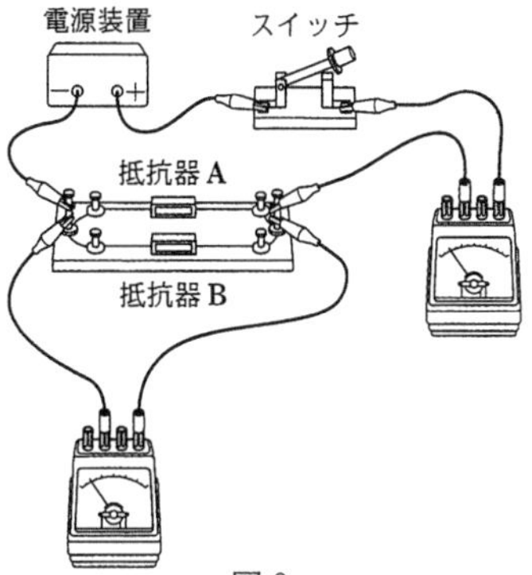

図2

5 図2のように，実験で使用した抵抗器**A**，**B**を並列につないだ回路を作った。表をもとに，図2の抵抗器**A**に加わる電圧と回路全体に流れる電流の関係をグラフにかきなさい。なお，グラフの縦軸には適切な数値を書きなさい。

6 図3のように，実験で使用した抵抗器**A**，**B**と抵抗器**C**をつないだ回路を作った。抵抗器**B**に加わる電圧を6.0Vにしたところ，回路全体に流れる電流は0.30Aであった。抵抗器**C**の抵抗の値は何Ωか。

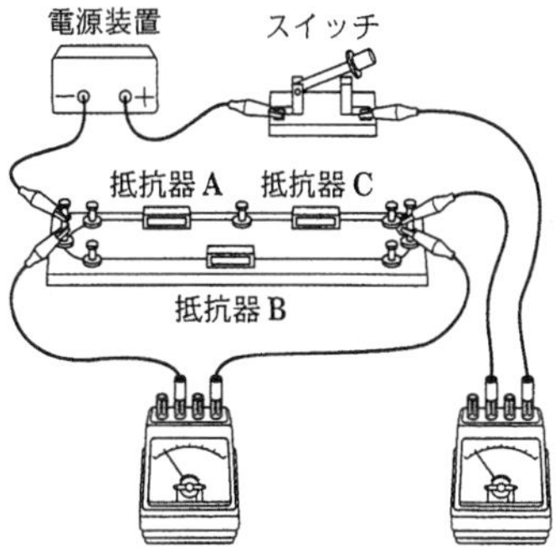

図3

令和５年度

学　力　検　査

社　　会

（50分）

注　意

1　指示があるまでは，この用紙を開いてはいけません。

2　解答用紙は，この用紙の裏面です。

3　答えは，全て解答用紙に記入しなさい。ただし，［　］の欄には，何も書いてはいけません。

4　検査問題は６ページで，問題は［1］から［3］まであります。

1 あやこさんは，歴史の授業で学んだ法に関心をもち，時代区分ごとに関連する内容について調べ，まとめを書いた。1～12の問いに答えなさい。

［あやこさんのまとめ］

古代
聖徳太子は，仏教や儒学の考え方を取り入れた［ I ］で，天皇の命令に従うべきことなど，役人の心構えを示した。8世紀には，唐の法律にならって①大宝律令が作られるなど，律令国家が成立していった。律令国家は，天皇や貴族が中心となって運営され，②様々な文化が発展した。

中世
鎌倉時代，執権の北条泰時は1232年に，③御成敗式目(貞永式目)を定めた。武士は，朝廷の律令とは別に，独自の法を制定し，御成敗式目は長く武士の法律の見本となった。応仁の乱以後の戦国時代には，④戦国大名が独自の分国法を定めて，領国を統一して支配する新しい政治を行った。

近世
江戸幕府の3代将軍［ II ］は，武家諸法度で，大名が原則1年おきに領地と江戸とを往復する参勤交代を制度化し，外交面では，禁教，貿易統制，外交独占の鎖国体制を築いた。しかし，長崎では中国やオランダと交流が続き，次第に国内で⑤ヨーロッパの学問を学ぶ者が現れた。一方で，幕府は財政が悪化すると，⑥様々な政治改革を行った。

近代
明治政府は，⑦近代国家を造るための諸政策を進めた。ヨーロッパへの憲法調査や内閣制度の創設が行われた後，1889年に大日本帝国憲法が発布され，翌年には資料1のような⑧議会政治が始まった。続いて，民法や商法なども公布され，法制度が整備された。その後，⑨国民の政治意識が次第に高まり，大正時代には政党政治が発展した。

現代
政府は，GHQの指示を受けて憲法の改正に着手し，1946年に日本国憲法が公布された。また，民法が改正され，個人の尊厳と男女の本質的平等に基づく家族制度が定められた。その後，⑩高度経済成長が進む中で公害問題が深刻化すると，それに対応する法整備が必要となった。

［資料1］

1 ［ I ］に当てはまる，資料2の法の名を書きなさい。

2 下線①について，次の［ a ］，［ b ］に当てはまる言葉の正しい組み合わせを，**ア**～**エ**から一つ選び，符号で書きなさい。

> 6年ごとに作られる［ a ］に登録された6歳以上の全ての人々には，性別や良民，賤民の身分に応じて［ b ］が与えられた。人々は［ b ］の面積に応じて租を負担したほか，調や庸などの税が課された。

ア a＝検地帳 b＝口分田　　**イ** a＝戸籍 b＝口分田
ウ a＝検地帳 b＝荘園　　**エ** a＝戸籍 b＝荘園

3 下線②について，次の**ア**～**ウ**の出来事を，年代の古い順に並べ，符号で書きなさい。

ア 神話や伝承，記録などを基にした歴史書の「古事記」と「日本書紀」がまとめられた。
イ 紫式部の「源氏物語」や，清少納言の「枕草子」など，女性による文学作品が生まれた。
ウ 仏教の新しい教えとして，唐に渡った最澄が天台宗を，空海が真言宗を日本に伝えた。

4 下線③について，資料3の［ c ］に当てはまる，国ごとに置かれた役職の名を書きなさい。

［資料2］

> 一に曰く，和をもって貴しとなし，さからう(争う)ことなきを宗と(第一に)せよ。
> 二に曰く，あつく三宝を敬え。三宝とは仏・法(仏教の教え)・僧なり。
> 三に曰く，詔(天皇の命令)をうけたまわりては必ずつつしめ(守りなさい)。
> (初めの3条の一部)

［資料3］ 御成敗式目(部分要約)

> 一 諸国の［ c ］の職務は，頼朝公の時代に定められたように，京都の御所の警備と，謀反や殺人などの犯罪人の取りしまりに限る。

5　下線④が保護した商人により開発された鉱山の一つに石見銀山がある。石見銀山の位置を，略地図のア～エから一つ選び，符号で書きなさい。

［略地図］

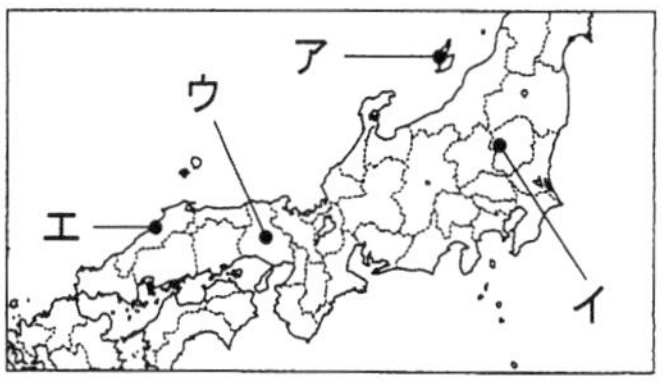

6　[Ⅱ] に当てはまる人物の名を，漢字で書きなさい。

7　下線⑤について，次の出来事は，略年表のア～エのどの期間の出来事か。一つ選び，符号で書きなさい。

> 伊能忠敬がヨーロッパの技術で全国の海岸線を測量し，正確な日本地図を作ることに着手した。

［略年表］

1641 年	平戸のオランダ商館を長崎の出島に移す
	↕ ……ア
1720 年	徳川吉宗が禁書をゆるめる
	↕ ……イ
1792 年	ラクスマンが根室に来航する
	↕ ……ウ
1842 年	外国船にまきや水を与える政策をとる
	↕ ……エ
1854 年	日米和親条約を結び開国する

8　下線⑥について，次の [d] に当てはまる言葉を書きなさい。

> 18 世紀後半，老中になった田沼意次は，[d] という商工業者の同業者組織を作ることを奨励し，特権を与えるかわりに営業税を取り，幕府の財政を立て直そうとした。

9　下線⑦について，表のア～エは，板垣退助，伊藤博文，大久保利通，大隈重信のいずれかである。伊藤博文に当たるものをア～エから一つ選び，符号で書きなさい。

［表］　近代国家を造った政治家たち

	ア	イ	ウ	エ
岩倉使節団に参加した	×	×	○	○
大日本帝国憲法制定前に政党を結成した	○	○	×	×
内閣総理大臣になった	×	○	○	×

注：○は該当する，×は該当しないことを意味する。

10　下線⑧について，(1)，(2)に答えなさい。

(1)　次の [e] に当てはまる文を，資料 4 を参考にして，「投票」という言葉を用いて，簡潔に書きなさい。

［資料 4］　ビゴーの風刺画

> 大日本帝国憲法によって，天皇を中心とした国の仕組みが作られ，帝国議会は，国民が [e] と，皇族や華族，天皇が任命した議員などで構成する貴族院の二院制が採られた。

(2)　世界で最初に議会政治を始めたイギリスについて，次の [f] に当てはまる言葉を，ア～エから一つ選び，符号で書きなさい。

> イギリスでは，1688 年から 89 年の名誉革命によって議会を尊重する国王が新たに選ばれ，[f] が定められた。こうして，世界初の立憲君主制と議会政治が始まった。

ア　権利章典　　イ　人権宣言　　ウ　独立宣言　　エ　マグナ・カルタ

11　下線⑨について，次のア～ウの出来事を，年代の古い順に並べ，符号で書きなさい。

ア　普通選挙法が制定された。　　イ　第一次護憲運動が起こった。

ウ　原敬が政党内閣を組織した。

12　下線⑩について，このころの日本の社会の様子として最も適切なものを，ア～エから一つ選び，符号で書きなさい。

ア　地主が持つ小作地を政府が強制的に買い上げて，小作人に安く売りわたした。

イ　ラジオ放送が始まり，新聞とならぶ情報源となった。

ウ　インターネットが普及し，国境をこえて高速で双方向にやりとりができるようになった。

エ　国民の所得が増え，テレビ，洗濯機，冷蔵庫などの家庭電化製品や自動車が広く普及した。

2 岐阜県に住むひできさんは，興味をもった国や地域についてクラスで発表するためのメモを作成した。1～11の問いに答えなさい。

> **[ひできさんのメモ1]　日本と同緯度にある国：イタリア**
> 《言語》 イタリア語は，[I] などと同じラテン系言語である。
> 《国際》 1993年に発足した①ヨーロッパ連合の原加盟国の一つである。
> 《産業》 イタリアやスペインなどの地中海沿岸では，②夏は高温で乾燥し，冬は温暖で雨が多いため，ぶどうやオリーブなどの果樹，小麦などの穀物を栽培する地中海式農業が行われている。

> **[ひできさんのメモ2]　日本と同経度にある国：オーストラリア**
> 《言語》 かつてイギリスの植民地であり，主として英語が使われている。
> 《国際》 貿易相手上位国は③中国，日本，アメリカで，特にアジアの国との関係が強くなっている。
> 《産業》 南東部や南西部では，小麦などの作物栽培と牧畜を組み合わせた農業が行われている。大規模で品質の良い鉱産資源を採掘することができ，④鉱業が重要な輸出産業になっている。

1　ひできさんは発表にあたり，略地図1を作成した。(1)，(2)に答えなさい。

[略地図1]

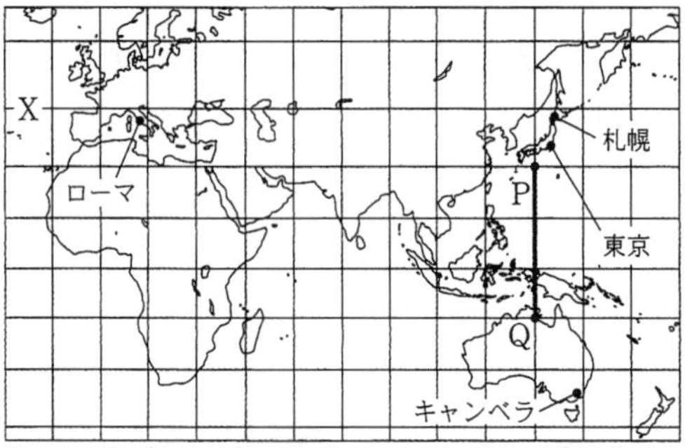

注：赤道及び15度ごとの緯線と，本初子午線及び15度ごとの経線が示してあり，緯線と経線は直角に交わっている。

[略地図2]

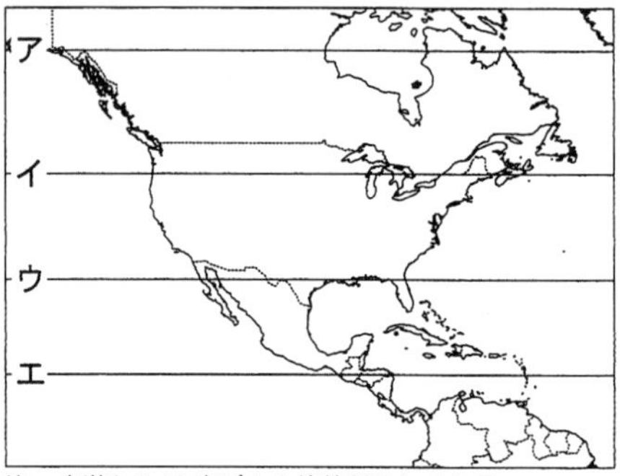

注：赤道から15度ごとの緯線が示してある。

(1)　略地図1の緯線Xと同じ緯線を，略地図2の**ア**～**エ**から一つ選び，符号で書きなさい。

(2)　略地図1のP―Q間の実際の距離はおよそどれくらいか。地球の周囲を40,000 kmとして，適切な距離を，**ア**～**エ**から一つ選び，符号で書きなさい。

ア　約2,500 km　　**イ**　約3,300 km　　**ウ**　約5,000 km　　**エ**　約7,500 km

2　[I] に当てはまる言語名を，**ア**～**エ**から一つ選び，符号で書きなさい。

ア　英語　　**イ**　ドイツ語　　**ウ**　ロシア語　　**エ**　フランス語

3　下線①の略号を，大文字のアルファベット2字で書きなさい。

4　下線②の地中海性気候の特徴をもつ気温と降水量のグラフを，**ア**～**エ**から一つ選び，符号で書きなさい。

ア

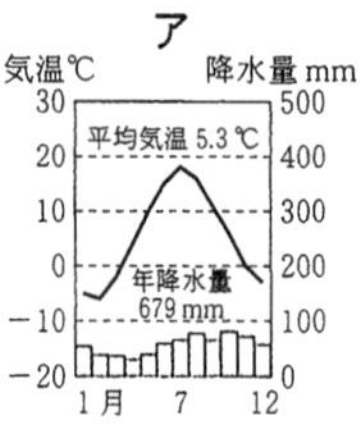

イ

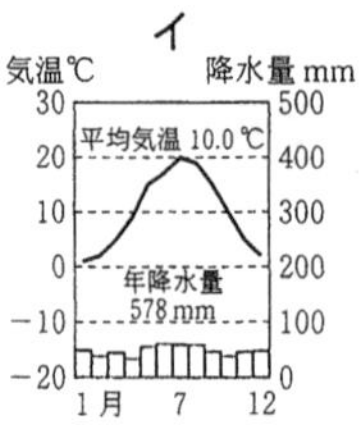

ウ

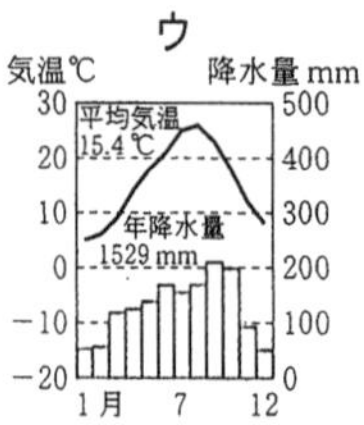

エ

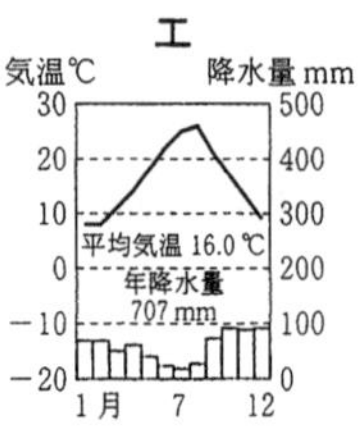

（「理科年表2021」などより作成）

5　下線③について，表1の**ア**～**エ**は，オーストラリア，中国，日本，アメリカのいずれかである。オーストラリアに当たるものを，**ア**～**エ**から一つ選び，符号で書きなさい。

[表1]　オーストラリア，中国，日本，アメリカの人口密度（2020年）とエネルギー自給率（2018年）

	ア	イ	ウ	エ
人口密度（人/km^2）	3	34	150	339
エネルギー自給率（%）	321.5	97.4	80.2	11.8

（「世界国勢図会2021/22」より作成）

国語解答用紙

□の欄には、何も記入しないこと。

一

①	⑥
② む	⑦ りる
③	⑧ な
④	⑨
⑤ やかな	⑩ し

2点×10

二

問一

問二　動詞　活用形　形

問三　こと。

問四　自分の　という言葉をかけてくれたと感じたから。

問五A

問五B

問一．３点
問二．４点
問三．４点
問四．８点
問五．３点×２

三

問一

問二

問三A

問三B

問四

問一．３点
問二．３点
問三．３点×２
問四．３点
問五．５点
問六．５点

受検番号	

合計	

※100点満点

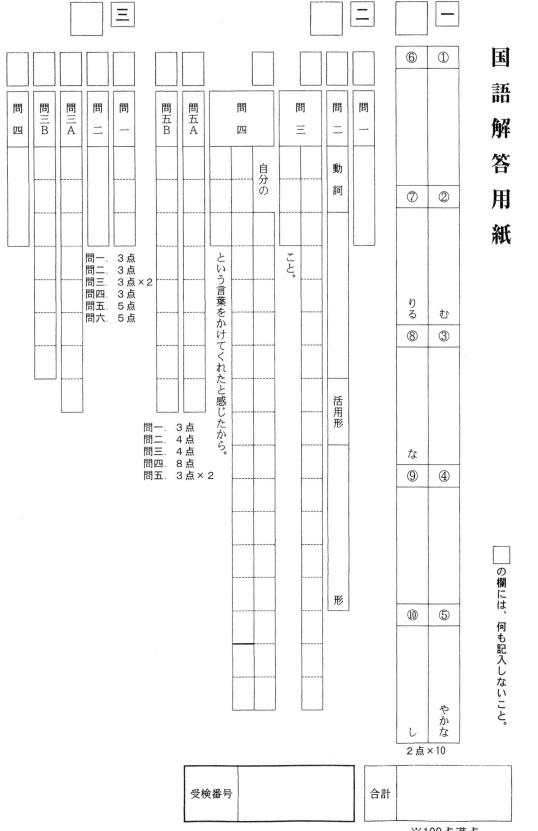

5

(1)10点
(2)(ア)３点
　(イ)５点

	(1)		証明
	(2)	(ア)	cm
		(イ)	倍

6

(1)３点
(2)３点
(3)２点×３
(4)３点
(5)５点

	(1)		1999 →
	(2)		
	(3)	ア	
		イ	
		ウ	
	(4)		
	(5)		個

◇M2(726—21)

受検番号	

合計	

※100点満点

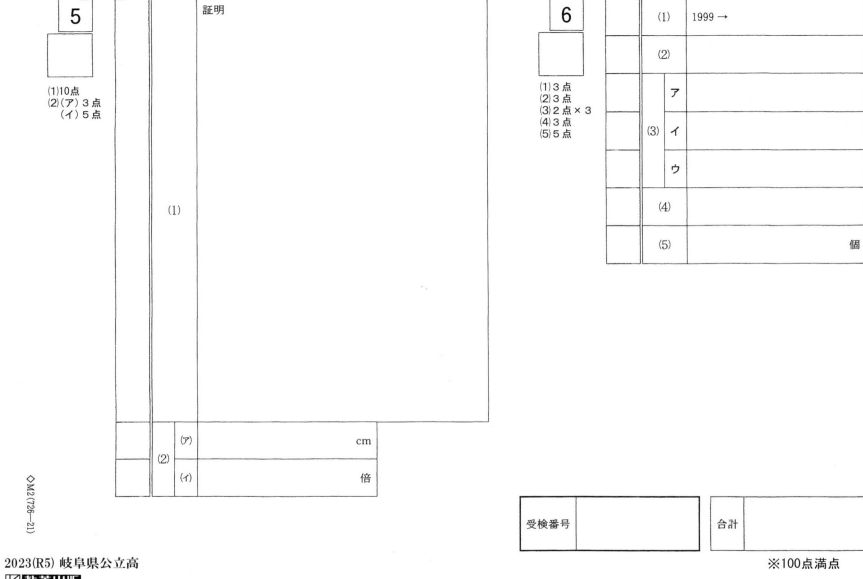

5

	1	Well, ______ ______ ______ ______ ______ reading it?
	2	I'll show ______ ______ ______ ______ ______ .

4点×2

6

	①	I think that online shopping is good because you goods from the shop.
	②	Some people don't the Internet in a safe way.
	③	(記入例) No, I don't. But I still think online shopping is good because ______ ______ ______ ______ ______ ______ ______ ______ ______ ______ 10 ______ ______ ______ ______ ______ ______ ______ ______ ______ ______ 20

①4点
②4点
③6点

受検番号	

合計	

※100点満点

4

	1		
	2	(1)	
		(2)	
		(3)	
	3		
	4		金星は
	5		

３点×７

5

１．３点
２．３点
３．３点
４．４点
５．４点
６．４点

	1	
	2	の法則
	3	Ω
	4	J
	5	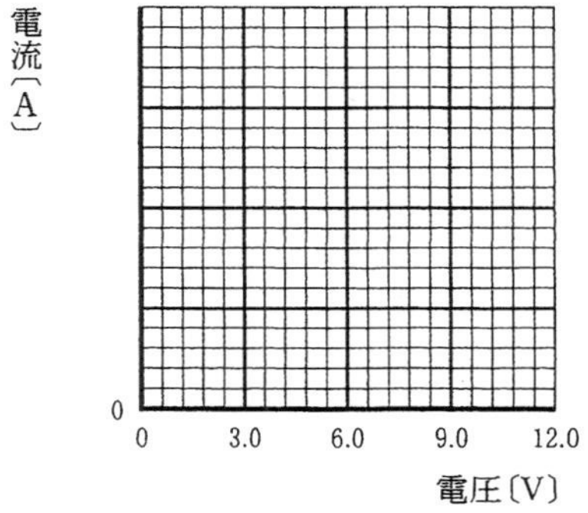
	6	Ω

受検番号	

合計	

※100点満点

◇M4(726—42)

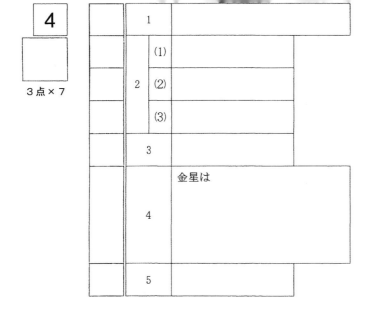

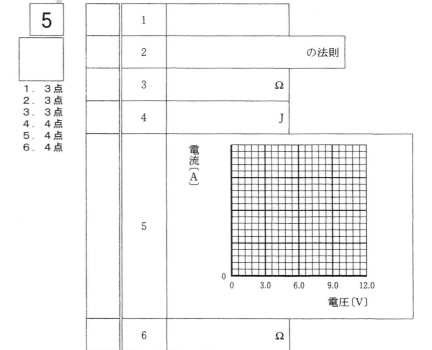

3

1．２点
2．２点
3．３点
4．２点
5．２点
6．⑴３点
⑵３点
⑶２点
7．３点
8．⑴２点
⑵３点
⑶４点
9．２点

1		
2		
3		
4		
5		
6	(1)	
	(2)	
	(3)	選挙
7		
8	(1)	
	(2)	
	(3)	
9		

◇M5(726—52)

受検番号	

合計	

※100点満点

社　会　解　答　用　紙

□ の欄には，何も記入しないこと。

1

1．２点
2．３点
3．３点
4．２点
5．２点
6．３点
7．３点
8．２点
9．３点
10．⑴４点
　　⑵２点
11．３点
12．２点

1		
2		
3		古い出来事 ──→ 新しい出来事 ──→　──→
4		
5		
6		
7		
8		
9		
10	⑴	
10	⑵	
11		古い出来事 ──→ 新しい出来事 ──→　──→
12		

2

1．３点×２
2．３点
3．２点
4．３点
5．３点
6．３点
7．２点
8．２点
9．４点
10．２点
11．３点

1	⑴	
1	⑵	
2		
3		
4		
5		
6		
7		
8		
9		
10		栽培
11		都市

◇M5(726—44)

理　科　解　答　用　紙

□ の欄には，何も記入しないこと。

1

２点×８

	1	(1)	
		(2)	
	2	(1)	
		(2)	
	3	(1)	Pa
		(2)	
	4	(1)	
		(2)	

2

３点×７

	1		
	2	(1)	
		(2)	
	3		
	4		
	5		
	6		

3

３点×７

	1	
	2	
	3	
	4	
	5	g
	6	
	7	

英　語　解　答　用　紙

□ の欄には，何も記入しないこと。

1

３点×９

	1	(1)	
	1	(2)	
	1	(3)	
	1	(4)	
	1	(5)	
	2	(1)①	
	2	(1)②	
	2	(1)③	
	2	(2)	

2

３点×４

	1		
	2		
	3	(1)	
	3	(2)	

3

４点×３

	1	
	2	
	3	

4

３点×９

	1		
	2	①	
	2	②	
	3		
	4	(1)	＿＿＿＿＿＿, he ＿＿＿＿＿＿.
	4	(2)	We can ＿＿＿＿＿＿ plastic bottles as resources to make new plastic bottles almost ＿＿＿＿＿＿.
	5		
	6	⑤	
	6	⑥	

数　学　解　答　用　紙

□ の欄には，何も記入しないこと。

1

4点×6

	(1)	
	(2)	
	(3)	
	(4)	
	(5)	
	(6)	

2

(1)3点
(2)4点
(3)4点

	(1)	cm^2
	(2)	cm^2
	(3)	cm

3

(1)3点
(2)3点
(3)4点

	(1)	冊
	(2)	冊
	(3)	

4

(1)3点
(2)3点×2
(3)4点×2

	(1)		分速　　m
	(2)	(ア)	$y =$
		(イ)	$y =$
	(3)	(ア)	分後
		(イ)	m

◇M2(726—13)

【解答

問五

問六

四

問一

問二

問三

問四

問一．３点
問二．４点
問三．４点
問四．４点

五

問一

問二

問一．５点
問二．10点

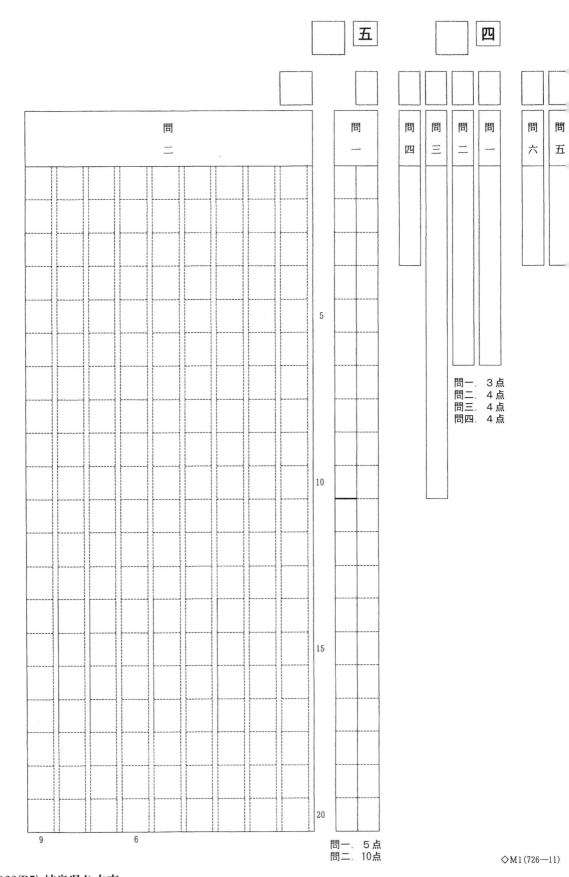

6　下線④について，次の［ a ］，［ b ］に当てはまる言葉の正しい組み合わせを，**ア**～**エ**から一つ選び，符号で書きなさい。

表２から，オーストラリアの輸出総額に占める日本への輸出額の割合を計算すると約［ a ］％で，日本は中国に続いて第２位の輸出相手国である。また，表３から，日本のオーストラリアからの輸入品目は，液化天然ガス，石炭，［ b ］のような鉱産資源が多いことが分かる。

［表２］　オーストラリアの貿易（2020年）

項目	金額（億ドル）
輸出総額	2,519
輸入総額	2,147
日本への輸出額	310
日本からの輸入額	129

［表３］　日本の，オーストラリアからの輸入上位３品目と，それぞれの輸入先上位２か国の金額の割合（2020年）

輸入品目	１位	２位
液化天然ガス	オーストラリア 40.2％	マレーシア 13.2％
石炭	オーストラリア 60.2％	インドネシア 13.3％
［ b ］	オーストラリア 52.3％	ブラジル 29.6％

注：割合（％）とは，それぞれの品目の輸入額全体に占める割合である。

（表２，表３とも「日本国勢図会 2022/23」より作成）

ア　a＝6　b＝鉄鉱石　　**イ**　a＝6　b＝石油

ウ　a＝12　b＝鉄鉱石　　**エ**　a＝12　b＝石油

［ひできさんのメモ３］　岐阜県の属する中部地方

《地形》　略地図３の ■ で示した3000ｍ級の山々が連なる三つの山脈は，ヨーロッパの［ Ⅱ ］山脈にちなんで，日本［ Ⅱ ］と総称される。これらの山脈の影響もあり，東海，北陸，中央高地のそれぞれに地域的特色が見られる。

《産業》　東海では⑤中京工業地帯や東海工業地域が広がり，⑥北陸では伝統産業や地場産業が各地に見られる。また，⑦東海では野菜や花の施設園芸農業，中央高地では高冷地で野菜の栽培，北陸では米の生産が盛んである。

《人口》　人口の多くは平野部に集中しており，特に東海には名古屋，浜松，静岡といった［ Ⅲ ］をはじめ，たくさんの都市が連なっている。

［略地図３］

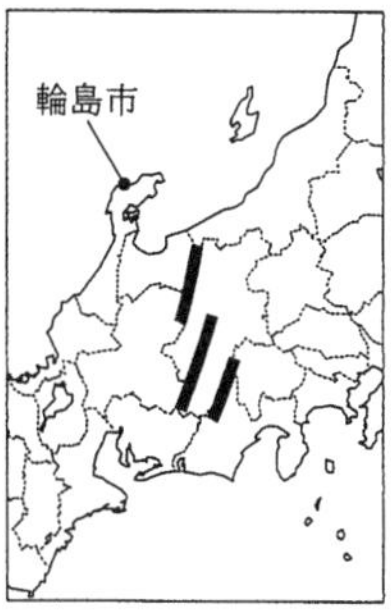

7　［ Ⅱ ］に当てはまる言葉を書きなさい。

8　下線⑤について，グラフ１の**ア**～**ウ**は，中京工業地帯，京浜工業地帯，阪神工業地帯のいずれかである。中京工業地帯に当たるものを，**ア**～**ウ**から一つ選び，符号で書きなさい。

［グラフ１］
三大工業地帯の工業生産額とその内訳（2016年）

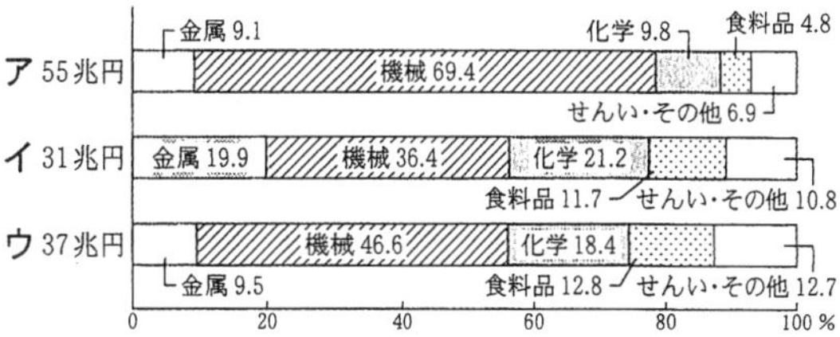

（「工業統計調査 平成29年版」より作成）

9　下線⑥について，次の［ c ］に当てはまる文を，グラフ２を参考にして，「雪」，「副業」の二つの言葉を用いて，簡潔に書きなさい。

北陸では，小千谷ちぢみや加賀友禅などの伝統産業や，富山の売薬などの地場産業が見られる。略地図３の輪島市の輪島塗も，［ c ］として始まり，伝統産業として継承されている。

［グラフ２］　輪島市の気温と降水量

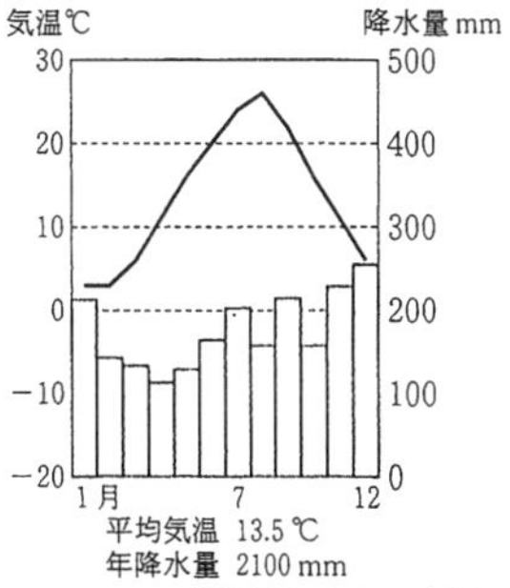

（「理科年表 2021」より作成）

10　下線⑦について，次の［ d ］に当てはまる言葉を書きなさい。

長野県の高原野菜の栽培では，夏でも冷涼な気候を利用して，他の温暖な地域と出荷時期をずらし，高い価格で販売できるように工夫している。また，愛知県の電照菊の栽培では，夜間に照明を当てて，花の開く時期を遅らせ，秋から冬にかけて出荷するように工夫している。このように，他の産地より出荷時期を遅らせる栽培方法を［ d ］という。

11　［ Ⅲ ］は，政府によって指定を受けた人口50万人以上の市で，市域を複数の行政区に分けて区役所を設置し，市民の健康や福祉に関する多くの事務を都道府県に代わって行うことができる都市のことである。［ Ⅲ ］に当てはまる言葉を書きなさい。

3　あおいさんのクラスでは，公民の授業で，「住民の社会参画」について，班ごとに事例を調べ，クラスで意見交流をした。１～９の問いに答えなさい。

《住民の社会参画の事例》

A班
X市のある商店街では，1991年の[あ]以降客数が減少し，地価が下落した。そこで，商店街がまちづくり会社を設立し再開発を行った。商店街にマンション，医療機関や保育園を設け，商店街が生活の場として機能するようにして，住民が安心して暮らせる環境づくりに取り組んでいる。

B班
Y市では，スマートフォンなどの①ICT機器の活用により，地域の課題を市民と②行政が共有し，効率的な解決を目指す仕組みを作った。例えば，市民が道路の不具合など地域の困りごとをいつでも簡単に投稿することができるようにして，地域の課題解決に役立っている。

C班
Z市では，住民による地域活性化の企画に補助金を出す事業を始めた。この事業では，企画の内容や補助金の使い方などを住民が審査する。例えば，まちの③文化遺産のボランティアガイドの養成やガイドマップづくりが採用され，文化遺産を生かしたまちづくりが進められている。

《クラスでの意見交流》

・これからの少子高齢社会に対応するには，国の④社会保障制度とともに，X市の事例のように住民の社会参画による取り組みも大切になる。
・Y市の事例は，若い世代でも手軽に地域の課題解決に貢献できる工夫だと感じた。選挙権年齢や成年年齢が18歳になったことで，若い世代の社会参画や⑤政治参加に期待が高まっているので，主体的に行動したい。
・Z市で養成されたボランティアガイドや，作成されたガイドマップは，⑥外国人観光客が日本に来たときにも利用できる。
・以前，授業で，⑦企業が社会貢献活動をしていることを学習した。これからは，企業が，地域住民と協力して地域課題を解決するような取り組みも工夫できる可能性がある。
・三つの班の調べた事例は，住民が地域の課題を解決し，持続可能な社会をつくるための取り組みである。持続可能な社会を実現するためには，さらに⑧地球規模の課題をどう解決するかを考える必要もある。

1　[あ]に当てはまる言葉を，**ア**～**エ**から一つ選び，符号で書きなさい。
ア　石油危機　　**イ**　バブル経済崩壊　　**ウ**　世界金融危機　　**エ**　アメリカ同時多発テロ

2　下線①が進むと同時に，課題も生じている。プライバシーの権利の一つで，自分の顔などを勝手に撮影されたり，その写真や映像を公表されたりしない権利を，**ア**～**エ**から一つ選び，符号で書きなさい。
ア　環境権　　**イ**　肖像権　　**ウ**　著作権　　**エ**　知る権利

3　下線②について，行政改革の一つに，行政が企業などに出す許認可権を見直して，自由な経済活動をうながす規制緩和がある。日本での規制緩和の例として最も適切なものを，**ア**～**エ**から一つ選び，符号で書きなさい。
ア　旅館が，宿泊希望の多い時期に，宿泊料金を高くする。
イ　少数の企業が相談して，生産量や価格を決める。
ウ　一般市民が住宅を活用して，旅行者などに宿泊場所を提供する。
エ　食料品店が，閉店間際に生鮮食品や総菜を値引きする。

[資料]

4　下線③について，17世紀初めに出雲の阿国という女性がはじめた踊りが発達し，江戸時代には資料のように栄えた伝統芸能の名を書きなさい。

5　下線④について，次の[a]に当てはまる言葉を書きなさい。

日本の社会保障制度は，四つの柱からなっており，そのうち，生活環境の改善や感染症の対策などにより，人々の健康や安全な生活を守ることを[a]という。

6　下線⑤について，(1)～(3)に答えなさい。
(1)　次の[b]に当てはまる言葉を，漢字で書きなさい。

地域は住民自身によって運営されるべきであり，そのために国から自立した地方公共団体を作るという[b]の原則は，日本国憲法第92条に「[b]の本旨」として示されている。そして，地方公共団体の仕組みや運営の方法などについては，[b]法で定められている。

(2) 表1は，有権者が240,000人のＭ市についてのものである。表1の［ c ］，［ d ］に当てはまる数字と言葉の正しい組み合わせを，**ア**～**エ**から一つ選び，符号で書きなさい。

ア　c＝4,800　d＝首長　**イ**　c＝4,800　d＝議会
ウ　c＝80,000　d＝首長　**エ**　c＝80,000　d＝議会

［表1］　Ｍ市における条例の制定・改廃の請求に必要な有権者の署名数

必要な有権者の署名数	請求先
［ c ］以上	Ｍ市の［ d ］

(3) 現在の選挙の4原則のうち，どの政党や候補者に投票したかを他人に知られないように無記名で投票する原則を何というか，書きなさい。

7　下線⑥について，次の［ e ］，［ f ］に当てはまる言葉の正しい組み合わせを，図1とグラフを参考にして，**ア**～**エ**から一つ選び，符号で書きなさい。

> アメリカから日本への旅行者が，1,200ドルを日本円に交換した場合，図1の円安のときには［ e ］になる。したがってグラフの，2012年と2015年を比較すると，一般に，［ f ］の方が，アメリカから日本へ旅行するには有利であったと考えられる。

ア　e＝96,000円　f＝2012年
イ　e＝144,000円　f＝2012年
ウ　e＝96,000円　f＝2015年
エ　e＝144,000円　f＝2015年

［図1］　円高と円安

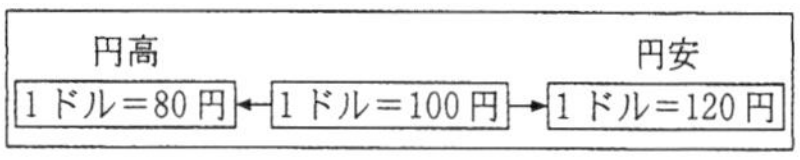

［グラフ］　円とドルの為替相場の推移

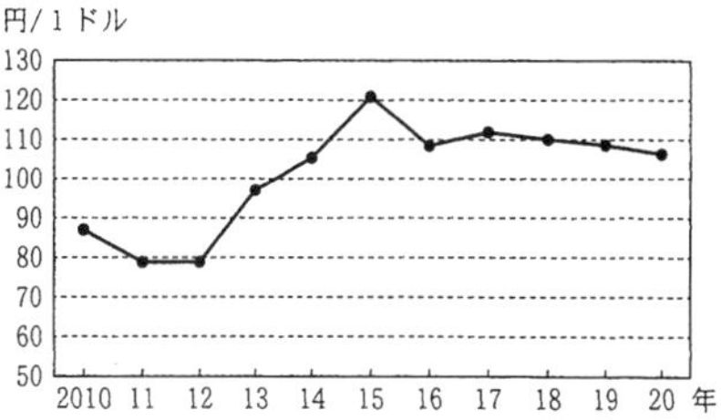

（「日本銀行資料」より作成）

8　下線⑦ついて，図2は，あおいさんが授業のときに作成したウェビングマップである。図2のＤ～Ｆについて，(1)～(3)に答えなさい。

［図2］　企業からイメージされるもの

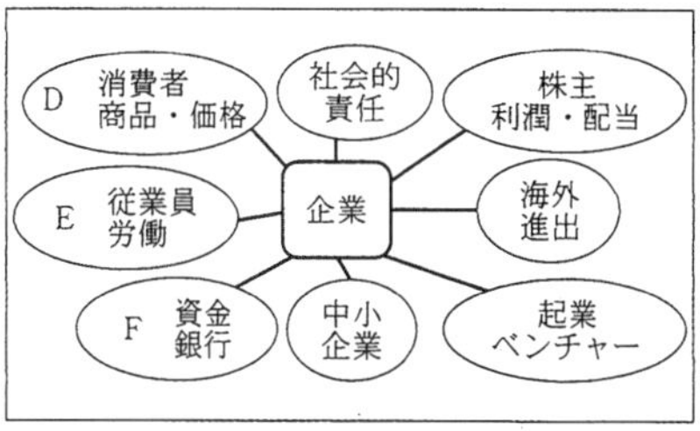

(1) Ｄについて，次の［ g ］に当てはまる法律の名を書きなさい。

> 2000年に制定された［ g ］には，契約上のトラブルから消費者を保護するために，事業者による一定の行為によって，消費者が誤認したり，とまどったりした状態で契約を結ぶなどした場合は，その契約や意思表示を取り消すことができると定められている。

(2) Ｅについて，日本では近年，ワーク・ライフ・バランスの実現が重要になっている。表2のⅠ，Ⅱ，表3のⅢ，Ⅳは，1995年，2019年のいずれかである。2019年の正しい組み合わせを，**ア**～**エ**から一つ選び，符号で答えなさい。

ア　表2＝Ⅰ　表3＝Ⅲ
イ　表2＝Ⅰ　表3＝Ⅳ
ウ　表2＝Ⅱ　表3＝Ⅲ
エ　表2＝Ⅱ　表3＝Ⅳ

［表2］　1995年と2019年の正規労働者と非正規労働者の数と割合

	正規労働者		非正規労働者	
	数（万人）	割合（％）	数（万人）	割合（％）
Ⅰ	3,779	79.1	1,001	20.9
Ⅱ	3,476	61.5	2,169	38.5

（「総務省資料」より作成）

［表3］　1995年と2019年の年間総労働時間

	年間総労働時間
Ⅲ	1,733時間
Ⅳ	1,909時間

（「厚生労働省資料」より作成）

(3) Ｆについて，銀行の主な業務には預金の受け入れとお金の貸し出しがある。次の［ h ］に当てはまる文を，「貸し出し」，「預金」という二つの言葉を用いて，簡潔に書きなさい。

> 図3は，銀行の働きの一部を模式的に示したものである。銀行は，一般に，［ h ］ことで，その差から収入を得ている。

［図3］　銀行の働き（一部）

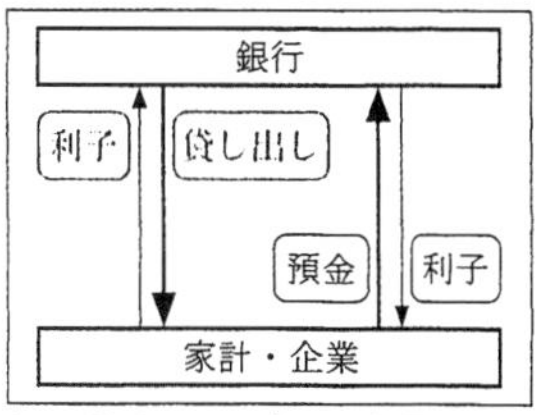

9　下線⑧について，2015年に，温室効果ガスの排出量が増大した産業革命の前からの気温上昇を，地球全体で2度未満におさえる目標を設定し，途上国を含む各国・地域がそれぞれ立てた目標に取り組むことを決めた国際協定の名を書きなさい。

令和四年度

学力検査

国語

（50分）

岐阜県公立高等学校

注意

一　指示があるまでは、この用紙を開いてはいけません。

二　解答用紙は、この用紙の裏面です。

三　答えは、全て解答用紙に記入しなさい。ただし、□の欄には、何も書いてはいけません。

四　字数を指示した解答については、句読点、かぎ（「　」）なども一字に数えなさい。

五　検査問題は七ページで、問題は［一］から［五］まであります。

一　次の①～⑩の傍線部について、漢字は平仮名に、片仮名は漢字に改めなさい。

① 包丁を研ぐ。　② すぐに事態を掌握する。

③ 昔からの戒めを守る。　④ 色彩が微妙に変化する。

⑤ 作品に意匠を凝らした。　⑥ 夕日で空が赤くソまる。

⑦ 飛行機をソウジュウする。　⑧ 父のキョウリは三重県だ。

⑨ 収穫した米をチョゾウする。　⑩ 木のミキから枝が伸びる。

二　次の文章は、小学六年生の雪乃《ゆきの》が、曾《そう》祖父(父の祖父)である茂三《しげぞう》と早朝から農作業をすると約束をしていたが、寝坊してしまった場面を描いたものである。これを読んで、後の問いに答えなさい。

慌ててパジャマのまま台所へ飛んでいくと、(注)ヨシ江が洗い物をしているところだった。

「(注)シゲ爺《じい》は?」

「ああ、おはよう。」

「おはよ。ねえ、シゲ爺は?」

「さっき出かけてっただわ。」

「うそ、なんで?」

ほんのちょっと声をかけてくれたら[1]すぐ起きたのに、どうして置いていくのか。部屋を覗《のぞ》いた曾祖父母が、〈よーく眠ってるだわい〉〈可哀想《かわいそう》だからこのまま寝かせとくだ〉などと苦笑し合う様子が想像されて、地団駄《じだんだ》を踏みたくなる。

「どうして起こしてくんなかったの? 昨日あたし、一緒に行くって言ったのに。」

するとヨシ江は、スポンジで茶碗《ちゃわん》をこすりながら雪乃をちらりと見た。

「起こそうとしただよぅ、私は。けどあのひとが、ほっとけって言うだから。」

「……え?」

「『雪乃が自分で、まっと《(もっと)》早起きして手伝うから連れてけって言っただわ。こっちが起こしてやる必要はねえ、起きてこなけりゃ置いてくまでだ』って。」

心臓が硬くなる思いがした。[2]茂三の言うとおりだ。

無言で洗面所へ走ると、超特急で顔を洗い、歯を磨き、部屋へ戻ってシャツとジーンズに着替えた。ぼさぼさの髪をとかしている暇はない。ゴムでひとつにくくる。

土間で長靴を履き、

「行ってきます!」

駆け出そうとする背中へ、ヨシ江の声がかかった。

「ちょっと待ちない《(なさい)》、いってぇ《(いったい)》どこへ行くつもりだいや。」

雪乃は、あ、と立ち止まった。そうだ、今日はどの畑で作業しているかを聞いていない。

「そんなにまっくろけぇして行かんでも大丈夫、爺やんは怒っちゃいねえだから。」

ヨシ江は笑って言った。〈まっくろけぇして〉とは、慌てて、という意味だ。目の前に、白い布巾できゅっとくるまれた包みが差し出される。

「ほれ、タラコと梅干しのおにぎり。行ったらまず、座ってお食べ。朝ごはん抜きじゃあ一人前に働けねえだから。」

「急いで走ったりしたら、てっくりけぇる《(ひっくりかえる)》だから、気をつけてゆっくり行くだよ。雪ちゃんが後からちゃーんと行くって、爺やんにはわかってただわい。いつもは出がけになーんも言わねえのに、今日はわざわざ『ブドウ園の隣の畑にいるだから』って言ってっただもの。」

再びヨシ江に礼を言って、雪乃は外へ出た。

あたりはもう充分に明るい。朝焼けの薔薇《ばら》色もすでに薄れ、青みのほうが強くなっている。すっかり春とはいえ、この時間の気温は低くて、息を吸い込むとお腹の中までひんやり冷たくなる。

よその家の納屋に明かりが灯《とも》っている。どこかでトラクターのエンジン音が聞こえる。農家の朝はとっくに始まっているのだ。大きく深呼吸をしてから、3雪乃は、やっぱり走りだした。

長靴ががぽがぽと鳴る。まっくろけぇしててっくりけぇることのないように気をつけながら、舗装された坂道を駆け上がる。ふだん軽トラックですいすい登る坂が、思ったよりずっと急であることに驚く。

息を切らしながらブドウ園の手前を左へ曲がり、砂利道に入ってなおも走ると、畑が見えてきた。整然とのびる畝《うね》の間に、紺色の(注)ヤッケを着て腰をかがめる茂三の姿がある。急に立ち止まったせいで足がもつれ、危うく本当にてっくりけぇりそうになった。

張りあげかけた声を飲みこむ。

「シ……。」

ヨシ江はあんなふうに言ってくれたけれど、ほんとうに茂三は怒っていないだろうか。少なくとも、すごくあきれているんじゃないだろうか。謝ろうにも、この距離ではどんなふうに切り出せばいいかわからない。

らっていると、茂三が立ちあがり、痛む腰を伸ばした拍子にこちらに気づいた。

「おーう、雪乃。やーっと来ただかい、寝ぼすけめ。」

笑顔とともに掛けられた、からかうようなそのひと言で、胸のつかえがすうっと楽になってゆく。手招きされ、雪乃はそばへ行った。

「ごめんなさい、シゲ爺。」

「なんで謝るだ。」

ロゴの入った帽子のひさしの下で、皺《しわ》ばんだ目が面白そうに光る。

「だってあたし、あんなえらそうなこと言っといて……。」

「そんでも、こやって手伝いに来てくれただに。」

「それは、そうだけど……。」

「婆やんに起こされただか？」

「ううん。知らない間に目覚ましを止めちゃったみたいで寝坊したけど、なんとか自分で起きたよ。」

起きたとたんに〈げぇっ〉て叫んじゃった、と話すと、茂三はおかしそうに笑った。

「いやいや、それでもてぇしたもんだ《(たいしたものだ)》わい。いっつも、婆やんがぶつくさ言ってるだに。『雪ちゃんは、起こしても起こしても起きちゃこねえでおえねえわい《(どうしようもない)》』つって。それが、いっぺん目覚まし時計止めて、そんでもなお自分で起きたっちゅうなら、そりゃあなおさらてぇしたことだでほー。」

「……シゲ爺、怒ってないの？」

「だれぇ、なーんで怒るぅ。起きようと自分で決めて、いつもより早く起きただもの、堂々と胸張ってりゃいいだわい。」

5雪乃は、頷《うなず》いた。目標を半分しか達成できなかったのに、半分は達成できた、と言ってくれる曾祖父のことを、改めて大好きだと思った。

「雪のなまえ」（村山由佳）徳間書店による。

（注）ヨシ江＝雪乃の曾祖母。　シゲ爺＝茂三のこと。
　　ヤッケ＝防寒用の上着。

問一　1すぐ　と同じ品詞の言葉を、**ア**～**エ**から選び、符号で書きなさい。

ア　静かな環境で学習する。

イ　日が暮れるまで練習する。

ウ　部屋をそっと出る。

エ　早い時間に出発する。

問二　2茂三の言うとおりだ　とあるが、このときの雪乃の気持ちとして最も適切なものを、**ア**～**エ**から選び、符号で書きなさい。

ア　初めは起こしてもらえなかったことに悲しさを感じていたが、ヨシ江から茂三の言葉を聞き、自分は茂三との約束を守れていたのだと気づき、満足している。

イ　初めは起こしてもらえなかったことにいらだちを感じていたが、ヨシ江から茂三の言葉を聞き、自分の言動の無責任さに気づき、後悔している。

ウ　初めは起こしてもらえなかったことに寂しさを感じていたが、ヨシ江から茂三の言葉を聞き、自分に対する期待の高さに気づき、うれしくなっている。

エ　初めは起こしてもらえなかったことに怒りを感じていたが、ヨシ江から茂三の言葉を聞き、自分の思いが茂三に誤解されていたことに気づき、残念に感じている。

問三　3雪乃は、やっぱり走りだした　とあるが、このときの雪乃の気持ちとして最も適切なものを、**ア**～**エ**から選び、符号で書きなさい。

ア　ゆっくり行こうとしたが、体全体がすっかり冷えていたので、体を動かして早く温まろうと考えるようになった。

イ　ゆっくり行こうとしたが、あたりが充分に明るいことに気づき、このままでは朝ごはんが食べられないと焦りだした。

ウ　ゆっくり行こうとしたが、よその家の明かりを見て、薄暗い中を一人で歩くことを不安に感じだした。

エ　ゆっくり行こうとしたが、周囲の農家の様子がわかるにつれて、のんびりしてはいられないと思い直した。

問四　4立ち尽くしたままためらっている　とあるが、雪乃が立ち尽くしたままためらっているのはなぜか。四十五字以上五十字以内でまとめて書きなさい。ただし、「声を」という言葉を使い、「茂三が自分に対して」という書き出しに続けて書くこと。

問五　5雪乃は、頷いた　とあるが、次の［　　］内の文は、このときの雪乃の様子について、本文を踏まえてまとめた一例である。［A］、［B］に入る最も適切な言葉を、それぞれ本文中から抜き出して書きなさい。ただし、字数はそれぞれ［A］、［B］に示した字数とする。

> 茂三との約束を守れず落ち込んでいたが、自分で起きようと決めて、［A（十二字）］ことを誇りに思えばよいという茂三の言葉のおかげで、目標の［B（八字）］と感じることができ、自分の行動を肯定的に捉えてくれる茂三を、改めて大好きだと思っている。

三　次の文章を読んで、後の問いに答えなさい。なお、◇1～◇9は、それぞれの段落番号を表している。

◇1　哲学とはいったいなんでしょうか。

◇2　[1]人間は生きてゆくかぎり、必ずなにか行為をしなければなりません。われわれはなにも行為しないでは一日も過ごすことができません。いや少し極端にいうならば、一瞬間たりとも、行為しないではいられないのです。

◇3　「しかしわたしはきょう一日なにもしないで、ブラブラしていた。」という人があるかもしれません。だが、[2]よく考えてみると、このように「なにもしないで、ブラブラしていた」ということが、すでに一つの行為なのです。なぜなら、その人はブラブラしないで、なにか仕事をすることもできたはずだからです。ブラブラしていたというのは、その人がみずから「なにもしない」という行為を行なったのだといわねばなりません。（中略）

◇4　このように人間は常に行為しなければ、生きてゆくことができませんが、このさい重要なのは、人間がみずからの自由によってその行為を選ばなければならないということです。人間は行為を選ぶ自由をもっています。われわれは暇さえあれば寝て暮らすこともできます。また寸暇を惜しんで、勉強したり、仕事に打ち込んだりすることもできます。われわれは日常行なっている一つ一つの行為を、すべてみずからの自由によって決断し、選んでいるのです。

◇5　この点に、おそらく、[3]他の動物と人間とのあいだの本質的な相違があるといえましょう。人間以外の動物はただ本能によって行動しているだけで、自由によってその行動を選んでいるわけではありません。どうして人間だけが、このように行為をみずから選ぶ自由をもっているのかということは、おそらくもはや人間の解きえない問題であるといわねばならないでしょう。しかしとにかく、人間が自由をもっており、それによって行為を[4]選択しているということは、否定することのできない事実だといわねばなりません。

◇6　わたくしは必ずしも、人間が行為を選択する自由をもっていることがよいことなのだというわけではありません。人間は自由をもっているから、他の動物にくらべてすぐれているのだというのではありません。むしろ、わたくしは、自由をもっているということこそ、人間の悲しい性《さが》なのだとさえいえるのではないかと思うのです。

◇7　人間に自由がなければ、人間はかえってほんとうに幸福であったかもしれません。（中略）ところが、人間はすでに自由をもっているのです。どんな人でも、いやおうなしに、自分で行為を決定しなければなりません。人生の苦労はすべてここから生じている、ともいえるかもしれません。

◇8　しかし、たとえそれが人間にとって不幸であるとしても、人間が自由をもっているということはどうしようもない事実なのです。われわれがこれに対していかに苦情をいったところで、どうなるものでもありません。われわれはただこの事実を認め、その上に立って行為する外《ほか》はありません。

◇9　フランスの哲学者サルトルは、「人間は自由の刑に処せられている」といっています。まさに、自由は人間のもって生まれた宿命なのだ、といえましょう。人間であるかぎり、われわれにはこの宿命からのがれる道はありません。われわれはこの宿命(注)を甘受《かんじゅ》してゆく外はありません。

⑩ だが、人間がみずからの自由によって行為を選ばねばならないとすれば、そこにわれわれはどうしても自分の行為を選ぶための原理を考えないわけにはいきません。むしろ、われわれは行為を選ぶばあい、必ずなんらかの原理をもち、それにしたがって行為を選んでいるのだということができましょう。

⑪ 暇さえあれば寝て暮らして少しも悔いを感じない人は、そういう生き方がよいのだという考え方によって、その行為を選んでいるのです。また自分の利害ばかり考えて、ひとのことを少しも思いやらずに行為している人は、自分の利益だけをはかればよいのだという考え方の上に立って、行為を行なっているのです。

⑫ こうして人間は、自由によって行為している以上、どうしても行為を選びその生き方を決定する根本的な考え方をもたないわけにはゆかないのですが、この考え方がいわゆる人生観ないし世界観というものです。そしてこの人生観・世界観がすなわち哲学に外なりません。

⑬ もしこういえるとするならば、[5]哲学は、人間であるかぎりどんな人でも必ずもっているものだといえましょう。哲学のことなどまったく知らないといっている人でも、実はすでに哲学をもっているのです。

「哲学のすすめ」(岩崎武雄)による。

(注) 甘受=しかたがないと思って受け入れること。

問一 [1]人間は生きてゆくかぎり、必ずなにか行為をしなければなりません とあるが、筆者が述べる人間にとっての行為の説明として最も適切なものを、**ア**〜**エ**から選び、符号で書きなさい。

ア 人間は人間として生まれた以上、なんの行為もしないということはあってはならず、一日寝て暮らすということは許されないということ。

イ 人間は一見なにもしていないように見えても、寝たり呼吸したりするなど、本能的に生命を維持するために、なにかしらの行為をしているということ。

ウ ブラブラするということは生きていくために重要な行為ではなく、人間は勉強したり、仕事に打ち込んだりする義務があるということ。

エ 人間にとってはなにもしないことを選択するのも一つの行為であり、生きている以上はなにかの行為をしないではいられないということ。

問二 [2]考えてみる の「考えて」と「みる」はどのような関係か。最も適切なものを、**ア**〜**エ**から選び、符号で書きなさい。

ア 補助の関係　**イ** 並立の関係

ウ 主語・述語の関係　**エ** 修飾・被修飾の関係

問三 [3]他の動物と人間とのあいだの本質的な相違があるといえましょう とあるが、筆者は他の動物と人間とのあいだにはどのような点に相違があると述べているか。二十字以上二十五字以内でまとめて書きなさい。ただし、「人間は」という言葉を使い、「他の動物は」という書き出しに続けて書くこと。

問四 [4]択 と楷書で書いた場合の総画数が同じになる漢字を、**ア**〜**エ**から選び、符号で書きなさい。

ア 版　**イ** 防　**ウ** 衣　**エ** 母

問五 [5]哲学は、人間であるかぎりどんな人でも必ずもっているものだといえましょう とあるが、人間が哲学を必ずもっていると筆者が述べる理由として最も適切なものを、**ア**〜**エ**から選び、符号で書きなさい。

ア　哲学は自分の行為を選ぶための根本的な考え方であり、哲学がなければ生き方を決定することができないから。

イ　哲学は人間を自由に導くものであり、人間は哲学によってあらゆる場面で自己の利益をはかることができるから。

ウ　哲学は自由の刑に処せられている人間を不幸から解放し、思い悩まされることのない人生へと導いてくれるから。

エ　哲学は自ら行為を選択しなければならない宿命から人間を解放し、自分が従うべき全ての原理を示してくれるから。

問六　本文中における段落の関係についての説明として最も適切なものを、**ア**～**エ**から選び、符号で書きなさい。

ア　③段落では、②段落で述べた筆者の主張を否定する意見を示すことで、異なる主題を新たに設定しようとしている。

イ　⑤段落では、④段落とは対照的な事例を示すことで、④段落の内容を否定しようとしている。

ウ　⑩⑪段落では、⑧⑨段落で述べた内容と異なる視点を示すことで、筆者の主張を明確にしようとしている。

エ　⑫段落では、⑩⑪段落で述べた筆者の主張の具体例を示すことで、筆者の主張を補強しようとしている。

四　次の漢詩は、李白が[illegible]のである。これを読んで、後の問いに答えなさい。

贈《ル》二汪倫《ニ》一

李白乗《ツテ》レ舟《ニ》将《ニ》欲《ス》レ行《カント》

忽《チ》聞《ク》岸上踏歌《ノ》声

桃花潭水深《サ》千尺

不及《バ》汪倫送《ルノ》我《ヲ》情《ニ》

汪倫に贈る

李白舟に乗って将《まさ》に行かんと欲す（出発しようとした）

忽《たちま》ち（ふと）聞く岸上踏歌《がんじやうとうか》（岸のほとり）の声

桃《とう》花《か》潭《たん》水《すい》深さ（とても深い）千尺

及ばず汪倫我を送るの情に

（注）踏歌の声＝足を踏み鳴らし、拍子をとって歌う声。

桃花潭＝汪倫が住む村を流れる川のこと。

問一　この漢詩の形式として適切なものを、**ア**～**エ**から選び、符号で書きなさい。

ア　五言絶句　イ　五言律詩

ウ　七言絶句　エ　七言律詩

問二　不及《バ》汪倫送《ルノ》我《ヲ》情《ニ》を「及ばず汪倫我を送るの情に」と読むことができるように、返り点を書きなさい。

問三　次の［　　］内の文章は、この漢詩の鑑賞文の一例である。［ A ］、［ B ］に入る適切な言葉を、それぞれ現代語で書きなさい。ただし、字数は［ A ］は五字以内、［ B ］は五字以上十字以内とする。

この詩は、「送別」をテーマにしている。村を舟で出発しようとした李白は、[A]で汪倫が村人たちと一緒に別れを惜しんで歌う姿を見て、汪倫の友情の深さは、村を流れる桃花潭の[B]ものであると感じ、汪倫に感謝している。

五

ある中学校で美化委員長を務める田中みずきさんは、全校集会で、掃除への取り組みについて呼びかけるスピーチをすることになった。次の[　]内のスピーチの原稿を読んで、後の問いに答えなさい。

みなさん、こんにちは。美化委員長の田中みずきです。

今日は、みなさんにうれしいエピソードを紹介したいと思います。先日、学校にいらっしゃった地域の方から「校内がきれいだね」ということばをもらいました。その時、私はみんなで掃除に真剣に取り組んできたことが認められたのだと感じ、本当にうれしかったです。

これからも校内をきれいに保ち、私たちが誇りに思える素敵な学校を作るため、積極的に掃除に取り組みましょう。

問一　もらい　を「地域の方」に対する適切な敬語表現に直して書きなさい。

問二　美化委員会では、積極的に掃除に取り組むことを呼びかける標語を作ることになり、次の二つが候補となった。

【標語】

A　ひたむきに　一人一人が　動かす手

B　声をかけ　みんなで協力　すみずみキレイ

標語**A**、**B**のどちらを掲示するのがよいと思うか。あなたの考えを書きなさい。段落構成は二段落構成とし、第一段落ではあなたの考えを、第二段落ではあなたがその標語を選んだ理由を書きなさい。ただし、次の《注意》に従うこと。

《注意》

(一) 題名や氏名は書かないこと。

(二) 書き出しや段落の初めは一字下げること。

(三) 六行以上九行以内で書くこと。

(四) 標語**A**を**A**、標語**B**を**B**と書いてもよい。

令和４年度

学　力　検　査

数　　学

(50分)

注　意

1　指示があるまでは，この用紙を開いてはいけません。

2　解答用紙は，この用紙の裏面です。

3　答えは，全て解答用紙に記入しなさい。ただし，□の欄には，何も書いてはいけません。

4　答えに根号が含まれる場合は，根号を用いて書きなさい。

5　検査問題は６ページで，問題は 1 から 6 まであります。

1 次の(1)〜(6)の問いに答えなさい。

(1) $6-4\times(-2)$ を計算しなさい。

(2) $3(-x+y)-(2x-y)$ を計算しなさい。

(3) $x=5+\sqrt{3}$，$y=5-\sqrt{3}$ のときの，式 $x^2+2xy+y^2$ の値を求めなさい。

(4) 2個のさいころを同時に投げるとき，出る目の数の積が5の倍数になる確率を求めなさい。

(5) 連立方程式 $\begin{cases} 5x + 2y = 4 \\ 3x - y = 9 \end{cases}$ を解きなさい。

(6) 右の図は，正四角すいの投影図である。立面図が正三角形，平面図が1辺の長さが6 cmの正方形であるとき，この正四角すいの体積を求めなさい。

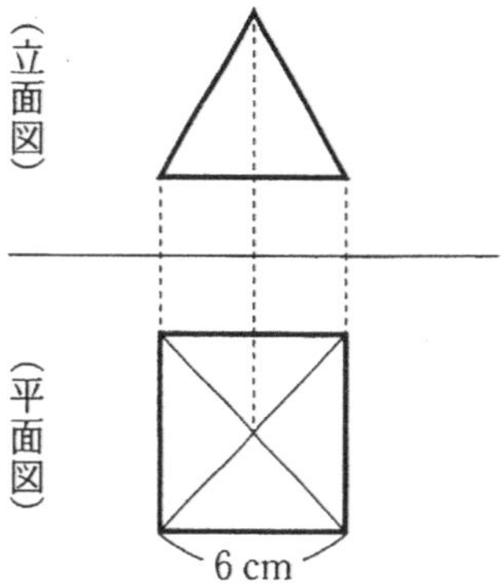

2　2次方程式　$x^2+ax-8=0$　について，次の(1)，(2)の問いに答えなさい。

(1)　$a=-1$ のとき，2次方程式を解きなさい。

(2)　$x=1$ が2次方程式の1つの解であるとき，

(ア)　a の値を求めなさい。

(イ)　他の解を求めなさい。

3　A中学校のバスケットボール部は，ある日の練習で，全ての部員がそれぞれシュートを5回ずつ行い，成功した回数を記録した。右の図は，その記録をもとに，成功した回数別の人数をグラフに表したものである。

次の(1)～(3)の問いに答えなさい。

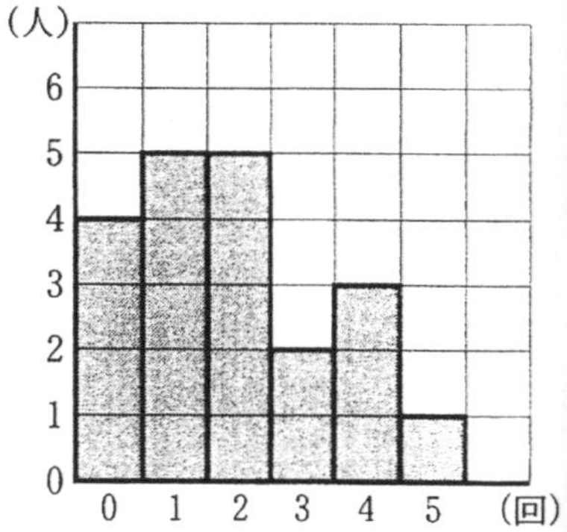

(1)　右の図から，A中学校のバスケットボール部の部員の人数を求めなさい。

(2)　右の図から，成功した回数の平均値を求めなさい。

(3)　バスケットボール部に入部を予定している花子さんも，別の日にシュートを5回行い，成功した回数を記録した。花子さんの記録を右の図に表された記録に加え，成功した回数の平均値と中央値を求めると，2つの値が等しくなった。花子さんの成功した回数を求めなさい。

4 下の図のような台形ABCDがある。点P，Qが同時にAを出発して，Pは秒速2cmで台形の辺上をAからBまで動き，Bで折り返してAまで動いて止まり，Qは秒速1cmで台形の辺上をAからDを通ってCまで動いて止まる。P，QがAを出発してからx秒後の△APQの面積をy cm^{2}とする。

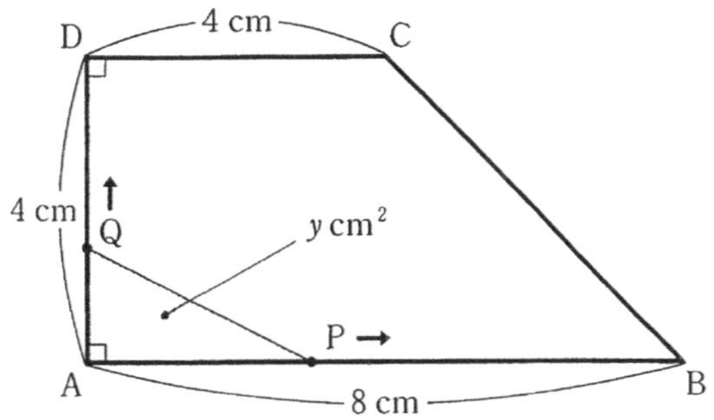

次の(1)～(4)の問いに答えなさい。

(1) 表中の**ア**，**イ**に当てはまる数を求めなさい。

x(秒)	0	…	4	…	6	…	8
y(cm^2)	0	…	**ア**	…	**イ**	…	0

(2) xの変域を次の(ア)，(イ)とするとき，yをxの式で表しなさい。

(ア) $0 \leqq x \leqq 4$のとき

(イ) $4 \leqq x \leqq 8$のとき

(3) xとyの関係を表すグラフをかきなさい。($0 \leqq x \leqq 8$)

(4) △APQの面積と，台形ABCDから△APQを除いた面積の比が，3：5になるのは，P，QがAを出発してから何秒後と何秒後であるかを求めなさい。

5　下の図の△ABC で，点 D は∠ABC の二等分線と辺 AC との交点である。また，点 E は線分 BD の延長線上の点で，CD = CE である。

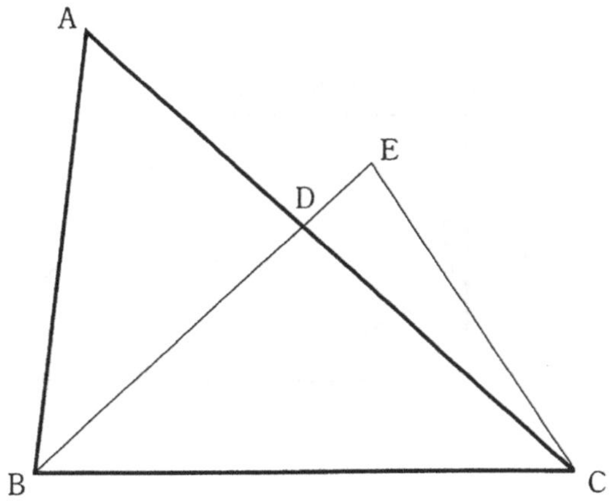

次の(1)，(2)の問いに答えなさい。

(1)　△ABD ∽ △CBE であることを証明しなさい。

(2)　AB = 4 cm，BC = 5 cm，CA = 6 cm のとき，

(ア)　CE の長さを求めなさい。

(イ)　△ABD の面積は，△CDE の面積の何倍であるかを求めなさい。

6 大きな白い紙に，正方形の形に並ぶように連続した自然数を書いていく。まず，1回目の作業として，1のみを書き，以後，次の作業を繰り返し行う。

> 【作業】 すでに正方形の形に並んでいる自然数の下側に1行，右側に1列を加え，再び正方形の形に並ぶように新たに自然数を書く。自然数は，前の作業で書いた自然数の続きから，まず左下から右下へ，次に右下から右上へ小さい順に書く。

下の図は，1回目から3回目までの作業後の結果である。例えば，3回目の作業については，新たに書いた自然数の個数は5個であり，正方形の右下に書いた自然数は7である。

【1回目】

1

【2回目】

1	4
2	3

【3回目】

1	4	9
2	3	8
5	6	7

次の(1)～(3)の問いに答えなさい。

(1) 5回目の作業について，

(ア) 新たに書く自然数の個数を求めなさい。

(イ) 正方形の右下に書く自然数を求めなさい。

(2) 次の文章は，n が2以上であるときの n 回目の作業で新たに書く自然数について，太郎さんが考えたことをまとめたものである。**ア**～**エ**に n を使った式を，それぞれ当てはまるように書きなさい。

> n 回目の作業で書く最も大きい自然数は［ア］である。
> また，$(n-1)$回目の作業で書く最も大きい自然数は［イ］であるから，n 回目の作業では新たに(［ウ］)個の連続した自然数を書くことになる。
> したがって，n 回目の作業で，正方形の右下に書く自然数は，［エ］である。

(3) 10回目の作業について，

(ア) 正方形の右下に書く自然数を求めなさい。

(イ) 新たに書く自然数の和を求めなさい。

令和４年度

学　力　検　査

英　　語

（50分）

注　意

1　指示があるまでは，この用紙を開いてはいけません。
2　解答用紙は，この用紙の裏面です。
3　答えは，全て解答用紙に記入しなさい。ただし，［　　］の欄には，何も書いてはいけません。
4　解答用紙の ＿＿＿＿ の部分には，１語ずつ書くこと。
5　検査問題は７ページで，問題は［1］から［6］まであります。

1 放送を聞いて答える問題

1　これから短い英文を読みます。英文は(1)～(5)まで５つあります。それぞれの英文を読む前に，日本語で内容に関する質問をします。その質問に対する答えとして最も適切なものを，**ア～エ**から１つずつ選び，符号で書きなさい。なお，英文は２回ずつ読みます。

(1)

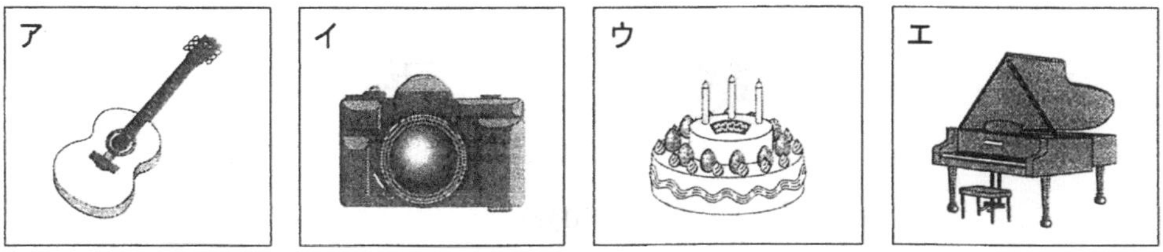

(2)

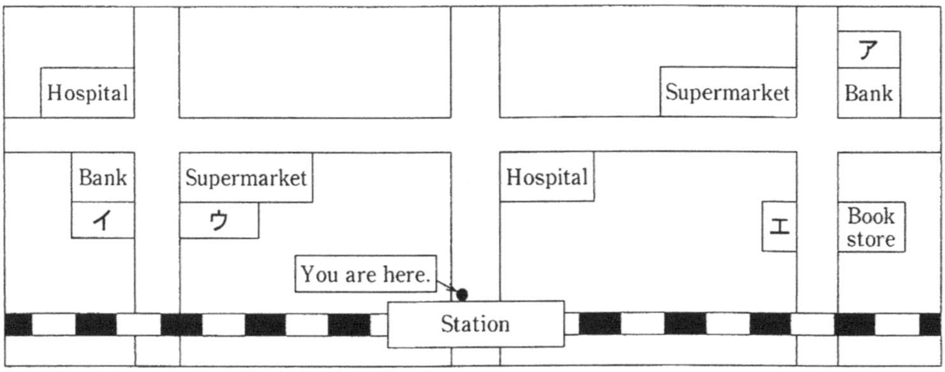

(3)
ア　do you have cheaper ones?
イ　how about white ones?
ウ　what color are you looking for?
エ　what size do you want?

(4)

	Flight number is...	The weather in London now is...	Flight time will be...
ア	Flight 735		10 hours and 12 minutes
イ	Flight 735		12 hours and 10 minutes
ウ	Flight 753		10 hours and 12 minutes
エ	Flight 753		12 hours and 10 minutes

(5) ア Maki bought a green towel with a blue star because Takuya likes blue and green.

イ Maki knew that Takuya likes blue and green before she talked with Tom.

ウ Tom hasn't bought a present yet, but he is going to buy a blue bag.

エ Tom will buy a towel because Takuya plays soccer on weekends.

2 これから読む英文は，ベーカー先生（Mr. Baker）が，英語の授業で自己紹介をしているときのものです。この英文を聞いて，(1)，(2)の問いに答えなさい。なお，英文は2回読みます。

英文を聞く前に，まず，(1)，(2)の問いを読みなさい。

(1) 次の①～③に対する答えを，ベーカー先生の話の内容に即して完成させるとき，（　　）に入る最も適切な英語を，1語書きなさい。

① What did Mr. Baker study at his university?

答え　He studied Japanese culture and (　　).

② Why is Mr. Baker surprised about school life in Japan?

答え　Because Japanese students (　　) their classroom every day.

③ According to Mr. Baker, what are good ways to improve English?

答え　Watching exciting movies and singing (　　) songs in English.

(2) ベーカー先生の話の内容に合っているものを，ア～エから1つ選び，符号で書きなさい。

ア Mr. Baker hopes that the students will visit many temples in Japan.

イ Mr. Baker knows about Japan well because he has stayed there before.

ウ Mr. Baker says that about 50 languages are spoken in New York.

エ Mr. Baker tells the students that it's fun to learn other languages.

2 次の1～3の問いに答えなさい。

1 次の会話の(　　)に入る最も適切な英語を，1語書きなさい。ただし，(　　)内に示されている文字で書き始め，その文字も含めて答えること。

Shin : Hello, Martha. Are you free next Saturday?

Martha : Yes. I have (n　　) to do on that day. What's up?

Shin : I have two concert tickets. Would you like to come with me?

Martha : Of course!

2 次の英文は，グリーン先生から英語部の部員への連絡です。英文の［　　］に入る最も適切なものを，ア～エから1つ選び，符号で書きなさい。

> Next Thursday is Mike's birthday. I think it will be great to hold a party. He likes music, ［　　］ for Mike. Tomorrow, let's talk about what Japanese songs we will sing at the party. Please come to the music room at 4 p.m.

ア but I don't want to sing Japanese songs　　イ but I would like him to sing Japanese songs

ウ so I want to sing Japanese songs with you　　エ so I think we should give flowers

3 次の掲示物と会話を読んで，(1)，(2)の質問の答えとして最も適切なものを，ア～エから1つずつ選び，符号で書きなさい。

> **Welcome to the City Zoo**
>
> Open: 9:30 a.m.—6:00 p.m.
>
> Closed: Every Monday and the last day of every month
>
> 【Special Events】
>
> ・You can take pictures with a baby panda every Friday and Sunday.
> ・You can feed an elephant and touch a snake every Sunday.
> ・You can ride a horse every weekend.

Ms. White : Kana, look at this. We can join some special events here.

Kana : Wow, I'm so excited. I want to try this event because I have loved pandas since I watched them on TV. They're so cute.

Anne : I want to feed an elephant because it is my favorite animal.

Ms. White : Oh, that's too bad. Those two events are not held today. We can try only this one.

Kana : No problem. I also love horses.

Anne : Let's ride a horse!

(1) What special event did Kana want to do at the beginning?

ア To feed an elephant　　イ To ride a horse

ウ To take pictures with a baby panda　　エ To touch a snake

(2) When are they talking?

ア On Friday　イ On Saturday　ウ On Sunday　エ On Monday

(5) これから読む英文は，真紀（ Maki ）とトム（ Tom ）との会話です。会話の内容を正しく表しているものはどれでしょう。

Maki: Takuya's birthday is coming soon.

Tom : That's right, Maki. I'm going to buy a bag for him tomorrow. Would you like to buy anything for him with me?

Maki : Actually I bought a towel for him last weekend. He likes blue and green, so I chose a blue towel with a green star on it.

Tom: Oh, maybe he can use it when he plays soccer. Now I know blue and green are his favorite colors, so I'll buy a green bag.

Maki : I hope he will like our presents.

Tom : I'm sure he will.

2

これから読む英文は，ベーカー先生（ Mr. Baker ）が，英語の授業で自己紹介をしているときのものです。この英文を聞いて，(1)，(2)の問いに答えなさい。なお，英文は２回読みます。英文を聞く前に，まず，(1)，(2)の問いを読みなさい。

（間 30 秒）では，始めます。

Hello, everyone. My name is Bill Baker. I came to Japan three weeks ago. I'm so happy to meet you. I'm from New York, the biggest city in America, and people from all over the world live there. Some people say that about 500 languages are spoken in New York. There are a lot of popular places to see, and many people visit them.

This is my first time to come to Japan. I studied Japanese culture and history at my university, so I'd like to visit many temples in Japan. I also want to try Japanese traditional sports. I hear this school has a kendo club, and I'm excited about practicing kendo with the students. I don't know much about school life in Japan yet, but I'm surprised to know that you clean your classroom every day. Students in America don't usually do that.

I have been looking forward to teaching you English. I think we use languages for communication. I'd like to tell you that it's fun to learn other languages. So don't be shy and try to speak English with each other. Watching exciting movies and singing popular songs in English are not only fun but also good ways to improve your English. I hope you will enjoy learning English with me.

※教英出版注
音声は，解答集の書籍ＩＤ番号を教英出版ウェブサイトで入力して聴くことができます。

【放送原稿】第一次選抜

放送を聞いて答える問題

1

これから短い英文を読みます。英文は(1)から(5)まで５つあります。それぞれの英文を読む前に，日本語で内容に関する質問をします。その質問に対する答えとして最も適切なものを，**ア**から**エ**から１つずつ選び，符号で書きなさい。なお，英文は２回ずつ読みます。

(1)　これから読む英文は，由美（ Yumi ）が，自分の好きなものについて説明しているときのものです。何について説明をしているのでしょう。

Today, I want to talk about my favorite thing.　I like music, so my parents bought this last year.　I usually practice it in my room.　I put it in a case when I carry it outside.

(2)　これから読む英文は，道夫（ Michio ）が，外国人に郵便局の場所を説明しているときのものです。郵便局はどこでしょう。

From the station, you can see the hospital over there.　Turn right at the hospital and go straight.　Then you will find a supermarket on your left.　When you get to the supermarket, turn left and you can find the post office next to a bank.

(3)　これから読む英文は，店員とエミリー（ Emily ）との会話です。その会話の最後で，店員がひとこと付け加えるとすると，どの表現が最も適切でしょう。なお，店員がひとこと付け加えるところで，チャイムが鳴ります。

Staff :　Hello.　May I help you?
Emily :　Yes, please.　I'm looking for tennis shoes.
Staff :　OK.　What color do you like?
Emily :　I like white.
Staff :　Then how about these white ones?
Emily :　Wow, how cool!　I like the design, too.
Staff :　Well,（チャイムの音）

(4)　これから読む英文は，ロンドン行きの飛行機の機内放送です。機内放送の内容を正しく表しているものはどれでしょう。

Good afternoon.　Welcome to Flight 753 to London.　We are now ready to leave.　It is rainy in London now, but it will be cloudy when we get there.　Our flight time to London will be 12 hours and 10 minutes.　We'll give you something to eat and drink during the flight.　If you need any help, please ask our staff.　We hope you'll enjoy your flight.　Thank you.

3　次の英文は，真衣（Mai）が，平均睡眠時間（average sleep hours）について，英語の授業で発表したときのものです。１～３の問いに答えなさい。

Some of you may count sheep when you can't sleep. Do you know why? The sound "sheep" and "sleep" are similar, so counting sheep may be one of the good ways to sleep. Sleep is important for all of us. We can't live without sleeping. But many Japanese people say that they want to sleep longer if they can. How many hours do people sleep in Japan and around the world?

Look at the graph. This is the average sleep hours in Japan and the four other countries in 2018. You can see that people in Japan sleep 7 hours and 22 minutes on average. You may think that 7 hours of sleep is enough, but when you look at the graph, you will find that it is very short. The graph shows that people in China sleep the longest of all, and people in India sleep almost as long as people in America. People in Germany sleep shorter than people in those three countries, but I was surprised that they sleep about one hour longer than us.

Now look at the table. This is the average sleep hours of people in Japan in 2007, 2011 and 2015. What can you see from this table? In 2007, about one third of the people sleep 7 hours or longer. But in 2015, almost 40% of the people sleep less than 6 hours, and only about a quarter of the people sleep 7 hours or longer. It means that more people in Japan sleep (① s　　) than before.

You may watch TV or use the Internet until late at night. But we need to sleep longer especially when we are young. Sleep is important not only for our bodies but also for our minds. To make our bodies and minds more active, let's go to bed earlier and count sheep tonight.

Graph

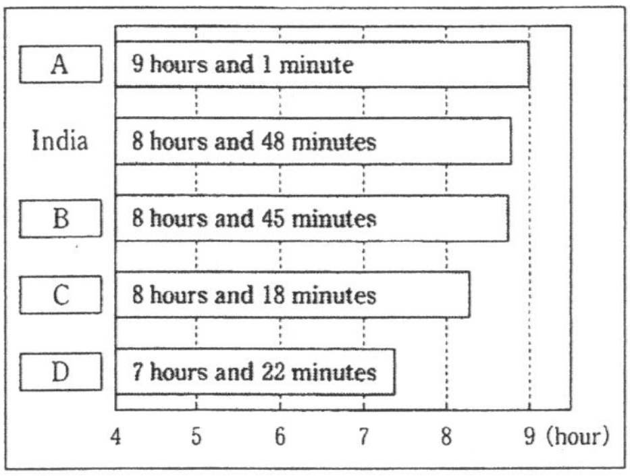

Table

	Less than 6 hours	Between 6 and 7 hours	7 hours or longer
2007	28.4 %	37.8 %	33.8 %
2011	34.1 %	36.7 %	29.2 %
2015	39.4 %	34.1 %	26.5 %

(注)　sheep：羊　similar：似ている　on average：平均して　one hour longer：１時間長く　table：表　mind：心

1　Graph の［ B ］に入る最も適切なものを，ア～エから１つ選び，符号で書きなさい。

ア　America　　イ　China　　ウ　Germany　　エ　Japan

2　本文中の（①　　）に入る最も適切な英語を，本文中から抜き出して１語書きなさい。ただし，（　　）内に示されている文字で書き始め，その文字も含めて答えること。

3　本文の内容に合っているものを，ア～エから１つ選び，符号で書きなさい。

ア　Mai is surprised that people in China sleep the shortest in the five countries.

イ　Mai says that people need to sleep longer especially when they are young.

ウ　Mai thinks that watching TV and using the Internet are more important than sleeping.

エ　Mai uses the table which shows how long people in the five countries sleep from 2007 to 2015.

4 次の英文は，中学生の賢治（Kenji）が，最近印象に残ったできごとについて，英語の授業でスピーチをしたときのものです。1～7の問いに答えなさい。

Have you ever heard the sound of a cello? It's soft and warm, and I like the sound. I have been playing the cello since I was eleven, and now I practice it almost every day. My grandpa is a cello maker, so cellos are always close to me. He lives in a small house in the woods.

One sunny morning, I visited Grandpa. He was cutting an old maple tree near his house to make a new cello, so I helped him cut it. While we were working, I asked, "How old is this tree, Grandpa?" He answered, "It's more than a hundred years old, Kenji." "Wow, it was here before you and I were born!" I said. He taught me that older trees make the sound of a cello deeper and softer. Then he said, "Well, we worked hard today. Let's go back to the house and I'll make you a cup of coffee!"

While we were drinking coffee together in his house, Grandpa told me many things about cellos. He asked, "Do you still use the cello I made?" The cello I use was given by Grandpa when I started to play. "Of course, I do. I like your cello. I want to be a cellist in the future." Grandpa said, "I'm glad to hear that. And what do you want to do when you become a cellist?" I never thought about that, so I couldn't answer his question. I only said, "Well, (①)." He thought for a while and said, "Come with me, Kenji."

Grandpa took me to the next room. There were a lot of cellos on the wall, and the smell of trees was everywhere in the room. I asked, "How many cellos have you made?" He said, "I have made hundreds of them. Your cello is the one I made when you were born, and it's my favorite." "Why did you decide to be a cello maker?" I asked. Then he answered, "Actually I once wanted to be a cellist like you, Kenji. But when I was your age, I hurt my arm and it was difficult to continue playing the cello. I wish I could play it well again." I was surprised because he never talked about it before. I could imagine ②how he felt when he lost his dream at the age of fifteen. I said, "Then, you decided to be a cello maker, right?" He said, "Yes. I wanted to do something related to cellos because I still liked them. Well, I was lucky because I found something I really like early in my life." He continued, "Look at all the cellos, Kenji. Every cello is made of old maple trees. Those trees were cut down a long time ago, but they can live forever as a cello." I said, "I never thought about it that way. But when I listen to the sound of a cello, I really feel relaxed even when I am nervous." He smiled and said, "It's like a voice from the woods that encourages you. I want to make a cello that can express the most beautiful voice of the maple trees, Kenji." Grandpa's face looked soft and warm when he said so. Again, I looked around the cellos he made. I was impressed that he made a lot of cellos and still continued to hold his dream.

Now I play the cello in a different way. I just played it to be a famous cellist before, but now I try to play the cello to deliver the voice of the trees to people. I want to express it someday with the cello Grandpa made.

（注） cello：チェロ　grandpa：おじいさん　cello maker：チェロ職人　close：身近な　maple tree：カエデの木
cellist：チェロ奏者　smell：香り　be impressed：感動する　deliver：届ける

1　次のA～Cの絵を，本文の内容に合わせて並べかえたとき，正しい順序になるものを，**ア**～**エ**から1つ選び，符号で書きなさい。

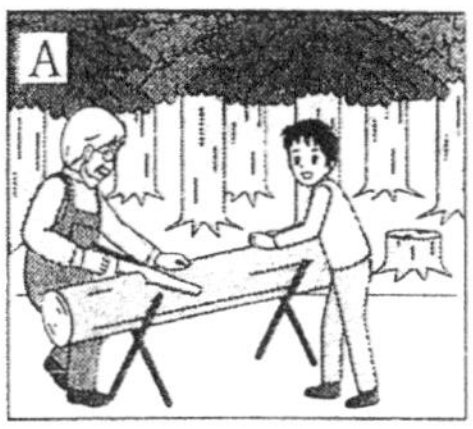

ア　A→B→C　　**イ**　A→C→B　　**ウ**　B→A→C　　**エ**　B→C→A

2　本文中の（　①　）に入る最も適切なものを，**ア**～**エ**から1つ選び，符号で書きなさい。

ア　I just want to be a famous cellist

イ　I just want to be a famous cello maker

ウ　I want to be a cellist like you

エ　I want to be a cello maker like you

3　本文中の下線部②のおじいさんの気持ちとして最も適切なものを，**ア**～**エ**から1つ選び，符号で書きなさい。

ア　excited　　**イ**　glad　　**ウ**　proud　　**エ**　sad

4　次の質問に対する最も適切な答えを，本文の内容に即して，**ア**～**エ**から1つ選び，符号で書きなさい。

When did Grandpa give the cello to Kenji?

ア　Grandpa gave it when Kenji was born.

イ　Grandpa gave it when Kenji was five years old.

ウ　Grandpa gave it when Kenji was eleven years old.

エ　Grandpa gave it when Kenji was fifteen years old.

5　次の質問に対する答えを，本文の内容に即して，英語で書きなさい。

(1)　Did Grandpa want to be a cellist before he hurt his arm?

(2)　How does Kenji feel when he listens to the sound of a cello?

6　本文の内容に合っているものを，**ア**～**オ**から1つ選び，符号で書きなさい。

ア　Kenji has been playing the cello for a long time, but he doesn't practice it now.

イ　Kenji still uses the cello Grandpa made, and both Kenji and Grandpa like it.

ウ　Kenji visited Grandpa on a rainy day, so they didn't work in the woods.

エ　Grandpa can play the cello very well now because he is a cello maker.

オ　Grandpa is very old now, so he doesn't want to make a new cello.

7　次の英文は，賢治がおじいさんに書いた手紙の一部です。（③　　），（④　　）に入る最も適切な英語を，本文中から抜き出して1語ずつ書きなさい。ただし，（　　）内に示されている文字で書き始め，その文字も含めて答えること。

Thank you for spending time with me and talking a lot last week, Grandpa. I respect you because you still continue to have your dream even after you became a cello maker. I can't forget that you told me that the sound of a cello is like the （③ v　　） of the trees. Now I want to express and deliver it to the people who listen to my cello. Please tell me when you finish making a new cello with the maple tree that we （④ c　　） together! See you soon, Grandpa.

5 次の1，2の会話について，それぞれの[　　　]内の語を正しく並べかえて，英文を完成させなさい。

1 （放課後の教室で）

Bob :　I can't finish this homework by tomorrow. I wish I had more time.

Kumi :　Are you OK? Well, [anything / can / I / is / there] do for you?

Bob :　Thank you. Can I call you tonight if I need your help?

Kumi :　Sure.

2 （図書館で）

Tracy :　Look at the shrine in this book. It looks great!

Hiroshi :　This is a very famous shrine in Japan.

Tracy :　Do you [built / it / know / was / when]?

Hiroshi :　About six hundred years ago.

6 あなたは，英語の授業で，自分の関心のあることについて発表することになり，次のメモを作成しました。メモをもとに，原稿を完成させなさい。原稿の ①　　 ，②　　 には，それぞれメモに即して，適切な英語を書きなさい。また， ③　　 には，【あなたが参加したいボランティア活動】をAまたはBから1つ選んで符号で書き，【その理由】について，あなたの考えを，次の《注意》に従って英語で書きなさい。

《注意》・文の数は問わないが，10語以上20語以内で書くこと。

・短縮形（I'm や don't など）は1語と数え，符号（，や．など）は語数に含めないこと。

＜メモ＞

（導　　入）　先週，ボランティア活動についてのポスターを見た。

長い間ボランティア活動に興味があったので参加したい。

（活動内容）　A　公園でゴミを拾う。

B　図書館で，子どもたちに本を読む。

【あなたが参加したいボランティア活動とその理由】

あなたの考え

（ま と め）　参加の呼びかけ

＜原稿＞

Last week, I saw a poster about volunteer activities. I'd like to join one of them because ①　　　　 volunteer activities for a long time.

In the poster, I found two different activities, A and B. If I choose A, I will pick up trash in the park. If I choose B, I will ②　　　　 . I want to join ③　　　　

Would you like to join me?

（注）　pick up trash：ゴミを拾う

令和４年度

学　力　検　査

理　　科

（50分）

注　意

1　指示があるまでは，この用紙を開いてはいけません。

2　解答用紙は，この用紙の裏面です。

3　答えは，全て解答用紙に記入しなさい。ただし，□の欄には，何も書いてはいけません。

4　検査問題は６ページで，問題は [1] から [5] まであります。

1　1～4について，それぞれの問いに答えなさい。

1　ある場所で発生した雷の，光が見えた瞬間の時刻と，音が聞こえ始めた時刻を観測した。表1は，その結果をまとめたものである。

光が見えた瞬間の時刻	音が聞こえ始めた時刻
19時45分56秒	19時46分03秒

表1

(1)　次の［　　］の①，②に当てはまる正しい組み合わせは，ア，イのどちらか。符号で書きなさい。

光が見えてから音が聞こえ始めるまでに時間がかかった。これは，空気中を伝わる［ ① ］の速さが，［ ② ］の速さに比べて，遅いためである。

ア　①　光　②　音　　イ　①　音　②　光

(2)　観測した場所から，この雷までの距離は約何kmか。ア～エから最も適切なものを1つ選び，符号で書きなさい。ただし，空気中を伝わる音の速さは340 m/sとする。

ア　約2.38 km　　イ　約18.0 km　　ウ　約19.4 km　　エ　約48.6 km

2　表2は，8つの惑星の半径と質量をまとめたものである。なお，質量は地球を1としたときの比で表している。

惑星	水星	金星	地球	火星	木星	土星	天王星	海王星
半径〔km〕	2440	6052	6378	3396	71492	60268	25559	24764
質量	0.06	0.82	1.00	0.11	317.83	95.16	14.54	17.15

表2

(1)　太陽のまわりには，表2の8つの惑星以外にもさまざまな天体がある。太陽を中心とした，これらの天体の集まりを何というか。言葉で書きなさい。

(2)　表2の8つの惑星は，地球型惑星と木星型惑星に分けることができる。地球型惑星の特徴として最も適切なものを，ア～エから1つ選び，符号で書きなさい。

ア　主に気体からできており，木星型惑星より大型で密度が小さい。

イ　主に気体からできており，木星型惑星より小型で密度が小さい。

ウ　主に岩石からできており，木星型惑星より大型で密度が大きい。

エ　主に岩石からできており，木星型惑星より小型で密度が大きい。

3　血液と呼吸のはたらきについて調べた。

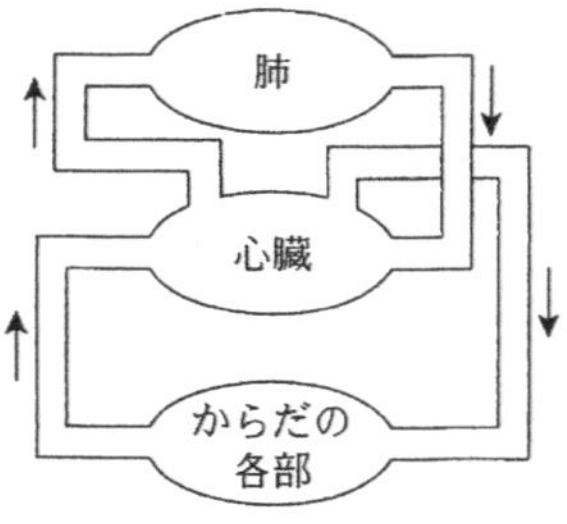

図

(1)　図は，ヒトの体内における血液の循環の様子を模式的に表したものである。図の矢印(⟶)は，血液が流れる向きを表している。血液の循環には，肺循環と体循環がある。次の①～⑤を，肺循環で血液が流れる順に並べかえたものとして最も適切なものを，**ア**～**エ**から1つ選び，符号で書きなさい。

①左心房　②右心室　③肺動脈　④肺静脈　⑤肺

ア　①→③→⑤→④→②　　**イ**　①→④→⑤→③→②

ウ　②→③→⑤→④→①　　**エ**　②→④→⑤→③→①

(2)　激しい運動をしたとき，呼吸の回数が増える理由として最も適切なものを，**ア**～**エ**から1つ選び，符号で書きなさい。

ア　養分から運動に必要なエネルギーを取り出すために，二酸化炭素をたくさん取り込む必要があるから。

イ　養分から運動に必要なエネルギーを取り出すために，酸素をたくさん取り込む必要があるから。

ウ　二酸化炭素から運動に必要なエネルギーを取り出すために，酸素をたくさん取り込む必要があるから。

エ　酸素から運動に必要なエネルギーを取り出すために，二酸化炭素をたくさん取り込む必要があるから。

4　表3は，液体のロウと固体のロウの体積と質量を，それぞれまとめたものである。

	液体のロウ	固体のロウ
体積〔cm^3〕	62	55
質量〔g〕	50	50

表3

(1)　固体のロウの密度は何 g/cm^3 か。小数第3位を四捨五入して，小数第2位まで書きなさい。

(2)　次の［　　］の①～③に当てはまる正しい組み合わせを，**ア**～**カ**から1つ選び，符号で書きなさい。

液体のロウに固体のロウを入れると，固体のほうが液体よりも密度が［ ① ］ため，固体のロウは［ ② ］。水に氷を入れると，氷のほうが水よりも密度が［ ③ ］ため，氷は浮かぶ。

ア　①　小さい　②　沈む　③　大きい　　**イ**　①　小さい　②　浮かぶ　③　小さい

ウ　①　小さい　②　浮かぶ　③　大きい　　**エ**　①　大きい　②　沈む　③　大きい

オ　①　大きい　②　浮かぶ　③　小さい　　**カ**　①　大きい　②　沈む　③　小さい

2 土の中の生物について調べるために，落ち葉が積もっている場所から土を持ち帰り，観察と実験を行った。1～6の問いに答えなさい。

〔観察〕 持ち帰った土を白い紙の上に少量ずつ広げ，見つかった小動物をピンセットで採取した。採取した小動物を観察して調べると，落ち葉や腐った植物を食べる小動物，動物の死がいを食べる小動物，さらにこれらの小動物を食べる小動物など，いろいろな種類の小動物がいることが分かった。

〔実験〕 小動物を採取し終えた土100 gに，沸騰させて冷ました水を加えて，図1のように布でこし，ろ液を100 cm^3とり，ビーカー**A**に入れた。次に，小動物を採取し終えた土を十分に焼いてから100 gとり，同様に，沸騰させて冷ました水を加えて布でこし，ろ液を100 cm^3とり，ビーカー**B**に入れた。さらに，うすいデンプン溶液をビーカー**A**，**B**にそれぞれ20 cm^3ずつ加え，どちらのビーカーにもふたをした。室温で2日間放置した後，ビーカー**A**，**B**の液をそれぞれ試験管に少量とり，ヨウ素液を加えたところ，ビーカー**B**の液だけが青紫色に変化した。

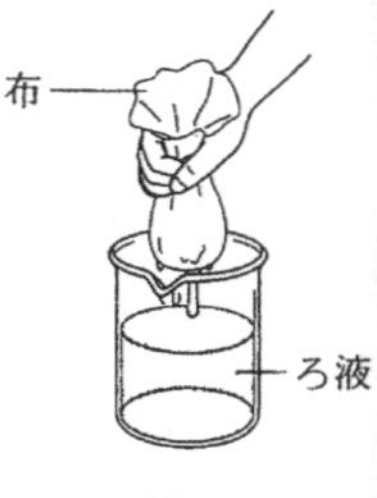

図1

1 観察で見られた生物どうしの関係を調べてみると，複数の食物連鎖の関係でつながっていることが分かった。生物全体では食物連鎖が複雑に網の目のようにからみ合っている。これを何というか。言葉で書きなさい。

2 図2は，生物の食物連鎖による数量的な関係を模式的に表したものである。環境の変化が起こり，**Y**の数が急激に増加すると，短期的には**X**の数と**Z**の数はそれぞれどうなるか。**ア**～**エ**から最も適切なものを1つ選び，符号で書きなさい。

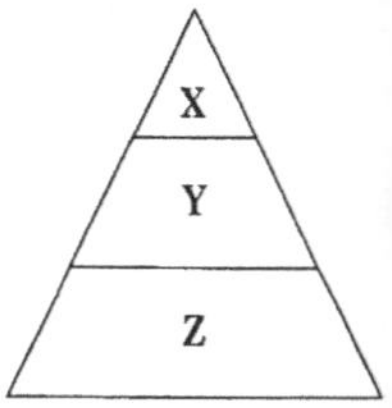

図2

ア **X**も**Z**も減少する。　　**イ** **X**は減少し，**Z**は増加する。

ウ **X**も**Z**も増加する。　　**エ** **X**は増加し，**Z**は減少する。

3 実験で，2日間放置した後に，デンプンがなくなっていたのは，ビーカー**A**，**B**のどちらか。**A**，**B**の符号で書きなさい。

4 ビーカー**A**の実験とビーカー**B**の実験を同時に行ったのはなぜか。その理由を，「ビーカー**A**の実験だけでは，」に続けて，「微生物」という言葉を用いて，簡潔に説明しなさい。

5 次の［　　］の(1)～(3)に当てはまる言葉をそれぞれ書きなさい。

植物は，光エネルギーによって無機物から有機物をつくり出している。植物のこのはたらきを［ (1) ］という。このはたらきから植物は［ (2) ］者とよばれている。植物がつくった有機物は，最終的には無機物にまで分解される。土の中の小動物をはじめ，カビやキノコなどの［ (3) ］類や，細菌類は，土の中の有機物を無機物にまで分解する分解者である。分解によって生じた無機物は，植物によって再び利用される。

6 炭素などの物質は，生物の体とまわりの環境との間を循環している。ある場所に生活する全ての生物と，それらをとり巻く環境を，ひとつのまとまりとしてとらえたものを何というか。言葉で書きなさい。

3 次の実験1，2を行った。1～7の問いに答えなさい。

〔実験1〕 図1のように，プラスチックの容器に，炭酸水素ナトリウム1.50 gと，うすい塩酸5.0 cm^3を入れた試験管を入れ，ふたをしっかり閉めて容器全体の質量をはかった。次に，容器を傾けて，炭酸水素ナトリウムとうすい塩酸を混ぜ合わせると，気体が発生した。気体が発生しなくなってから，容器全体の質量をはかると，混ぜ合わせる前と変わらなかった。

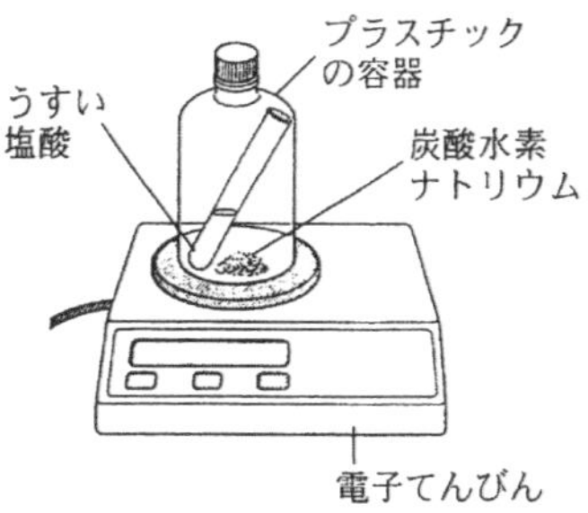

図1

〔実験2〕 図2のように，ステンレス皿に銅の粉末0.60 gを入れ，質量が変化しなくなるまで十分に加熱したところ，黒色の酸化銅が0.75 gできた。銅の粉末の質量を，0.80 g，1.00 g，1.20 g，1.40 gと変えて同じ実験を行った。表は，その結果をまとめたものである。

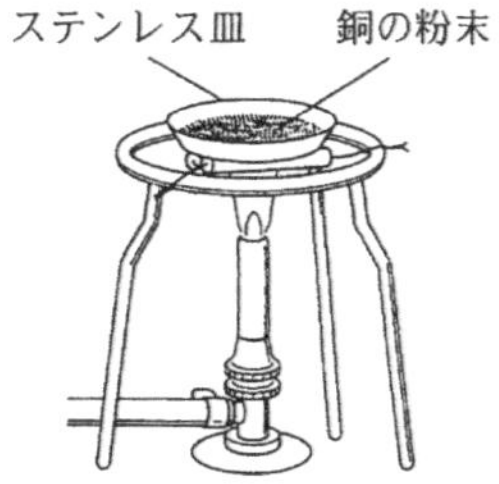

図2

銅の粉末の質量〔g〕	0.60	0.80	1.00	1.20	1.40
酸化銅の質量〔g〕	0.75	1.00	1.25	1.50	1.75

表

1 実験1で，発生した気体は何か。言葉で書きなさい。

2 実験1の下線部の結果から，化学変化の前と後では，物質全体の質量が変わらないということが分かった。この法則を何というか。言葉で書きなさい。

3 実験1の化学変化を化学反応式で表すと，次のようになる。それぞれの［　　］に当てはまる化学式を書き，化学反応式を完成させなさい。

$NaHCO_3$ ＋ HCl → ［　　］ ＋ ［　　］ ＋ ［　　］

炭酸水素ナトリウム　塩酸

4 実験1で，気体が発生しなくなった容器のふたをゆっくり開け，しばらくふたを開けたままにして，もう一度ふたを閉めてから質量をはかると，混ぜ合わせる前の質量と比べてどうなるか。**ア**～**ウ**から1つ選び，符号で書きなさい。

ア 増加する。　**イ** 変化しない。　**ウ** 減少する。

5 表をもとに，銅の粉末の質量と化合した酸素の質量の関係をグラフにかきなさい。なお，グラフの縦軸には適切な数値を書きなさい。

6 実験2で，銅の粉末0.90 gを質量が変化しなくなるまで十分に加熱すると，酸化銅は何gできるか。小数第3位を四捨五入して，小数第2位まで書きなさい。

7 次の［　　］の(1)，(2)に当てはまるものを，それぞれの語群から1つずつ選び，符号で書きなさい。

酸化銅と［ (1) ］の粉末を試験管に入れて混ぜ，十分加熱したところ，酸化銅が銅に変化した。このとき，試験管の中でできた銅の質量は，反応前の酸化銅の質量と比べて［ (2) ］。

(1)の語群　**ア** 銅　**イ** 炭素　**ウ** 炭酸水素ナトリウム

(2)の語群　**ア** 増加した　**イ** 変化しなかった　**ウ** 減少した

4 鹿児島県の桜島で採取された岩石**A**，桜島から噴出した火山灰**B**，長崎県の雲仙普賢岳から噴出した火山灰**C**を用いて，観察1，2を行った。1～6の問いに答えなさい。

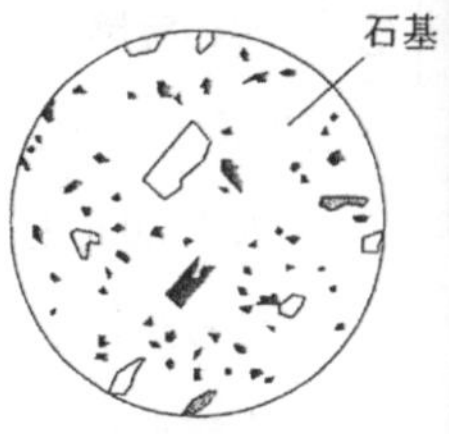

図1

〔観察1〕 岩石**A**の表面を歯ブラシでこすって洗い，きれいにした後，ルーペを用いて観察し，スケッチした。岩石**A**の表面を観察すると，石基の間に，比較的大きな黒色や白色の鉱物が見られた。図1は，岩石**A**の表面のスケッチである。

〔観察2〕 火山灰**B**と火山灰**C**を，それぞれ別の蒸発皿に少量ずつとり，指でおしつぶすようにして何度も水で洗ったところ，水はにごらなくなり，蒸発皿の上に粒が残った。この粒を双眼実体顕微鏡で観察したところ，火山灰**C**は火山灰**B**よりも無色鉱物を多く含んでいることが分かった。図2は火山灰**B**，図3は火山灰**C**のスケッチである。

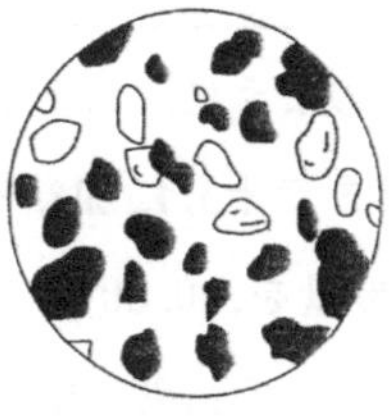
図2

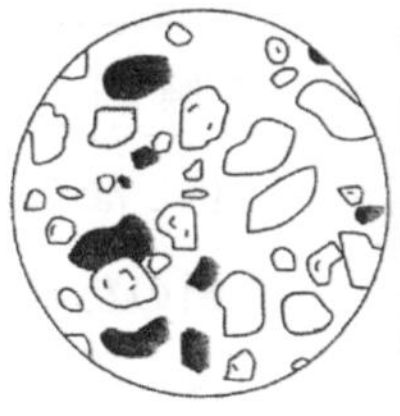
図3

1 岩石**A**のような，石基の間に比較的大きな鉱物が見られるつくりを何というか。言葉で書きなさい。

2 岩石**A**は何か。**ア**～**エ**から最も適切なものを1つ選び，符号で書きなさい。

ア 安山岩　　**イ** 閃緑岩　　**ウ** 泥岩　　**エ** チャート

3 無色鉱物であるものを，**ア**～**エ**から1つ選び，符号で書きなさい。

ア カンラン石　　**イ** 黒雲母　　**ウ** 角閃石　　**エ** 長石

4 次の［　　　］の(1),(2)に当てはまる正しい組み合わせを,**ア**～**エ**から1つ選び,符号で書きなさい。

観察2の結果から，雲仙普賢岳は桜島に比べて，マグマのねばりけは［　(1)　］，爆発的な激しい噴火をすることが［　(2)　］ということが分かる。

ア (1)強く　(2)少ない　　**イ** (1)強く　(2)多い　　**ウ** (1)弱く　(2)少ない　　**エ** (1)弱く　(2)多い

5 マグマに関する現象について，正しく述べている文はどれか。**ア**～**エ**から全て選び，符号で書きなさい。

ア マグマは，地球内部の熱などにより，地下の岩石がとけてできる。

イ 地表付近にあるマグマが地下深くまで下降し，マグマにとけていた物質が気体になることにより，マグマが発泡する。

ウ マグマが地面の下を上昇するとき，周辺の岩石を壊すなどすることで，わずかな振動が火山性微動や火山性地震として観測されることがある。

エ マグマが長い時間をかけて，地下の深いところで冷えて固まると火山岩ができる。

6 次の［　　　］の(1),(2)に当てはまる正しい組み合わせを,**ア**～**エ**から1つ選び,符号で書きなさい。

地層の中の火山灰層を調べると，地層の年代を知る手がかりになることがある。その他にも，地層の年代を知るための方法として，化石を利用することができる。地層の堆積した年代を知る手がかりになる化石を［　(1)　］化石といい，ある時期にだけ栄えて［　(2)　］範囲にすんでいた生物の化石が適している。

ア (1)示準　(2)広い　　**イ** (1)示準　(2)狭い　　**ウ** (1)示相　(2)広い　　**エ** (1)示相　(2)狭い

5 物体を用いて実験を行った。1～7の問いに答えなさい。ただし，100gの物体にはたらく重力の大きさを1Nとし，空気の抵抗は考えないものとする。

〔実験〕 図1のように，水平面と点**A**でなめらかにつながった斜面**X**がある。水平面上の点**A**から点**B**(**AB**間は40.0cm)までは，物体に摩擦力がはたらく面である。質量が250gの物体を，斜面**X**上のいろいろな高さから滑らせ，点**A**を通過後，静止するまでに，**AB**間を移動した距離を調べた。表は，その結果をまとめたものである。ただし，斜面**X**では物体に摩擦力ははたらかないものとする。

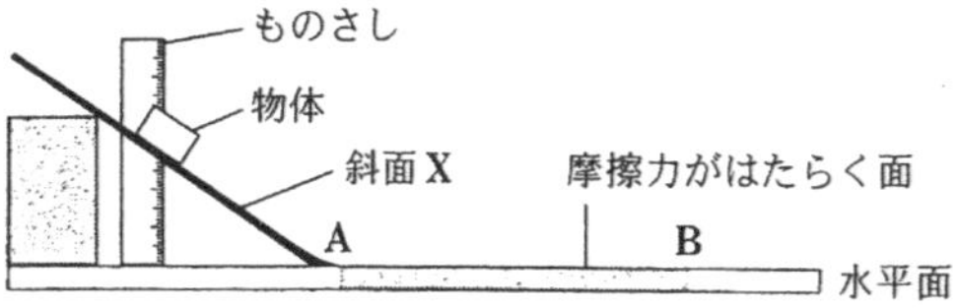

図1

物体の高さ〔cm〕	4.0	8.0	12.0	16.0	20.0
AB間を移動した距離〔cm〕	7.2	14.4	21.6	28.8	36.0

表

1 実験で使用した物体にはたらく重力の大きさは何Nか。

2 実験で，物体が斜面**X**上を滑るあいだの様子について，正しく述べている文はどれか。**ア**～**エ**から1つ選び，符号で書きなさい。

ア 物体にはたらく力の大きさはだんだん大きくなるが，物体の速さは変化しない。

イ 物体にはたらく力の大きさはだんだん大きくなり，物体の速さはだんだん速くなる。

ウ 物体にはたらく力の大きさは変化せず，物体の速さも変化しない。

エ 物体にはたらく力の大きさは変化しないが，物体の速さはだんだん速くなる。

3 実験で，物体を8.0cmの高さから滑らせたとき，滑り始めてから静止するまでに，物体にはたらく垂直抗力が物体にした仕事は何Jか。

4 実験で使用した物体を，水平面から16.0cmの高さまで，手でゆっくり持ち上げたところ，2秒かかった。このとき，手が物体にした仕事率は何Wか。

5 実験で，物体を15.0cmの高さから滑らせたとき，**AB**間を移動した距離は何cmか。

6 実験で，物体をある高さから滑らせて静止するまでの運動エネルギーについて，次の ☐ の(1)，(2)に当てはまるものを，**ア**～**ウ**からそれぞれ1つずつ選び，符号で書きなさい。

・物体を滑らせてから点**A**までは，物体の運動エネルギーは ［(1)］ 。

・点**A**から静止するまでは，物体の運動エネルギーは ［(2)］ 。

ア 大きくなる　**イ** 変化しない　**ウ** 小さくなる

7 図2のように，**AB**の中点**C**で摩擦力がはたらかない斜面**Y**をなめらかにつなげ，同様の実験を行った。物体を斜面**X**上の18.0cmの高さから滑らせたとき，点**A**，点**C**を通過後，物体は斜面**Y**を何cmの高さまで上がるか。**ア**～**エ**から最も適切なものを1つ選び，符号で書きなさい。

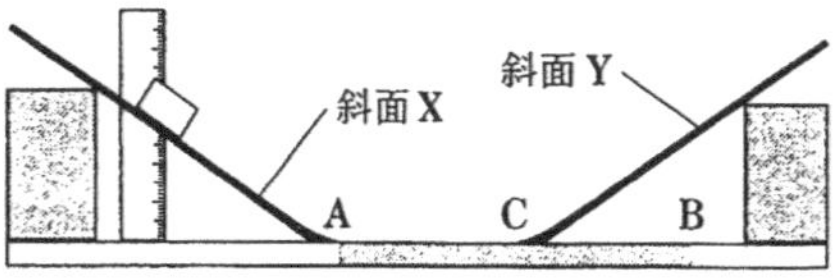

図2

ア 6.9cm　**イ** 12.4cm　**ウ** 18.0cm　**エ** 32.4cm

令和4年度

学　力　検　査

社　　　会

（50分）

注　意

1　指示があるまでは，この用紙を開いてはいけません。

2　解答用紙は，この用紙の裏面です。

3　答えは，全て解答用紙に記入しなさい。ただし，［　］の欄には，何も書いてはいけません。

4　検査問題は6ページで，問題は［1］から［3］まであります。

1　みなこさんは，容器や食器などを通して見た日本と外国のつながりの歴史についてまとめを書いた。1～10の問いに答えなさい。

［みなこさんのまとめ］

《古代》

古墳時代に朝鮮半島から須恵器を作る技術がもたらされ，その後も遣隋使や遣唐使により中国大陸から様々なものが伝わった。中には，①西アジアやインドの文化の影響をうけた写真1のガラス製の容器や漆器の水さしなども見られ，それらは，東大寺の正倉院に②聖武天皇の使用した道具とともに納められている。

［写真1］
ガラス製の容器

《中世》

室町時代には，南北朝の統一を実現した［　あ　］が始めた日明貿易(勘合貿易)で，陶磁器などが大量に輸入され，日本からは漆器などが輸出された。貿易などにより産業も発達し，③農業では，あさやあいの栽培が広がり，手工業では陶器や鋳物の生産が盛んになった。

《近世》

④安土桃山時代に，朝鮮から伝わった技術を基に，写真2のような有田焼が作られ始め，⑤江戸時代のはじめにはヨーロッパに向けて輸出された。⑥江戸時代の後半には，陶磁器を専売制にして輸出する藩も現れるようになった。

［写真2］
有田焼の皿

《近代から現代》

⑦明治時代に近代化が進むと，欧米風の生活様式が広まり，洋風の食器の利用が増えた。⑧20世紀前半にプラスチックが登場すると，日本でも⑨第二次世界大戦後には，容器の素材として広まった。

1　下線①について，次の［　a　］，［　b　］に当てはまる言葉の正しい組み合わせを，**ア**～**エ**から一つ選び，符号で書きなさい。

ギリシャの文化とオリエントの文化が結び付いた［　a　］の文化の影響は，推古天皇の下で［　b　］となった聖徳太子が建てたとされる法隆寺の金堂の壁画などにも見ることができる。

ア　a＝ルネサンス　b＝摂政　　**イ**　a＝ヘレニズム　b＝摂政

ウ　a＝ルネサンス　b＝関白　　**エ**　a＝ヘレニズム　b＝関白

2　下線②の時代に，都を中心に栄え，仏教と唐の影響を強く受けた国際的な文化の名を書きなさい。

3　［　あ　］に当てはまる人物の名を書きなさい。

4　下線③について，一年の間に同じ田畑で米と麦を交互に作ることを何というか，漢字で書きなさい。

5　下線④について，⑴，⑵に答えなさい。

［資料］

諸国の百姓が刀やわきざし，弓，やり，鉄砲，そのほかの武具などを持つことは，かたく禁止する。

⑴　資料は，豊臣秀吉が出した法令の一部を要約したものである。これにより行われた，兵農分離を進めるための政策の名を書きなさい。

⑵　この時代に見られた桃山文化について述べた文として最も適切なものを，**ア**～**エ**から一つ選び，符号で書きなさい。

ア　雪舟が，自然などを表現する水墨画を完成させた。

イ　菱川師宣が，都市の町人の生活を基に浮世絵をえがいた。

ウ　狩野永徳が，ふすまや屏風に，はなやかな絵をえがいた。

エ　葛飾北斎が，錦絵で優れた風景画を残した。

6　下線⑤に，江戸幕府が大名を統制するため，大名が許可なく城を修理したり，大名どうしが無断で縁組をしたりすることなどを禁止した法律の名を書きなさい。

7　下線⑥について，江戸幕府にラクスマンやレザノフを使節として派遣し，日本との通商を求めた国を，ア～エから一つ選び，符号で書きなさい。

ア　ロシア　　**イ**　フランス　　**ウ**　イギリス　　**エ**　アメリカ

8　下線⑦について，次の文を読んで，(1)，(2)に答えなさい。

> 近代化を進めた明治政府は，［ c ］が外務大臣のときに，イギリスとの間で領事裁判権の撤廃に成功した。日清戦争後，政府は軍備の拡張を中心に国力の充実を図ったが，議会で大規模な予算を承認してもらうために，政党の協力が必要となり，伊藤博文は自ら［ d ］の結成に乗り出した。また，教育の普及が進み，グラフ1のように日清戦争直後には小学校の就学率が約［ e ］％となった。

(1)　［ c ］に当てはまる人物を**ア**～**エ**から一つ選び，符号で書きなさい。

ア　小村寿太郎　　**イ**　井上馨　　**ウ**　大隈重信　　**エ**　陸奥宗光

(2)　［ d ］，［ e ］に当てはまる言葉の正しい組み合わせを，**ア**～**エ**から一つ選び，符号で書きなさい。

ア　d＝自由党　　e＝60　　**イ**　d＝自由党　　e＝90

ウ　d＝立憲政友会　　e＝60　　**エ**　d＝立憲政友会　　e＝90

［グラフ1］

小学校の就学率

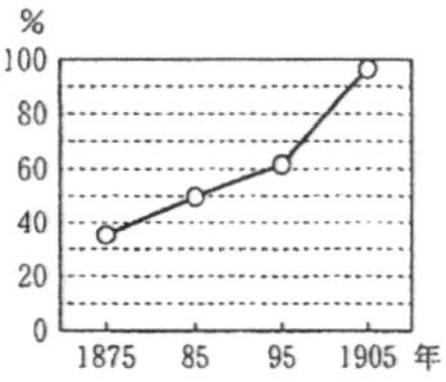

(「学制百年史」より作成)

9　下線⑧について，(1)，(2)に答えなさい。

(1)　略年表の下線Aについて，次の［ f ］に当てはまる文を，グラフ2を参考にして，「買いしめ」，「価格」という二つの言葉を用いて，簡潔に書きなさい。

［略年表］

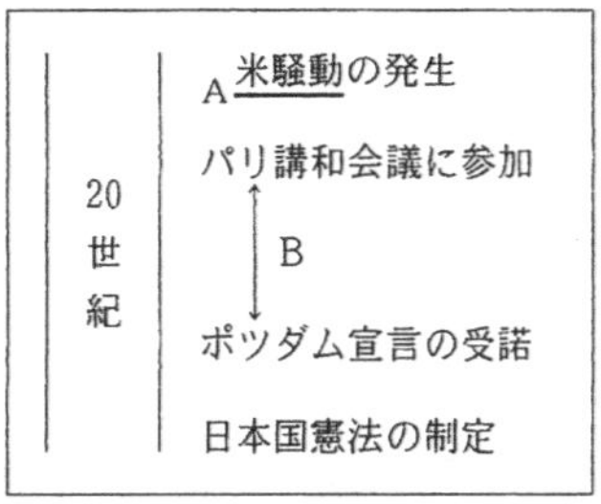

［グラフ2］　1918年4月から10月の一石あたりの米の価格

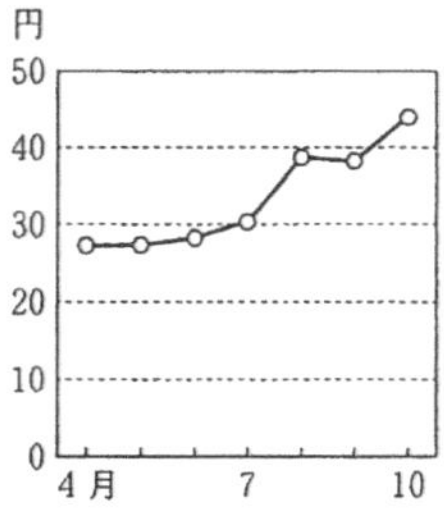

(「米価の変遷」より作成)

> 第一次世界大戦によって日本経済は好況となったが，物価が上がり，民衆の生活は苦しくなった。さらに1918年に，シベリア出兵を見こした［ f ］ことに対して，米の安売りを求める騒動が全国に広まった。

(2)　表の**ア**～**エ**は，日本，アメリカ，フランス，ドイツのいずれかである。それぞれの国について，略年表のBの期間の出来事に当てはまる場合を○，当てはまらない場合を×で示している。日本に当たるものを，**ア**～**エ**から一つ選び，符号で書きなさい。

［表］　略年表のBの期間の出来事

出来事	ア	イ	ウ	エ
ワシントン会議で四か国条約を結んだ。	×	○	○	○
国際連盟を脱退した。	○	○	×	×
ヤルタ会談に参加した。	×	×	○	×

10　次の**ア**～**ウ**は，下線⑨の期間に起こった日本の出来事である。これらの出来事を，年代の古い順に並べ，符号で書きなさい。

ア　国際連合に加盟した。

イ　サンフランシスコ平和条約を結んだ。

ウ　沖縄が日本に復帰した。

2 たかしさんは，地理の授業で，ショッピングセンターの施設の様子や商品についてまとめを書いた。1～9の問いに答えなさい。

［たかしさんのまとめ］

地球温暖化への対策として，①再生可能エネルギーである太陽光を利用した発電の設備があることに気づいた。

日本列島は，新しい造山帯の一つである［ あ ］造山帯に属し，地震の発生が多いことから，地震による被害を少なくする工夫がされた家具が販売されていた。

日本で作られた製品のほかに，②BRICSの一つである中国や，③東南アジアの国々で作られた製品が多く見られた。

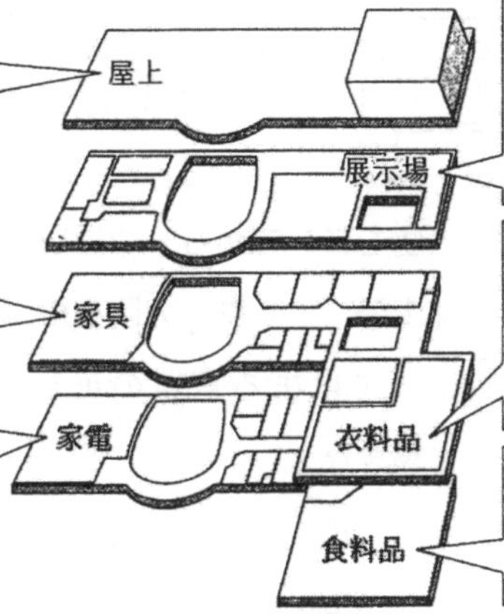

カナダ北部の写真展が開かれていた。一年の大半が雪や氷でおおわれ，樹木がほとんど育たない［ い ］の自然や，［ う ］と呼ばれる人々のイグルーでの伝統的な生活を知ることができた。

洋服などの生地に④京都市の友禅染を用いた商品などが見られ，伝統産業を生かすための工夫を知ることができた。

⑤日本の沿岸や外国でとれた魚，⑥国内外から仕入れられた農作物が販売されていた。

1 下線①について，再生可能エネルギーとして最も適切なものを，**ア**～**エ**から一つ選び，符号で書きなさい。

ア 石炭　　**イ** 天然ガス　　**ウ** バイオマス　　**エ** 石油

2 ［ あ ］に当てはまる言葉を書きなさい。

3 下線②について，中国のほかに，21世紀に入り，広大な国土と多くの人口や資源をもち，急速に経済成長したBRICSに含まれるアジアの国を，**ア**～**エ**から一つ選び，符号で書きなさい。

ア シンガポール　　**イ** 韓国　　**ウ** ベトナム　　**エ** インド

4 下線③について，略地図1のⅠ，Ⅱ，グラフ1のⅢ，Ⅳは，タイ，インドネシアのいずれかである。タイの正しい組み合わせを，**ア**～**エ**から一つ選び，符号で書きなさい。

ア 略地図1＝Ⅰ　グラフ1＝Ⅲ

イ 略地図1＝Ⅰ　グラフ1＝Ⅳ

ウ 略地図1＝Ⅱ　グラフ1＝Ⅲ

エ 略地図1＝Ⅱ　グラフ1＝Ⅳ

［略地図1］

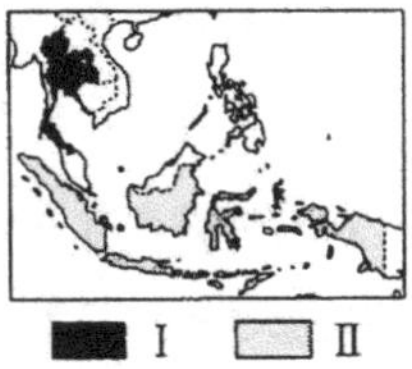

［グラフ1］
タイとインドネシアの輸出品の割合

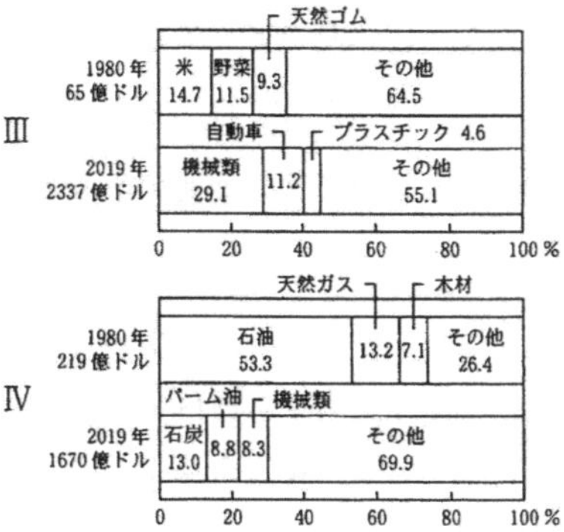

（「世界国勢図会2021/22」などより作成）

5 ［ い ］は気温と降水量により分けられた五つの気候帯の一つである。［ い ］に当てはまる言葉を，漢字で書きなさい。

6 ［ う ］に当てはまる言葉を，**ア**～**エ**から一つ選び，符号で書きなさい。

ア マオリ　　**イ** メスチソ　　**ウ** アボリジニ　　**エ** イヌイット

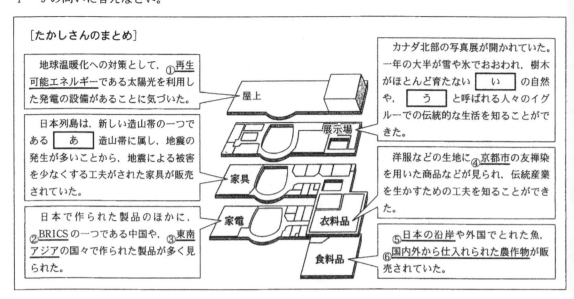

国語解答用紙

□の欄には、何も記入しないこと。

一

① ぐ
②
③ め
④ に
⑤
⑥ まる
⑦
⑧
⑨
⑩

２点×10

二

問一

問二

問三

問四 茂三が自分に対して　　　から。

問五A

問五B

問一．３点
問二．４点
問三．３点
問四．８点
問五．３点×２

三

問一

問二

問三 他の動物は　　　をもっているという点。

問四

合計	

※100点満点

受検番号	

5

(1)10点
(2)4点×2

(1)		証明	
(2)	(ア)		cm
	(イ)		倍

6

(1)2点×2
(2)2点×4
(3)(ア)3点
　(イ)4点

(1)	(ア)		個
	(イ)		
(2)	ア		
	イ		
	ウ		
	エ		
(3)	(ア)		
	(イ)		

受検番号	

合計	

※100点満点

5		1	Well, ＿＿＿ ＿＿＿ ＿＿＿ ＿＿＿ ＿＿＿ do for you?
		2	Do you ＿＿＿ ＿＿＿ ＿＿＿ ＿＿＿ ＿＿＿ ?

４点×２

6		①	I'd like to join one of them because volunteer activities for a long time.
		②	If I choose B, I will .
		③	（記入例） No, I don't.
			I want to join ☐ because ＿＿＿ ＿＿＿ ＿＿＿ ＿＿＿ ＿＿＿ ＿＿＿ ＿＿＿ ＿＿＿ ＿＿＿ ＿＿＿ 10 ＿＿＿ ＿＿＿ ＿＿＿ ＿＿＿ ＿＿＿ ＿＿＿ ＿＿＿ ＿＿＿ ＿＿＿ ＿＿＿ 20

①４点
②４点
③６点

受検番号		合計	

※100点満点

4

1．３点
2．３点
3．３点
4．４点
5．完答４点
6．４点

	1	
	2	
	3	
	4	
	5	
	6	

5

1．２点
2．３点
3．３点
4．３点
5．３点
6．２点×２
7．３点

	1		N
	2		
	3		J
	4		W
	5		cm
	6	(1)	
		(2)	
	7		

受検番号	

合計	

※100点満点

3

1．２点
2．３点
3．３点
4．３点
5．２点
6．３点
7．(1)２点
(2)４点
(3)２点
8．２点×２
9．２点
10．３点

1		
2		権
3		
4		
5		
6		
7	(1)	
	(2)	
	(3)	
8	(1)	
	(2)	
9		
10		

受検番号	

合計	

※100点満点

社　会　解　答　用　紙

□の欄には，何も記入しないこと。

1

1．３点
2．２点
3．２点
4．３点
5．⑴２点
　　⑵３点
6．２点
7．２点
8．⑴２点
　　⑵３点
9．⑴４点
　　⑵３点
10．３点

1		
2		文化
3		
4		
5	(1)	
	(2)	
6		
7		
8	(1)	
	(2)	
9	(1)	
	(2)	
10		古い出来事 ──→ 新しい出来事 ──→　──→

2

1．３点
2．２点
3．３点
4．３点
5．３点
6．３点
7．２点×２
8．⑴２点
　　⑵３点
　　⑶３点
9．４点

1		
2		
3		
4		
5		
6		
7	(1)	
	(2)	
8	(1)	
	(2)	
	(3)	
9		

【解答

理　科　解　答　用　紙

□ の欄には，何も記入しないこと。

1

２点×８

1	(1)	
	(2)	
2	(1)	
	(2)	
3	(1)	
	(2)	
4	(1)	g/cm^3
	(2)	

2

1．３点
2．３点
3．３点
4．３点
5．２点×３
6．３点

1		
2		
3		
4		ビーカーＡの実験だけでは，
5	(1)	
	(2)	
	(3)	
6		

3

1．２点
2．２点
3．４点
4．３点
5．３点
6．３点
7．２点×２

1		
2		の法則
3		$NaHCO_3 + HCl \rightarrow \quad + \quad +$
4		
5		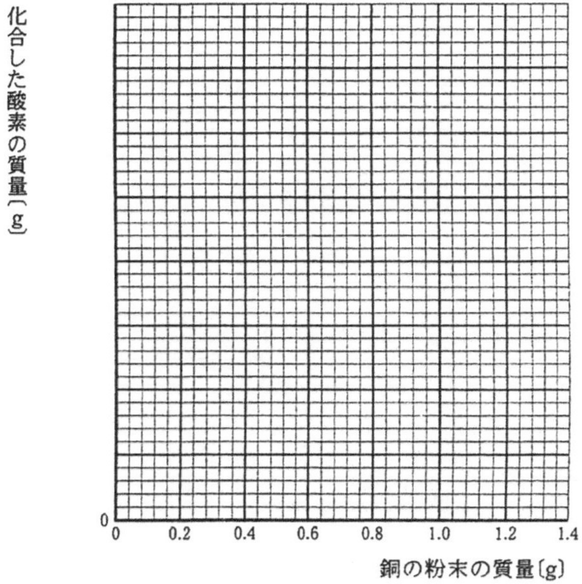
6		g
7	(1)	
	(2)	

【解答

英　語　解　答　用　紙

□ の欄には，何も記入しないこと。

1

3点×9

	1	(1)	
		(2)	
		(3)	
		(4)	
		(5)	
	2	(1)①	
		(1)②	
		(1)③	
		(2)	

2

3点×4

	1		
	2		
	3	(1)	
		(2)	

3

4点×3

	1	
	2	
	3	

4

3点×9

	1		
	2		
	3		
	4		
	5	(1)	________, he ________.
		(2)	He feels ________ even when he is ________.
	6		
	7	③	
		④	

数 学 解 答 用 紙

□ の欄には，何も記入しないこと。

1

4点×6

	(1)	
	(2)	
	(3)	
	(4)	
	(5)	$\begin{cases} x = \\ y = \end{cases}$
	(6)	cm^3

2

(1) 3点
(2) (ア) 3点
(イ) 4点

	(1)		
	(2)	(ア)	$a =$
		(イ)	$x =$

3

(1) 2点
(2) 4点
(3) 4点

	(1)	人
	(2)	回
	(3)	回

4

(1) 2点×2
(2) 3点×2
(3) 4点
(4) 5点

	(1)	ア	
		イ	
	(2)	(ア)	$y =$
		(イ)	$y =$
	(3)		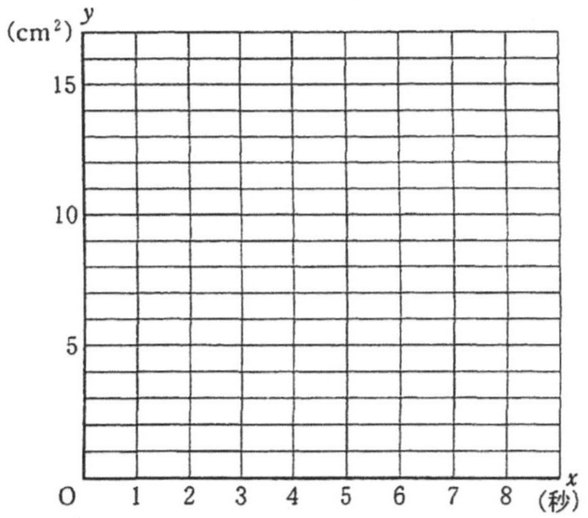
	(4)		秒後 ／ 秒後

【解答

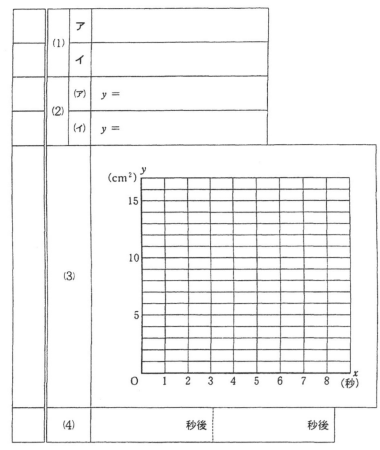

問六

四

問一

問二 不及バ汪倫送ルノ我ヲ情ニ

問三A

問三B

問一. 3点
問二. 3点
問三. 4点×2

五

問一

問二

問一. 5点
問二. 10点

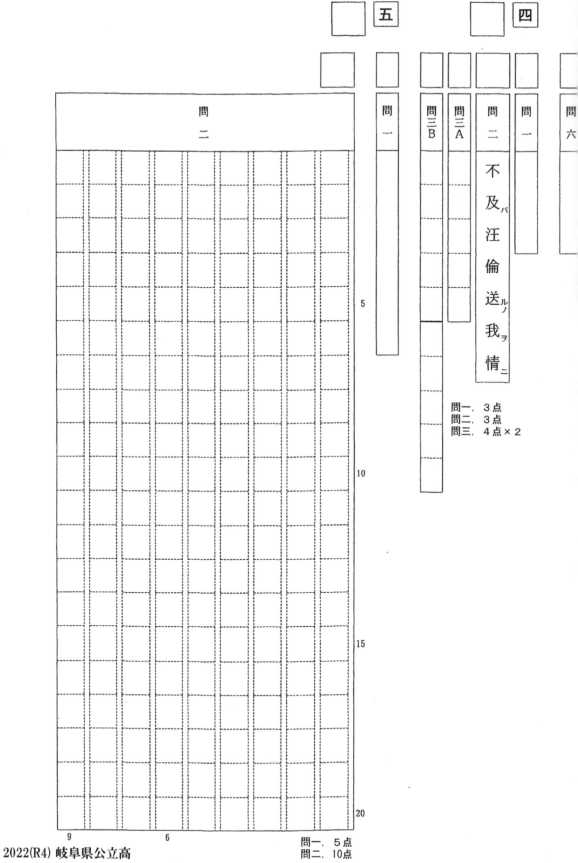

7　下線④について，地形図を見て，(1)，(2)に答えなさい。

(1)　次の［　a　］に当てはまる方角を八方位で書きなさい。

> 地形図の●から［　a　］の方角に博物館の地図記号がある。

(2)　次の［　b　］に当てはまる都の名を書きなさい。

> 地形図にみられる，碁盤の目のような通りや，二条や三条などの数字の付いた地名は，794 年に桓武天皇によって新たな都として作られた［　b　］の名残である。

［地形図］　京都市

（国土地理院発行の 2 万 5 千分の 1 地形図「京都東北部」より作成。一部改変）

8　下線⑤について，次の文を読んで，(1)～(3)に答えなさい。

> 略地図 2 に示された都市の周辺では，魚介類の養殖が盛んである。
> 舞鶴市や宮古市の周辺には，沈水海岸の一つで奥行きのある湾と岬が連続する［　c　］海岸があり，岡山市を含む瀬戸内地方には，多くの島が点在している。一方で，これらの地域は海流や季節風などの影響から，A降水量や気温に違いが見られ，宮古市では，寒流の影響を受けたBやませが吹いてくることにより冷夏となることがある。

［略地図 2 ］

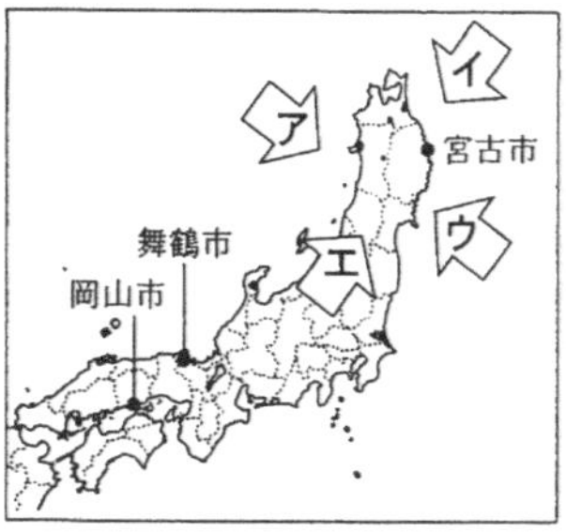

(1)　［　c　］に当てはまる言葉を書きなさい。

(2)　下線Aについて，表のC，Dは舞鶴市，岡山市，X，Yは 1 月，8 月のいずれかである。岡山市と 1 月の降水量の正しい組み合わせを，**ア**～**エ**から一つ選び，符号で書きなさい。

ア　岡山市＝C　1 月＝X
イ　岡山市＝D　1 月＝X
ウ　岡山市＝C　1 月＝Y
エ　岡山市＝D　1 月＝Y

［表］　1991～2020 年における宮古市，舞鶴市，岡山市の平均降水量

（単位：mm）

	X	Y	年降水量
宮古市	177.9	63.4	1370.9
C	97.2	36.2	1143.1
D	149.6	183.4	1941.2

（「気象庁資料」より作成）

(3)　下線Bが吹いてくる方向を示した矢印として最も適切なものを，略地図 2 の**ア**～**エ**から一つ選び，符号で書きなさい。

9　下線⑥について，次の［　d　］に当てはまる文を，「赤道」，「季節」という二つの言葉を用いて，簡潔に書きなさい。

> カボチャは主に夏から秋にかけて収穫される。略地図 3 とグラフ 2 を参考にすると，ニュージーランドは，［　d　］ことから，国内産のカボチャの入荷量が少なくなる時期に，ニュージーランド産の入荷量が増えていることがわかる。

［略地図 3 ］ ニュージーランド付近の緯度と経度

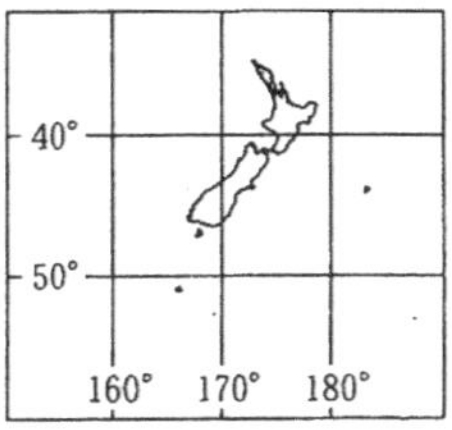

［グラフ 2 ］　東京都中央卸売市場のカボチャの入荷量（2019 年）

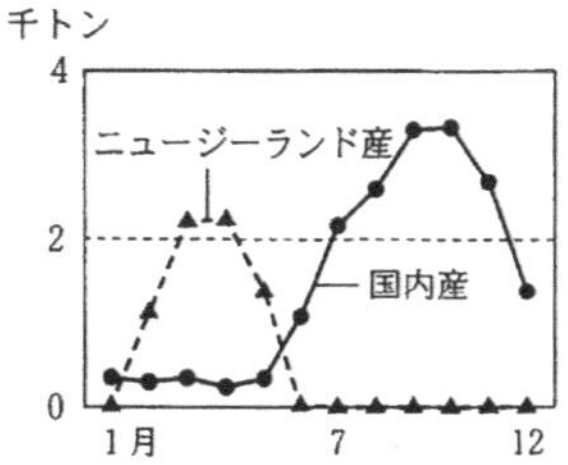

（「東京都中央卸売市場統計」より作成）

3　えみさんとけんさんは，地域の課題について調査し，解決案を考えた。1～10 の問いに答えなさい。

> **［えみさんが調査した地域の課題］　子育てをしている人が働くことができる職場が少ない**
>
> **《課題に取り組む理由》**
>
> ・全ての人が，やりがいや充実感をもって働き，仕事と個人の生活を両立できる［　あ　］を実現することを通して，①人間らしい豊かな生活を送ることができる社会になると良いと考えたから。
>
> **《調査から分かったこと》**
>
> ・②出産後も子育てをしながら働きたいという希望をもつ人が多い。
>
> ・育児を支援したいが，雇用の維持に不安を抱える企業がある。
>
> **《解決案》**
>
> ・③社会保障の財源となる④税による収入を増やし，保育園の充実や様々な働き方を支援する制度を設けるため，⑤海外の企業も含めて多くの企業の誘致を行うことを市に提案したい。

1　［　あ　］に当てはまる言葉を，**ア**～**エ**から一つ選び，符号で書きなさい。

ア　フェアトレード　　　**イ**　ワーク・ライフ・バランス

ウ　バリアフリー　　　**エ**　ユニバーサルデザイン

［資料１］　日本国憲法第25条の条文の一部

> すべて国民は，健康で文化的な最低限度の生活を営む権利を有する。

2　下線①について，資料１に示された，社会権の一つである権利の名を，漢字で書きなさい。

3　下線②について，次の［　a　］，［　b　］に当てはまる言葉の正しい組み合わせを，**ア**～**エ**から一つ選び，符号で書きなさい。

> グラフのⅠ，Ⅱは，1985～1989 年，2010～2014 年のいずれかである。1991 年に育児・介護休業法が，1999 年に［　a　］が制定されたことなどから，2010～2014 年には，一人目の子の出産後も仕事を継続した女性の割合は，約［　b　］%となった。

ア　a＝男女雇用機会均等法　　b＝53

イ　a＝男女雇用機会均等法　　b＝39

ウ　a＝男女共同参画社会基本法　b＝53

エ　a＝男女共同参画社会基本法　b＝39

［グラフ］　一人目の子の出産後に，仕事を継続した女性と退職した女性の割合

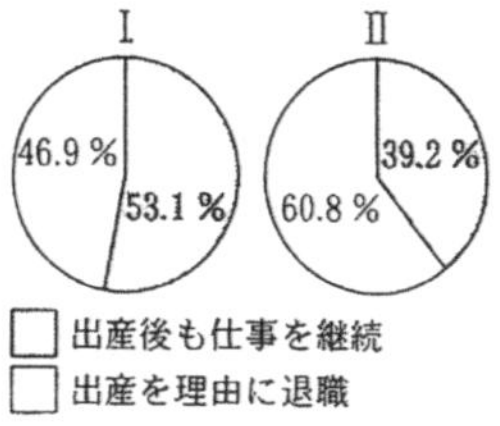

（「出生動向基本調査」より作成）

4　下線③について，えみさんは，税や保険料の国民負担と社会保障給付費の関係をまとめるため図１を作成した。現在の日本の状況を●の位置としたとき，次のことを行うと，日本の状況はどの位置に移動するか。図１の**ア**～**エ**から最も適切なものを一つ選び，符号で書きなさい。

> 医療保険の保険料を引き上げて，医療機関で支払う医療費の自己負担を少なくする。

［図１］　国民の負担と社会保障給付費の関係

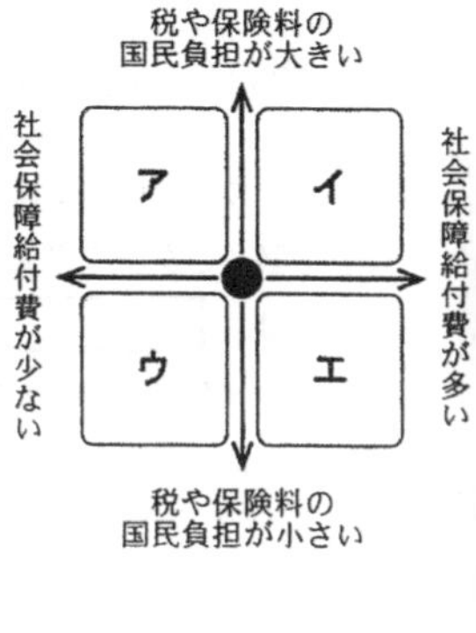

5　下線④について，納税者と担税者が異なる税金として適切なものを，**ア**～**エ**から一つ選び，符号で書きなさい。

ア　相続税　　**イ**　所得税　　**ウ**　法人税　　**エ**　消費税

6　下線⑤について，次の［　c　］に当てはまる言葉を書きなさい。

> 離れた場所への送金には振り込みなどの［　c　］が利用される。また，海外の企業との取り引きなどでは，外国通貨の売買を行う市場を通じて，交換の比率である［　c　］相場が決定される。

［けんさんが調査した地域の課題］　駅前の路上駐輪が通行の妨げとなっている

《課題に取り組む理由》

・身近な課題を考え，住民の⑥意見を反映させた住みやすい地域づくりに取り組むことが，⑦国際的な課題の解決に向けた持続可能な開発目標（SDGs）の実現につながると思ったから。

《調査から分かったこと》

・駅前には図２のように，駐輪場，商店街，空き地が見られる。

・駅前の駐輪場は，月ごとの⑧契約をした人が有料で利用できる。

・駐輪場を利用したい人数が駐輪可能台数を上回っている。月ごとの契約ができない人や商店街を利用する人の自転車が，路上に駐輪されている。

［図２］

《解決案》

・駅や商店街を利用する人が便利になるように，無料の新しい駐輪場を空き地に作ることを，市に提案したい。このことは，土地を有効に活用し，駐輪可能台数の不足を解消するので，⑨効率と公正の考え方にもつながる。

7　下線⑥について，次の文を読んで，(1)～(3)に答えなさい。

主権をもつ国民が直接選んだ議員によって組織される国会は，国権の最高機関として重要な地位にあり，唯一の［　d　］機関である。衆議院は，参議院に比べ［　e　］ために，優越が認められている。

(1)　［　d　］に当てはまる言葉を書きなさい。

(2)　［　e　］に当てはまる文を，表を参考にして，「国民の意見」という言葉を用いて，簡潔に書きなさい。

(3)　現在，18歳の有権者ができることを，**ア**～**エ**から一つ選び，符号で書きなさい。

ア　最高裁判所裁判官の国民審査　　**イ**　市町村議会議員の選挙への立候補

ウ　衆議院議員の選挙への立候補　　**エ**　都道府県知事の選挙への立候補

［表］　衆議院と参議院の任期と解散の有無

	任期	解散
衆議院	4年	あり
参議院	6年	なし

8　下線⑦について，(1)，(2)に答えなさい。

(1)　先進国が発展途上国の開発などを支援するために行う，「政府開発援助」の略号を，大文字のアルファベット３字で書きなさい。

(2)　国際的な人権保障の意識の高まりを背景に，1966年に国際連合で採択された，締約国に人権の保障を義務づけた規約の名を書きなさい。

9　下線⑧について，次の［　f　］に当てはまる言葉を書きなさい。

私たちの消費生活は契約によって成り立ち，契約上のトラブルから消費者を守る制度も整備されている。訪問販売などで商品を購入した場合，購入後８日以内であれば，買い手が売り手に資料２のような契約解除の通知書を送付することで，無条件で契約を取り消すことができる。この制度を［　f　］制度と呼ぶ。

［資料２］

通知書

次の契約を解除することを通知します。

契約年月日　〇〇年〇月〇日
商品名　〇〇〇〇〇〇
販売会社　株式会社〇〇〇　〇〇営業所
担当者　〇〇〇〇
クレジットカード会社　△△△株式会社

支払った代金〇〇円を返金し，商品を引き取ってください。

〇〇年〇月〇日
〇〇〇〇

10　下線⑨について，次の［　g　］，［　h　］に当てはまる言葉の正しい組み合わせを，**ア**～**エ**から一つ選び，符号で書きなさい。

ルールなどの決定には，全員が参加しているか，結果が不当に制限されていないかなどの［　g　］の考え方を意識しなければならない。しかし，一度に大勢が集まるのは難しく，複雑な物事の決定には適さないため，多くの国では，選挙で選ばれた代表者が集まって議会を作り，物事を話し合って決める［　h　］が採られている。

ア　g＝公正　h＝間接民主制　　**イ**　g＝効率　h＝間接民主制

ウ　g＝公正　h＝直接民主制　　**エ**　g＝効率　h＝直接民主制